Schmid
Obstbaumschnitt

Heiner Schmid

Obstbaum schnitt

Vierte Auflage
95 Zeichnungen
und 55 Farbfotos

E.U.
VERLAG
EUGEN
ULMER

CIP-Kurztitelaufnahme der Deutschen Bibliothek

Schmid, Heiner:
Obstbaumschnitt / Heiner Schmid. –
4. Aufl. – Stuttgart : Ulmer, 1985.
ISBN 3-8001-6176-1

Wollgrasweg 41, 7000 Stuttgart 70 (Hohenheim)
Printed in Germany
Alle Fotos und Zeichnungen: Heiner Schmid
Einbandgestaltung: A. Krugmann, Freiberg
Satz: Bauer & Bökeler, Denkendorf
Druck: Passavia, Passau

Vorwort

Die Kultursorten der Obstgehölze bedürfen auch im Liebhaberobstbau einer bestimmten Pflege, wenn sie die Erwartungen ihrer Besitzer erfüllen sollen. Von den Pflegemaßnahmen wird der Obstbaumschnitt von den meisten Hobbyobstbauern als eine unumgängliche Facharbeit bewertet. Diese Einsicht erklärt das außerordentliche Interesse, das gerade die Obstgartenbesitzer dem Obstbaumschnitt gegenüber bekunden.

Dieses illustrierte Fachbuch wurde speziell für den Liebhaberobstbauer zum Selbststudium verfaßt. Es kann aber ebensogut – als Begleitmaterial – das bei Lehrgängen oder Vorführungen praktisch Erworbene festigen und vertiefen helfen. Weil der Verfasser die Schwierigkeiten beim Anfänger gut kennt, wurde ganz bewußt auf eine umfassende Übersicht aller möglichen Kronenerziehungsformen verzichtet und dafür nur mit einigen wenigen, einfachen Methoden gearbeitet. So liegt beispielsweise dem Kronenerziehungskonzept für Rundkronen ein unkompliziertes Schema zugrunde, das im wesentlichen den naturgegebenen Kronenaufbau beläßt und nutzt. Aus dieser Grundform leiten sich andere, ebenso zweckmäßige Kronenformen ab. Keineswegs schwieriger gestaltet sich die Erziehung eines Spindelbusches oder einer schlanken Spindel. Worauf es dem Verfasser immer wieder ankommt, ist, das jeweilige Kronenerziehungsschema klarzumachen und dem Hobbyobstbauer zu helfen, Reaktionen auf Schnittmaßnahmen selbst beurteilen zu können.

Neu in der 3. Auflage ist eine Kurzanleitung für die Erziehung der Pyramidenkrone, die im Hobbyobstbau am häufigsten vorkommt. Damit hat der Neuling eine ganz einfache, klipp und klar erläuterte Serie von Arbeitsbildern vor sich, nach denen er den Erziehungsschnitt an seinen Kern- und Steinobstbäumen auf leichteste Weise durchführen kann.

Wer Obstbäume neu pflanzen will, dem werden Entscheidungshilfen unter anderem in Form einer Übersicht der wichtigsten Unterlageneinflüsse auf Edelsorten und der handelsüblichen Baumformen oder von Normen hinsichtlich der Qualität des Pflanzmaterials zur Hand gegeben.

Wer einen bereits vorhandenen, wenig gepflegten Baumbestand besitzt oder übernimmt, erhält Anleitungen, wie die Kronen auszulichten sind. In besonderen Kapiteln werden der Sommerschnitt, das Verjüngen, die Nachbehandlung von Pfropfköpfen, die Wundenpflege u. a. m. beschrieben. Selbstverständlich gehört in ein derartiges Liebhaberbuch auch der Schnitt des Beerenobstes; auch dafür enthält das Buch die nötigen Instruktionen.

Heiner Schmid

Inhaltsverzeichnis

1 Grundfragen

Von besonderem Interesse vor Neupflanzungen

1.1 Warum Obstbäume nicht selbst herangezogen werden können

Wenn sich unsere Obstsorten generativ, also durch Samen vermehren ließen, bedürfte es keiner Baumschulen, denn jedermann könnte die Bäume seiner Wahl selbst heranziehen. Allerdings wären dann wohl auch nicht – sehr zum Nachteil für den Hobbyobstbauer – die sehr reizvollen kleineren Baumformen entwickelt worden.

Baumschulen, die Anzuchtstätten für Obstgehölze, sind deshalb zwangsläufig entstanden, weil sich bei nahezu allen Obstsorten aus Samen keine Nachkommen herstellen lassen, die in ihren Eigenschaften mit der Muttersorte identisch sind. Diese Tatsache ist durch die in der Mehrzahl der Fälle unumgängliche Fremdbefruchtung und die daraus resultierende Mischerbigkeit bei der Nachkommenschaft bedingt. Es mußten deshalb andere Vermehrungsmethoden gefunden und erprobt werden, damit die Sorten erbgleich weitervermehrt werden können. Was aber nicht generativ (geschlechtlich = durch Samen) vermehrbar ist, muß auf vegetativem Wege (ungeschlechtlich = über Organteile der Edelsorte) hergestellt werden. Mit diesen Methoden der vegetativen Vermehrung befassen sich die allermeisten Baumschulen. Wie vielseitig diese speziellen Anzuchtsstätten für Obstgehölze sein müssen, wird allein schon an der Unterschiedlichkeit der Vermehrungsverfahren deutlich: Dort wird beispielsweise Pflanzware von Himbeeren durch Wurzelschosse, von Stachelbeeren durch Ableger, von Brombeeren durch Absenker, von Johannisbeeren durch Steckhölzer gewonnen. Diese unterschiedlichen, im Grunde aber noch einfachen Vermehrungsmethoden erledigt der Baumschuler sozusagen nebenbei. Denn sein fachliches Können wird erst bei der Erziehung von Obstbäumen richtig gefordert, wenn es nämlich darum geht, Organteile von Edelsorten auf entsprechende Unterlagen des Kern- und Steinobstes (z. T. auch des Beerenobstes), die aus spezialisierten Unterlagenbaumschulen stammen, erfolgreich zu übertragen. Dabei werden Augen (Knospen) in die Unterlagen eingeschoben (okuliert) oder aber Triebteilstücke mit Hilfe verschiedener Veredlungsmethoden so mit der Unterlage verbunden, daß beide Partner (ein dritter kann hinzukommen) eine unzertrennbare und voll funktionsfähige Einheit, eine Pfropfkombination, bilden. Obstbäume (und Beerenstämme) bestehen demnach mindestens aus zwei Teilen: Der Unterlage und der Edelsorte.

Die vielseitige und erfolgreiche Tätigkeit des Baumschulers findet ihren Ausdruck in einem reichhaltigen und an festen Normen orientierten Angebot. Das umfaßt heutzutage folgende „handelsüblichen Baumformen“:

- ▷ beim Baumobst Hoch-, Halb- und Niederstämme, außerdem Buschbäume und Form-Obstgehölze;
- ▷ beim Beerenobst Hoch- und Niederstämme, Sträucher.

Nun ist aber die handelsübliche Baumform bei der Pflanzware nur ein äußerliches Merkmal. Für den Käufer ist es viel wichtiger zu wissen, welches Leistungsvermögen, vor allem aber welche Wuchskraft der Pfropfkombination innewohnt, damit die verfügbare Fläche auch optimal genutzt werden kann. Außerdem soll verhindert werden, daß in kleinen Gärten schon nach kurzer Zeit ein undurchdringlicher Obsthain entsteht, der durch den Schnitt nicht mehr zu korrigieren ist. Denn bekanntlich kann ein und dieselbe Sorte auf die starkwachsende Sämlingsunterlage und daneben auf eine sehr schwachwachsende Unterlage veredelt werden. Im Ertragsstadium bedeutet dies im einen Fall eine Standfläche von 100 m^2 und im anderen Fall von 10 m^2! Dieses Beispiel macht klar, daß dem Käufer wenigstens einige Merkmale der wichtigsten Unterlagen bereits vor dem Einkauf zur Hand gegeben werden müssen, damit er überhaupt in der Lage ist zu planen und klare Kaufwünsche zu äußern.

In einer Übersicht sind darum die heute wichtigsten Unterlagen für den Apfel – er bietet die meisten Kombinationsmöglichkeiten – mit ihren stärksten Einflüssen auf die Edelsorten dargestellt. Außerdem werden darin einige orientierende Angaben zu den handelsüblichen Baumformen, den möglichen Kronenformen und den Verwendungsmöglichkeiten dieser Pfropfkombinationen gemacht. Es werden dann die wichtigsten Unterlagen für die übrigen Obstarten aufgezählt.

1.2 Die wichtigsten Unterlagen für das Kern- und Steinobst

Apfel

Unterlagen	Ertragsbeginn	Ertragsleistung	Fruchtqualität	Hdls.übl. Baumformen	Kronenerziehungsformen	Unterstützung erforderl.	Besonders geeignet für
Schwachwachsend							
M9	früh	gut	gut	1j. Veredlung, Spindelbusch, Schnurbaum	Spindelbusch, schlanke Spindel	ja	kleinere (Haus-) Gärten
M26	früh	etwas schwächer	gut	1j. Veredlung, Spindelbusch	Spindelbusch, schlanke Spindel	ja	kleinere (Haus-) Gärten
Mittelstarkwachsend							
MM106	mittelfrüh	gut	gut	Buschbaum	Pyramiden-, Hohl-, Längskrone	ja	Haus- und Siedlergärten
M7	,,	mittelmäßig	,,	,,	,,	ja	,,
M4	,,	,,	,,	,,	,,	ja	,,
MM111	,,	,,	,,	,,	,,	nein	,,
Starkwachsend							
MM109	mittelfrüh-	gut	befriedigend	Niederstamm	Pyramiden-, Hohl- und Längs-, krone	ja	Siedlergärten und Obstwiesen
*M11	spät	mittelmäßig	,,	,,	,,	nein	,,
Sämling	spät	weniger gut	,,	Halb- und Hochstämme	Pyramiden- und Hohlkrone	nein	nur für Obstwiesen

* ähnlich ist die Unterlage A2 zu bewerten

Birne
Sämling: Für größere Baumformen; für kleinere Baumformen Quittenklone, z. B. 'Quitte A' oder 'Quitte C' u. a.

Quitte
Quitte A: Für Buschbäume die arteigene Unterlage; für höhere Baumformen an Stelle von Crataegus (Feuerbrand!) in Zukunft wohl Pyrus und Sorbus.

Süßkirsche
Gebräuchlichste Unterlagen: Vogelkirschensämling und Selektionen. Vegetativ vermehrbare Unterlagen: F 12/1, 'Colt', *Prunus mahaleb* 'St. Lucie 64' und *Prunus cerasus* 'Weiroot'.

Sauerkirsche
Vogelkirschensämling; Sämling der Steinweichsel; vegetativ vermehrbare Unterlage F 12/1 und 'Colt'.

Pflaumen, Zwetschen, Mirabellen, Renekloden
Sämlinge: Myrobalane (*Prunus cerasifera*-Formen) und Kriechel- oder Haferpflaume (*Prunus* 'St. Julien'-Formen). Vegetativ vermehrbare Unterlagen: 'Pixy', 'Brompton', 'Ackermann', 'Marianna' und verschiedene französische 'INRA'-Unterlagen.

Pfirsich
Sämling (= arteigene Unterlage).
Typenunterlagen: 'Brompton'; 'Ackermannpflaume'.

Aprikose
Sämling (= arteigene Unterlage). Typenunterlagen: Wurzelechte 'Hauszwetsche'; bedingt 'Ackermann', 'Brompton' und 'St. Julien A'.

1.3 Der Pflanzeneinkauf

Gute Pflanzware findet der Hobbyobstbauer in Markenbaumschulen. Dort werden ihm Obstbäume und Beerensträucher zum Kauf angeboten, die den „Gütebestimmungen für Baumschulpflanzen" des Bundes deutscher Baumschulen entsprechen und die deshalb mit einem Warenzeichen, dem Markenetikett versehen sind.

Für den Pflanzeneinkauf ist die Markenbaumschule der beste Partner. Wer andere Bezugsquellen benutzt und dabei keine mit dem Markenetikett ausgezeichnete Ware vorfindet, sollte sich an den Gütebestimmungen für Obstbäume des Bundes deutscher Baumschulen orientieren, um zu verhindern, daß irgendein kümmerliches Exemplar von Obstgehölz im eigenen Garten landet und dort ein Leben lang dahinvegetiert. Diese Gütebestimmungen legen u. a. folgendes fest:

▷ Einjährige Veredlungen von Kern- und Steinobst müssen eine Trieblänge von mindestens 90 cm haben. Ausnahmen sind nur bei schwachwachsenden Sorten auf M 9 zulässig; sie müssen wenigstens 80 cm lang sein.

▷ Mehrjährige Obstgehölze werden je nach Stammhöhe unterteilt in

Büsche	40– 60 cm
Niederstämme	80–100 cm
Halbstämme	100–120 cm
Hochstämme	160–180 cm

Die Stammhöhe wird vom Erdboden bis zum untersten Kronentrieb gemessen. Der Stammumfang muß bei Nieder- und Halbstämmen in halber Stammhöhe gemessen 6 cm, bei Hochstämmen in 1 m Höhe 7 cm betragen. Büsche des Kernobstes sollen in der Regel auf vegetativ vermehrbaren Unterlagen veredelt sein. Bei Birnenbüschen ist eine Veredlung auf Quitte und Sämling möglich. – Die Kronen aller mehrjährigen Bäume müssen aus vier der Sorte entsprechend kräftigen Trieben einschließlich des Leittriebes bestehen. Bei einjährigen Kopfveredlungen reichen dagegen drei derartige Kronentriebe.

Neuerdings bieten Markenbaumschulen virusgetestetes Pflanzmaterial (= frei von allen wirtschaftlich wichtigen Viren) und virusfreies Pflanzmaterial (= frei von allen bisher bekannten Viren) zum Kauf an. Die virusgetesteten Obstbäume sind mit einem gelben, die virusfreien mit einem roten Markenetikett versehen. Damit ist ein ganz wesentlicher Schritt in bezug auf die Gesundheit des Pflanzmaterials vollzogen worden. Von dieser Möglichkeit sollte auch der Liebhaberobstbauer Gebrauch machen!

▷ Johannis- und Stachelbeersträucher. Zwei- und dreijährige Sträucher müssen mindestens drei kräftige, wenigstens 35 cm lange Triebe haben. Die Triebe der schwarzen Johannisbeersträucher müssen wenigstens 45 cm lang sein. Die Sträucher werden sortiert und mit folgenden Triebzahlen angeboten: 3/4, 5/7 und 8/12.

▷ Johannis- und Stachelbeerstämme werden mit folgenden Stammhöhen gehandelt:
Hochstämme 80–90 cm,
Niederstämme 40–50 cm.
Die Stammkronen der Johannisbeeren müssen mindestens drei, die der Stachelbeere mindestens vier gut entwikkelte Triebe aufweisen. Sie werden ebenfalls nach Triebzahlen sortiert und zwar
Johannisbeerstämme 3/4, 5 und mehr Triebe,
Stachelbeerstämme 4/6, 7 und mehr Triebe.

▷ Himbeeren und Brombeeren können als einjährige oder als zweijährige verpflanzte Ruten in den Handel gebracht werden. Sie müssen gut bewurzelt sein und außerdem einen guten Wurzelknospenansatz haben. Einjährige Himbeeren und Brombeeren müssen mindestens 100 cm lang sein. Bei verpflanzten Himbeeren genügt eine Rutenlänge von 70 cm.

Zum Pflanzentransport

Trieb- und Knospenschäden, die beim Transport entstehen, schränken die Auswahlmöglichkeiten beim Pflanzschnitt ein. Zwar entwickelt sich Verlorengegangenes in fast allen Fällen nach, doch können Triebe und Knospen mit etwas Sorgfalt beim Transport erhalten bleiben. Dazu verhilft bereits der Baumschuler, der die Kronen fachmännisch verschnürt. Es bedarf deshalb nur noch der schonlichen Verstauung im Transportfahrzeug, wobei durch entsprechendes Umwickeln mit alten Decken Reibe- und Bruchschäden am Stamm und den Trieben verhindert werden können. Wenn die eingekauften Obstgehölze nicht am selben oder am nächsten Tag gepflanzt werden können, ist es notwendig, sie in einem ausgehobenen Graben einzuschlagen.

2 Die Theorie

Mit dem Wissen wächst das Selbstvertrauen

2.1 Die verschiedenen Wuchsformen: Baum, Strauch und Halbstrauch

Ist beim jährlichen Neutrieb eines Obstgehölzes die Spitze eines Sprosses triebgefördert und entstehen zudem aus seitlichen Knospen Seitentriebe, so bildet sich daraus das für einen Baum typische Sproßverzweigungssystem, die Baumkrone aus. Werden dagegen die unteren Knospen im Austrieb stärker gefördert als die oberen, so entwickelt sich ein Strauch.

Apfelbaum und Johannisbeerstrauch, das sind zwei jedermann bekannte Obstgehölze. Zwar werden beide aufgrund ihres Blütenbaues vom Systematiker den Rosales zugeordnet, doch fallen dem weniger eingeweihten Gartenfreund nur Unterschiede auf: Blätter, Blüten und Früchte weichen voneinander ab; vor allem aber haben beide einen vollkommen unterschiedlichen Wuchs! Es handelt sich tatsächlich auch um zwei von Natur aus völlig unterschiedliche Wuchssysteme, die bekannt sein müssen, wenn man sich mit dem Baumschnitt befassen will.
Jeder Interessierte kann die Ursachen dieser verschiedenen Wuchsmerkmale entdecken, am besten im Winter, wenn die Bäume und Sträucher unbelaubt sind. Dann nämlich läßt es sich leicht feststellen, wodurch die Wuchsform einer Pflanze im Lauf der Jahre in erster Linie zustandekommt: durch den Austrieb bestimmter Knospen an den Langtrieben.

2.1.1 Das Baumobst

Beim Baumobst ist es immer wieder die Endknospe der Stammverlängerung, die betont triebgefördert ist; ähnliches widerfährt außerdem sehr häufig den oberen Seitenknospen an den Langtrieben. Diese Triebförderung läßt sich bereits am jungen, zur Pflanzung eingekauften Bäumchen nachweisen: Der lange Mitteltrieb der einjährigen Krone ist aus der obersten Knospe gewachsen; die übrigen Triebe haben sich aus den unmittelbar darunter befindlichen Seitenknospen entwickelt. Demnach hat sich aus dem ursprünglich einjährigen Sproß im zweiten Jahr ein Stamm und eine Krone gebildet. Außerdem läßt sich an dieser jungen Krone eine mit der Spitzenförderung gekoppelte Tendenz feststellen: Die Trieblängen der Seitentriebe nehmen in Richtung zur Triebbasis ab. Das wird vielfach sogar an den noch vorhandenen Kronentrieben deutlich; es ließe sich allerdings noch besser an den tieferstehenden Sprossen beweisen, die bereits in der Baumschule beim Aufputzen der Stämme entfernt worden sind. Diese Erscheinung, daß die

übergeordnet wachsende Spitze untergeordnete Triebe in ihrer Entwicklung hemmt (= Apikaldominanz), wird durch Phytohormone verursacht.
Was sich in der Baumschule am einjährigen Sproß im zweiten Jahr erstmalig entwickelt hat, daß sich nämlich die einjährige Achse durch die Endknospe kräftig verlängerte und daß sich außerdem aus den Seitenknospen im oberen Triebbereich kräftige, nach unten in der Länge aber abnehmende Seitentriebe gebildet haben, wiederholt sich beim weiteren Kronenaufbau immer wieder. Darum ist der einjährige Langtrieb, der sich als zweijähriger Astabschnitt verlängert und seitlich mehr oder minder stark verzweigt, das entscheidende Bauelement beim Aufbau der Kronen. Weil aber die Endknospe der Mittelachse stärker als die ihrer Seitenachsen und die Seitenachsen wiederum mehr als ihre Nebenachsen triebgefördert sind (das setzt sich im übrigen fort), entsteht ein Verzweigungssystem mit einer eindeutigen Ast- oder Achsenrangordnung. Dieses Kronenaufbauschema wird allerdings, darauf wird an anderer Stelle noch eingegangen, durch weitere Wuchsgesetze und durch Sortenprogramme modifiziert bzw. individualisiert.

Abb. 1. Eine Obstbaumkrone baut sich in erster Linie aus Langtrieben auf; diese sind im Spitzenbereich triebgefördert und zur Basis hin triebgehemmt.

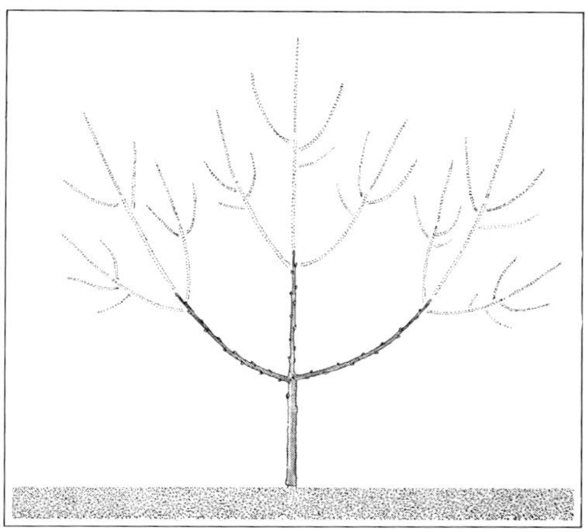

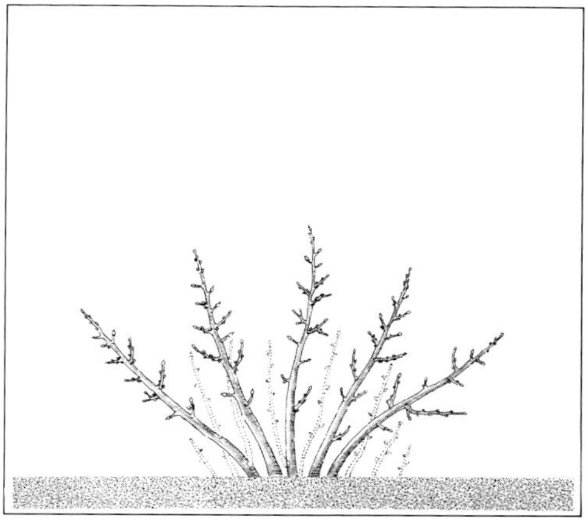

Abb. 2. Beim Strauch dagegen ist vor allem die Strauchbasis triebgefördert.

2.1.2 Das Strauchbeerenobst

Ganz anders zeigt sich dagegen das Wachstum eines Strauches. Der Johannis- oder Stachelbeerstrauch weist nämlich keinen Stamm, sondern mehrere, etwa gleichstarke Triebe auf, die sich aus dem Wurzelstock gebildet haben. (Stämme dieser beiden Obstarten sind kein gegenteiliger Beweis, weil es sich um Unterlagen handelt, die in Kronenhöhe mit den gewünschten Sorten veredelt wurden.) Beim weiteren Triebwachstum verlängern die jungen Sträucher zwar zunächst ebenfalls jährlich ihre Achsen, sie bilden außerdem auch Seitentriebe, doch klingt dieser Jahreszuwachs schnell aus, wohl vor allem deshalb, weil der Austrieb im Bereich der unteren Knospen, also an der Strauchbasis eine starke Förderung erfährt. Daher wird es verständlich, daß sich ein Beerenobststrauch immer wieder durch Bodentriebe erneuern kann. Das ist dem Baum nicht möglich.

2.1.3 Die Halbsträucher

Die beiden Beerenobstarten Himbeere und Brombeere zählen zu den sogenannten Halbsträuchern: Ihre Sprosse (Ruten und Ranken) werden jeweils nur zwei Jahre alt; sie sterben ab, nachdem sie im zweiten Jahr Früchte an seitlich ausgebildeten Blütenständen getragen haben. Weil aber in jedem Jahr ausreichend Neutriebe gebildet werden, sind laufend zweijährige Ruten und Ranken zur Ertragsbildung vorhanden.

Die beiden Wuchsformen Baum und Strauch müssen im Hinblick auf den Baumschnitt als naturgegeben und darum im Grundsatz als unveränderbar angenommen werden. Man sollte darum erst gar nicht versuchen, aus einem Baum einen Strauch oder aus einem Strauch eine höhere Stammform erziehen zu wollen.

2.2 Funktionen von Wurzel und Sproß samt Blättern

Baum und Strauch werden durch die Wurzeln im Boden verankert und außerdem durch sie mit Wasser und Nährstoffen versorgt. Dieser Stofftransport und die Beförderung der Assimilate findet in besonderen Leitgeweben in den Sprossen statt. Die jüngeren Sproßachsen tragen die für die Stoffproduktion so wichtigen Blätter; dort bilden sich außerdem Blüten und Früchte.

2.2.1 Die Wurzel

Durch das Wurzelgerüst, insbesondere durch stärkere Verankerungswurzeln, befestigen sich Baum und Strauch im Boden. Über ein Netz feinverzweigter Faser- und Feinstwurzeln, das sich relativ flach ausbreitet, versorgen sich die Gehölze mit Wasser und mit den darin gelösten Nährstoffen. Zu dieser Nährstoffaufnahme sind nur die während der Vegetation ständig wachsenden Wurzelspitzen fähig, deren Saugwurzelzone dabei immer neue Bodenzonen zu erschließen imstande ist. Es ist darum nicht verwunderlich, daß die Wurzelkronen z.T. erheblich über die Traufen der oberirdischen Kronen hinauswachsen. Neben diesen beiden Funktionen lagert die Wurzel Stoffe ein, die beim Austrieb im Frühjahr benötigt werden.

2.2.2 Der Sproß

Die Ruten der Himbeere, die Ranken der Brombeere, aber auch ein Beerenobststrauch und – was manchen überraschen mag – ein Obstbaum sind im botanischen Sinne Sprosse. Die einen sind nur wenig verzweigt und kurzlebig, die anderen bestehen aus langjährigen Sproßverzweigungssystemen. Die Sprosse tragen Blätter, Blüten und Früchte; sie haben eine statische Funktion. Außerdem übernehmen sie es, die von den Wurzeln aufgenommenen Nährstoffe zu den Blättern zu transportieren (denn dort müssen diese zuerst einmal assimiliert, d. h. in körpereigene Baustoffe umgesetzt werden), und schließlich befördern sie die Baustoffe zu den zahlreichen Orten des Verbrauchs. Dazu müssen geeignete Leitungsbahnen vorhanden sein. Die Sprosse sind demnach auch Transportachsen für die Nähr- und Baustoffe.

2.2.3 Die Blätter

Die an einem Sproß sitzenden Blätter sind Laboratorien für die Photosynthese, einem an Lichtenergie gebundenen komplizierten chemischen Prozeß, bei dem aus Wasser und dem Kohlendioxid der Luft Zucker hergestellt wird. Daneben werden in den Blättern Eiweiß, Fett, Vitamine und Wuchsstoffe aufgebaut. Es ist allgemein bekannt, daß die Blätter Wasser verdunsten, wodurch ein steter Weitertransport gelöster Nährsalze erst aufrechterhalten wird. Schließlich sind die Blätter für die Atmung, für den Gasaustausch besonders wichtig.
Daß sich außerdem an den Sprossen Blüten und daraus Früchte entwickeln, ist jedermann bekannt.

2.3 Sproßwachstum und Wachstumsperioden

Durch Teilung von Gewebe in den Vegetationspunkten und durch anschließende Zellstreckung kommt es zum Längenwachstum. Das Dickenwachstum der Sprosse geht allein auf die Zellteilung des Kambiums zurück. Längen- und Dickenwachstum verlaufen periodisch.

2.3.1 Das Längenwachstum

Im Frühjahr treiben Bäume und Sträucher aus; sie treiben aus Knospen aus, und es bilden sich Blätter, neue Sprosse und Blüten. In den Knospen hat, von derben Knospenschuppen geschützt, teilungsfähiges (meristematisches) Gewebe den Winter überstanden. Es beginnt sich im Frühjahr zu teilen, wodurch ein neuer Zuwachs an den Sproßachsen vor allem der Endknospe entsteht. Beim Wachstum dieser neuen Triebe bilden sich Blätter und in den Blattachseln Achsel- oder Seitenknospen. Die Blattanlagen und die Anlagen für die Achselknospen sind bereits im Winter unterhalb des durchgeschnittenen und vergrößerten Vegetationskegels als kleine Höcker sichtbar. Beim späteren Wachstum strecken sich die an der Achse zwischen den Blattanlagen befindlichen Zonen; es entstehen die Internodien oder Knotenzwischenstücke, welche die Knoten (mit den Blättern) auseinanderrücken. Je nach ihrer Stellung im Sproßsystem bilden sich während einer Wachstumsperiode Sprosse mit großen bzw. kleinen Internodien aus (Lang- und Kurztriebe). Zum Herbst hin schließen die Triebe ihr Wachstum mit einer Endknospe ab; das kann entweder eine Blatt- oder aber eine Blütenknospe sein.
Das Wachstum unserer Obstgehölze während der Vegetation verläuft keineswegs gleichmäßig; im Gegenteil, sie sind periodisch disponiert: Vom Austrieb bis etwa Anfang Juni ist eine rasche Entwicklung und ein schnelles Triebwachstum festzustellen, das dann Mitte Juni in eine Phase geringen Zuwachses oder gar völliger

Ruhe übergeht. Ab Ende Juni beginnt der zweite Wachstumsschub (Johannistrieb), der sich zum Herbst hin abflacht. Gelegentlich kann es – z.B. durch unsachgemäße Kroneneingriffe ausgelöst – zu einer dritten Wachstumsperiode im Herbst kommen, die deshalb unerwünscht ist, weil die Neutriebe dann nicht mehr ausreichend verholzen können. Jungbäume mit starkem Triebwuchs sind dieser Periodizität weniger unterworfen als ältere Bäume.

2.3.2 Das Dickenwachstum

Die durch das Teilungsgewebe der Vegetationspunkte beim Längenwachstum bestimmten Sproßstärken könnten nicht mehr zunehmen, wenn sich nicht im Dauergewebe dieser jungen Sprosse ein Meristem entwickeln würde, das teilungsfähig bleibt: das Kambium. Dieser zwischen dem Holzteil (Xylem) und dem Siebteil (Phloem) verlaufende Kambiumring bewirkt das Dickenwachstum, indem er nach außen Phloemzellen (= Siebröhren für die Leitung der Assimilate) und nach innen Xylemzellen (Gefäße für die Wasserleitung) bildet und dadurch die Sprosse verdickt. Diese periodisch tätige Gewebeschicht bildet im Frühjahr großwandige Zellen, die zum Herbst hin (bis Ende August) an Größe ab- und an Festigkeit zunehmen. Diese jährlich unterschiedliche Teilungsaktivität ist als Jahresring erkennbar. Dem Kambium kommt nicht allein wegen des Dickenwachstums eine besondere Bedeutung zu, es spielt auch bei der Verwachsung von Wunden und natürlich auch beim Veredeln die entscheidende Rolle.

2.4 Triebe und Knospen der Obstbäume

Blätter, Blüten und Sprosse entwickeln sich aus Knospen, die an Trieben während der vorausgehenden Vegetationsperiode angelegt worden sind. Wer sich mit dem Baumschnitt befassen will, muß über deren Bedeutung für das Triebwachstum und das Fruchten Bescheid wissen.

Bei der vergleichenden Betrachtung von Baum und Strauch wurde bereits verdeutlicht, daß das entscheidende Bauelement für die Ausbildung der Baumkrone der einjährige Langtrieb ist, der sich beim Austrieb im zweiten Jahr aufs neue verlängert und außerdem unterschiedlich lange Seitenachsen entwickelt. Nun ist der flotte Kronenaufbau im Verlauf der Jugendphase zwar sehr erwünscht, doch stellt sich mit zunehmendem Alter die Frage, wo denn der Baum Blüten und Früchte auszubilden vermag. Diese zentrale Frage soll nun in einer allgemeinen Beschreibung der „fruchtbaren" Triebe bei den verschiedenen Arten beantwortet werden (zusätzliche speziellere Angaben → 5). Zur Demonstration sollen unbelaubte Triebe dienen, die es auch in der Praxis beim Winterschnitt zu beurteilen gilt.

2.4.1 Der Langtrieb

Beim Kernobst

Langtriebe sind lange, kräftige einjährige Triebe, die als jüngster Zuwachs vor allem an der Kronenperipherie zu finden sind. Ihre Triebspitze besteht aus einer Endknospe (Terminalknospe), aus der sich beim folgenden Austrieb entweder ein neuer Trieb oder aber nur eine Blattrosette ohne, bzw. mit einem Blütenstand entwickeln kann (endständig blühen z.B. ‘Idared’, ‘Gloster’ und ‘Berlepsch’). Seitlich an den Langtrieben wurden Seitenknospen angelegt, die je nach Triebkraft und Sorteneigentümlichkeit zu Lang- oder Kurztrieben oder aber zu beidem führen können. Bei guter Ernährung bilden sich bei bestimmten Sorten vor allem im mittleren Triebdrittel auch Blütenknospen, die dann im zweiten Jahr am „einjährigen Holz“ fruchten (Beispiele: ‘Jonathan’, ‘Jonagold’, ‘Klarapfel’, ‘Goldparmäne’ und ‘Golden Delicious’). Bei anderen Sorten treiben die Achselknospen an den im Vegetationsjahr gebildeten Langtrieben aus, so daß „vorzeitige Triebe“ entstehen können (z.B. ‘Cox Orange’ und ‘Alkmene’).

Beim Steinobst

Abgesehen von extrem stark entwickelten Langtrieben hat diese Triebart bei den Steinobstarten immer einen Blühbereich: Bei Süßkirschen und Zwetschen sind an der Triebbasis regelmäßig Blütenknospen zu finden; Sauerkirschen und Pfirsiche blühen sogar oft an der gesamten Trieblänge, und auch bei Aprikosen sind die Langtriebe mit zahlreichen Blütenknospen besetzt. Nur eines kommt bei den Steinobstarten nie vor: Aus der Endknospe entwickelt sich kein Blütenstand; die Endknospe ist immer eine Blattknospe. Ähnlich wie bei bestimmten Kernobstsorten neigen Pfirsiche oder bestimmte Sorten der Sauerkirsche zur Bildung vorzeitiger Triebe.

2.4.2 Die Kurztriebe

Beim Kernobst

Als Kurztriebe oder schlichtweg als Fruchtholz werden ein- bis mehrjährige Sprosse bezeichnet, die endständig blühen und fruchten. Je nach Alter und Länge unterscheidet der Praktiker dabei

Fruchtspieße. Sehr kurze Fruchtsprosse (bis max. 10 cm Länge), die endständig mit einer Blütenknospe abgeschlossen haben, werden als Fruchtspieße bezeichnet. Diese kurzen Sprosse bilden die meisten Kernobstsorten am zweijährigen Astabschnitt aus, der allgemein „zweijähriges Holz“ genannt wird. Die Fruchtspieße sind ein besonders wertvolles Fruchtholz.

Fruchtruten. Kurztriebe zwischen 10 und ca. 30 cm Länge gelten als Fruchtruten, wenn sie ebenfalls endständig mit einer Blütenknospe abgeschlossen haben.

Ringelspieße. Mehrjährige Kurztriebe an älteren Astpartien, die jährlich einen nur minimalen Zuwachs aufweisen, heißen Ringelspieße.

Quirlholz. Kurztriebe, die sich im Lauf der Jahre verzweigt haben und nun aus Ringel- und Fruchtspießen bestehen, werden als Quirlhölzer bezeichnet. Bestimmte Sorten können auch an diesen mehrjährigen Kurztrieben noch Früchte ausbilden (z.B. ‘Klarapfel’, ‘James Grieve’, ‘Goldparmäne’, ‘Boskoop’, ‘Golden Delicious’, ‘Melrose’, ‘Idared’). In vielen Fällen aber sind Ringelspieße und Quirlhölzer nichts anderes als Symptome von Erschöpfung.

Fruchtkuchen. Kurztriebe können sich schließlich noch aus sogenannten Fruchtkuchen entwickeln; darunter versteht man verdickte Fruchtansatzstellen des vergangenen Jahres. (Sehr auffällig sind diese Fruchtkuchen bei den Birnen.)

Beim Steinobst

An welchen Astabschnitten auch immer sich die Kurztriebe des Steinobstes befinden mögen, für sie trifft dasselbe zu wie für die Langtriebe dieser Obstarten: Die Endknospe ist stets eine Blattknospe. Bei den meisten Steinobstarten sind die zweijährigen Astabschnitte mit den daran gebildeten Kurztrieben ein ebenfalls besonders wertvolles Fruchtholz. Bei den Süßkirschen bezeichnet man diese Kurzsprosse am zweijährigen Holz als Rosetten- oder Bukett-Triebe. In ihrer Mitte steht endständig eine spitzgeformte Blattknospe, die von runderen Blütenknospen rosettenartig umrahmt ist. Ein Teil dieser Bukett-Triebe bleibt als Ringelspieße jahrelang funktionsfähig.

Pflaumen und Zwetschen, aber auch Aprikosen, blühen vorwiegend an den Kurztrieben der zwei- bis mehrjährigen Astabschnitte. Auch dieses Fruchtholz schließt in der Regel endständig mit einer Blattknospe ab, darunter stehen paarweise oder einzeln Blütenknospen. Im weiteren Verlauf verzweigen sich die einjährigen Kurztriebe z.T. mehrmals, so daß es wie bei den Zwetschen zu sehr dichten Fruchtholzbereichen kommen kann.

Obwohl die wichtigsten Sorten der Sauerkirsche an einjährigen Langtrieben blühen und fruchten, sind die Bukett-Triebe am mehrjährigen Holz für den Fruchtansatz bei bestimmten Sorten von Bedeutung. Bei der Sorte 'Schattenmorelle' allerdings fehlen diese Kurzsprosse fast vollständig.

Bei Pfirsichen spielen Kurztriebe nur eine untergeordnete Rolle, denn sie bilden ihren Ertrag hauptsächlich an den einjährigen Langtrieben aus. Falsche Fruchttriebe, die von der Länge her den Fruchtruten zugeordnet werden können, tragen keine Früchte, weil sie bei einer konsequenten Schnittbehandlung auf die basale Blattknospe zurückgeschnitten werden. Als wertvolle Kurztriebe können nur Bukett-Triebe gelten, die sich meist an der Basis von kräftigen Langtrieben entwikkeln.

Diese Schilderung der verschiedenen Triebarten und ihrer Knospen hat ergeben, daß sowohl Langtriebe als auch verschieden lange Kurztriebe Blüten- bzw. Fruchtorte sein können. Wo diese Schwerpunkte liegen, ist von Art zu Art und von Sorte zu Sorte unterschiedlich. Es ist nicht nur reizvoll, es lohnt sich auch für den Hobbyobstbauer, bei jeder Sorte zu recherchieren, an welchen Triebarten und an welchen Astabschnitten das Gros der Früchte gebildet wird und wo überhaupt die schönsten Früchte wachsen. Diese Ermittlungen sind keineswegs statistisch; es ergeben sich daraus konkrete Anhaltspunkte für den Baumschnitt.

2.4.3 Die stillen Sproßreserven

Wenn in den vorangegangenen Abschnitten von optisch auffälligen End- und Seitenknospen die Rede war, so dürfen die weniger vordergründigen oder optisch überhaupt nicht erkennbaren Knospenanlagen nicht unterschlagen werden. Sie haben, von wenigen Ausnahmen bei den Nebenknospen abgesehen, nichts mit dem Fruchten zu tun; sie sind aber als Anlagen zur Absicherung des Sproßsystems gegen leichte und schwere Schäden vorhanden. Das darf der Neuling im Obstbaumschnitt beruhigt zur Kenntnis nehmen: Die Sproßreserven sind über einen langen Zeitraum in der Lage, auch irrtümlich Entferntes immer wieder neu zu ersetzen.

Die Nebenknospen

Beim Kernobst sind die Seitenknospen an den Langtrieben durch eine oder mehrere Nebenknospen (auch Beiaugen genannt) abgesichert. Wird die Hauptknospe beschädigt oder zerstört, so kann eine Nebenknospe derart gefördert werden, daß sie die Funktion erfüllen kann, die der ausgefallenen Knospe zu übernehmen aufgegeben war. Eine Besonderheit bieten Pfirsich und Zwetsche, bei denen die Nebenknospen häufig zu Blütenknospen ausgebildet sind.

Die schlafenden Knospen

Die im Frühjahr beim Austrieb abfallenden Knospenschuppen hinterlassen einen deutlichen Vernarbungsring auf der Rinde, den sogenannten Astring, der auch am mehrjährigen Holz optisch noch erkennbar ist. Er kennzeichnet jeweils den jüngeren Jahrestrieb gegenüber dem älteren. Weil aber die Knospenschuppen Blätter sind, bei denen allerdings nur das Unterblatt entwickelt ist, überrascht es nicht, daß im Bereich des Astrings sogenannte schlafende Knospen (schlafende Augen) vorhanden sind. Sie sind äußerlich nicht erkennbar. Diese schlafenden Knospen bleiben inaktiv, solange das Triebwachstum im Sproß geregelt verläuft. Durch stärkere Eingriffe beim Schnitt oder durch den Rückschnitt auf Astring können sie jedoch jederzeit aktiviert werden.

Adventivknospen

Diese „hinzukommenden" Knospen können sich praktisch überall im System ausbilden, es muß nur intaktes Kambium vorhanden sein, aus dem sie sich ausschließlich zu entwickeln vermögen. Allerdings bedarf es schon eines sehr starken Triebreizes, um diese letzte Reserve für eine Triebbildung zu mobilisieren. Dazu kann bereits eine größere Wunde führen, durch die das Kambium nicht nur zur Wundverheilung, sondern auch zu vereinzelten Triebbildungen angeregt wird. Mit Sicherheit aber reagiert das Kambium mit kräftigem Austrieb von Adventivknospen, wenn in einer Krone Astbruch entstanden ist, oder wenn sie stark verjüngt wurde. Adventivknospen ermöglichen es demnach, beim Verjüngen auch auf den bereits verkahlten Kern des Kronengerüsts zurückzusägen.

2.5 Kronenentwicklungsphasen beim Baumobst

Die sehr individuellen Wuchsprogramme der Baumobstsorten haben eines gemeinsam: Sie bestimmen verschiedene und verschieden lange Phasen bei der Kronenentwicklung.

Voller Genugtuung betrachtet ein Obstliebhaber die kräftige Triebbildung an seinen jungen Obstbäumen; er weiß es aus Erfahrung: Je rascher der Kronenaufbau vollzogen ist, um so eher nehmen die Erträge zu. Natürlich nehmen sie nicht endlos und unbegrenzt zu; denn eines Tages wird deutlich, daß der alternde Baum eine nun zunehmende Wuchs- und Ertragsschwäche aufweist. Für diese, sich in fließenden Übergängen vollziehenden Entwicklungsabschnitte sind unterschiedliche Bezeichnungen im Gebrauch. So wird z.B. für den Erwerbsobstbau neuerdings folgende Unterteilung vorgenommen:

- ▷ Phase der zunehmenden Ertragskapazität,
- ▷ Phase der vollen Ertragskapazität,
- ▷ Phase der abnehmenden Ertragskapazität.

Dem Liebhaber wird eine weniger kommerziell ausgerichtete Formulierung eher verständlich sein: Jugendstadium, Ertragsstadium, Altersstadium.

2.5.1 Das Jugendstadium

Bei den mittelstark- und starkwachsenden Pfropfkombinationen wird während des Jugendstadiums ein betontes Wuchsprogramm verwirklicht: Die jungen Kronen entwickeln kräftige Holztriebe für das künftige Trägergerüst; sie sind ganz auf „Kronenaufbau“ ausgerichtet. Wuchsbremsende Organe, dazu zählen die Früchte, werden nur zögernd und allmählich geduldet. Bei schwächerwachsenden Sorten-Unterlagen-Kombinationen läuft dieses Kronenaufbauprogramm mehr oder minder abgebremst ab. Zwar werden auch in diesen Fällen Leitäste gebildet, doch entwickeln sich daneben bereits fruchtungswillige Kurztriebe in größerer Zahl. Die Länge dieser Phase wird demnach (neben anderen beeinflussenden Faktoren) durch das sortenfixierte Merkmal „Ertragsbeginn“ und durch die verwendete Unterlage bestimmt; sie dauert bei starkwachsenden Unterlagen wesentlich länger als bei schwachwachsenden.

2.5.2 Das Ertragsstadium

Diese Phase ist durch hohe Erträge gekennzeichnet, die sich an reichlich vorhandenem Fruchtholz ausbilden. Die Krone steht, was das Fruchtungsvermögen betrifft, „in der Blüte ihrer Jahre“. Sofern die vegetative und generative Entwicklung physiologisch ausgewogen verläuft, ist jährlich mit guten Ernten zu rechnen. Bei fortschreitendem Alter werden indes erste Schwächen sichtbar: Als Folge der stoffzehrenden Erträge nimmt die Triebleistung ab, außerdem mehrt sich abgetragenes überaltertes Fruchtholz.

2.5.3 Das Altersstadium

In diesem letzten Abschnitt ist ein nur noch geringer jährlicher Zuwachs zu verzeichnen. Zur Ausbildung hochwertiger Früchte fehlen einfach die entsprechenden Langtriebe. Zwar können die Bäume oft noch reichlich tragen, doch läßt die Fruchtqualität sehr zu wünschen übrig. Außerdem nimmt die Alternanz zu, d.h., eine reiche Ernte beansprucht die Bäume derart, daß sie nicht in der Lage sind, daneben auch Blütenknospen für das kom-

mende Jahr anzulegen. Sie tragen darum nur noch im zweijährigen Turnus. Übrigens kommt dieses Altersstadium nicht nur an alten Bäumen vor; auch jüngere, recht ungepflegte Exemplare können vorzeitig in diesen Zustand versetzt werden.
Für jede dieser drei Phasen sind Schnittkonzeptionen entwickelt worden, die den Besonderheiten Rechnung tragen.

2.6 Richtungsbestimmende Kräfte für den Pflanzenwuchs

Pflanzenorgane sind in der Lage, eine bestimmte Stellung zu der Richtung gewisser Reize einzunehmen. Diese Reizbewegungen oder Tropismen bewirken eine selbsttätige Ausrichtung der Pflanze im Raum. Die Schwerkraft und das Licht sind derart wirkende Reize.

Das Phänomen, daß Pflanzen sich im Raum „orientieren" können, wird durch zwei Kräfte bestimmt: die Schwerkraft und das Licht.

2.6.1 Die Schwerkraft

Jeder Körper auf der Erde unterliegt der Schwerkraft; die Pflanzen machen dabei keine Ausnahme. Bei ihnen wirkt sich die Schwerkraft in erster Linie richtungsbestimmend bei den Wachstumsvorgängen aus: Die Wurzeln wachsen zum Erdmittelpunkt hin, während sich die oberirdischen Organe vom Erdmittelpunkt weg entwickeln. Diese spezielle Fähigkeit der Pflanzen, ihre Organe beim Wachstum zur Richtung der Schwerkraft zu stellen, wird als Geotropismus bezeichnet. Die sich im Boden ausbreitenden Wurzeln sind positiv geotropisch, alle oberirdischen Organe dagegen negativ geotropisch. Diese reizorientierte Ausrichtung wird über ein gut funktionierendes Regelsystem von Wuchs- und Hemmstoffen gesteuert.

2.6.2 Das Licht

Lichtpflanzen, denen unsere Obstgehölze angehören, benötigen für die Photosynthese die Energie des Sonnenlichts. Weil aber dieser zentrale Aufbauprozeß in den Blättern stattfindet, ist das Licht für die beblätterten Sprosse attraktiv, d.h., die Sprosse wachsen nicht nur dem Licht entgegen, sondern sie konkurrieren um das Licht, indem jeder versucht, sich und seinen Blättern eine möglichst lichtbegünstigte Position zu verschaffen. Das Licht wirkt demnach ebenfalls durch seine Richtung: Es steuert direkt die Stellung der einzelnen Achsen in der Krone (neben den Wuchsstoffen, die auch daran beteiligt sind). Diese Fähigkeit der Pflanzen, ihre jungen Organe zur Richtung der Lichtstrahlen auszurichten, wird als Phototropismus bezeichnet; die Sproßspitzen sind positiv phototropisch, die Wurzeln dagegen negativ phototropisch.

2.7 Gesetzmäßigkeiten beim Triebwachstum

In jungen triebbetonten Baumkronen wird es besonders deutlich: Der jährliche Neuwuchs verläuft nicht willkürlich, sondern nach bestimmten Gesetzmäßigkeiten, denn es werden – je nach Stellung und Rangordnung der Achsen – Zonen gefördert oder gehemmt. Diese, sich über einen längeren Zeitraum stets wiederholenden und insgesamt etwa gleichen Abläufe, ermöglichen es, daß man sich über Schnittmaßnahmen verständigen und Schnittkonzeptionen entwickeln kann.

2.7.1 Die Spitzenförderung

Aufgrund ihrer bevorzugten Stellung erfährt die Stammverlängerung vor allem in jungen Jahren bei den allermeisten Arten und Sorten die stärkste Spitzenförderung beim Wachstum. Das ist bereits beim Vergleich der Wuchssysteme von Baum und Strauch festgestellt worden. Dort ist außerdem darauf hingewiesen worden, daß die wachsende Triebspitze auf die tieferstehenden Triebe bzw. Knospen eine Wuchshemmung ausübt. Was an der Mittelachse beschrieben wurde, vollzieht sich ähnlich auch an den Seitenachsen verschiedener Rangordnung.

Abb. 3. Wuchsgeförderter Spitzenbereich am senkrecht wachsenden Sproß mit zunehmender Triebhemmung nach unten.

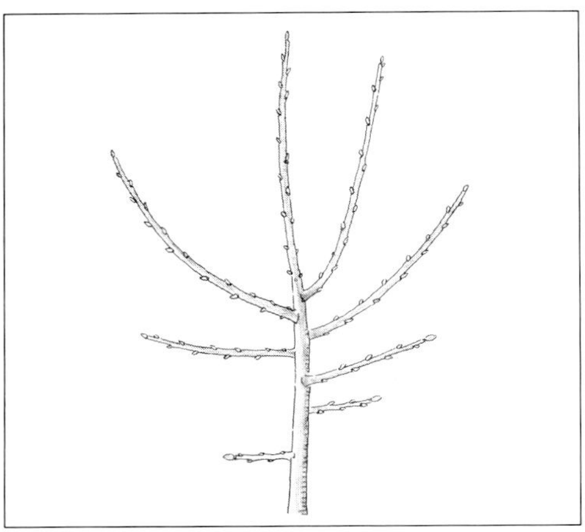

Neben dieser Spitzenförderung des Einzeltriebs besteht eine übergeordnete Spitzenförderung im Gesamtsystem. Dabei spielt neben der Astrangordnung auch das Alter des Astes und seine Stellung in der Krone eine Rolle hinsichtlich seiner Triebkraft. Es läßt sich folgende Tendenz feststellen: Der Neuwuchs eines Astes ist um so stärker, je kräftiger und jünger dieser Ast ist und je höher, senkrechter und näher er an der Mittelachse steht.

2.7.2 Die Oberseitenförderung

Bindet man in einer jüngeren, noch kräftig wachsenden Krone einen bislang aufrechtstehenden Trieb oder Ast waagrecht, so wird man hinsichtlich der Triebförderung eine Überraschung erleben: Zwar verlängert sich die Achse auch in dieser Stellung noch, doch ist dies deutlich schwächer. Außerdem fehlt der bei aufrechtstehenden Achsen übliche Verzweigungsbereich, er ist umfunktioniert worden zu senkrecht auf der Oberseite wachsenden (Ständer-)Trieben, die sich aus den nun oberseits plazierten Knospen entwickelt haben. Die Heftigkeit der Reaktion macht die Störung dieses Eingriffs deutlich. Aus den auf der Unterseite befindlichen Knospen entwickelt sich kaum ein Neutrieb (sie sind gehemmt), während sich aus den Seitenknospen nur wenige, meist schwächere Triebe bilden. Die längsten und kräftigsten Ständertriebe stehen nicht etwa im Spitzenbereich der waagrechtgestellten Achse, sonder überraschenderweise nahe der Hauptachse. Von

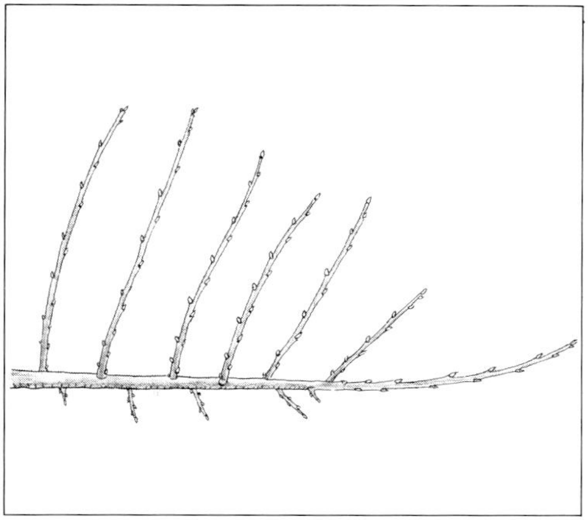

Abb. 4. Oberseitenförderung am waagrecht stehenden Sproß; die Sproßunterseite ist triebgehemmt.

dort aus nimmt die Trieblänge der einzelnen Triebe zur Spitze hin ab, ganz offensichtlich als Folge einer Rangordnung, bei der jeweils der Trieb vorrangig ernährt wird, der der Hauptversorgungsleitung am nächsten plaziert ist.

Diese am manipulierten Ast bewiesene Oberseitenförderung findet an dem unter der Fruchtlast in die Waagrechte gekommenen Ast selbstverständlich auch statt; allerdings verlaufen die Reaktionen auf den Oberseiten längst nicht so heftig, weil bei der allmählichen Achsenveränderung eine natürliche Umstimmung in der Wuchsstoffsteuerung und im Stoffwechsel einhergeht. Die vegetative Oberseitenförderung nimmt mit zunehmendem Alter (vor allem aber mit zunehmenden Erträgen) rasch ab. Sie kann jederzeit in der Folge bestimmter Einwirkungen (z. B. durch Ausfall des Fruchtbehangs nach Frost oder nach verjüngenden Eingriffen) wieder entstehen. Daneben ist eine Förderung der generativen Organe (Blüten und Früchte) auf den Astoberseiten deutlich erkennbar.

Die oft in einem Achsenwinkel von 45 ° (zur Mittelachse) gestellten Leitäste sind beiden Triebförderungskräften ausgesetzt; sie nehmen dabei eine Zwischenstellung ein: Der obere Bereich ist noch eindeutig spitzengefördert; astabwärts schwächt sich der Neuwuchs auf der Astunterseite deutlich ab und die Förderung der Oberseite nimmt zu. Astzwischenstellungen (nach oben oder nach unten) weisen zunehmende Tendenzen in Richtung der bestimmenden Triebförderungskräfte auf, wobei sich allerdings die Apikaldominanz als eine sehr wirksame Kraft erweist.

2.7.3 Die Scheitelpunktförderung

Mit zunehmendem Alter der Kronen und zunehmender Fruchtbarkeit schwächt sich das Triebwachstum ab. Die Phase des Kronenaufbaus ist im wesentlichen beendet. Unter der Last der Früchte neigen sich die Gerüstastverlängerungen bogenförmig ab. Es entstehen sogenannte Fruchtbogen, weil die Achsenverlängerungen nicht mehr imstande sind, ihre ursprüngliche Stellung nach der Ernte wieder einzunehmen. Das bedeutet aber keineswegs, daß damit auch das Triebwachstum eingestellt wird, denn das würde rasch zum Vergreisen der Kronen führen. In diesem Stadium setzt ein „kleines Regenerationsprogramm" ein: Überall auf den höchsten Punkten der Fruchtbogen, den Scheitelpunkten, entstehen Neutriebe, deren stärkster die Führung übernimmt und die anderen, falls sich mehrere gebil-

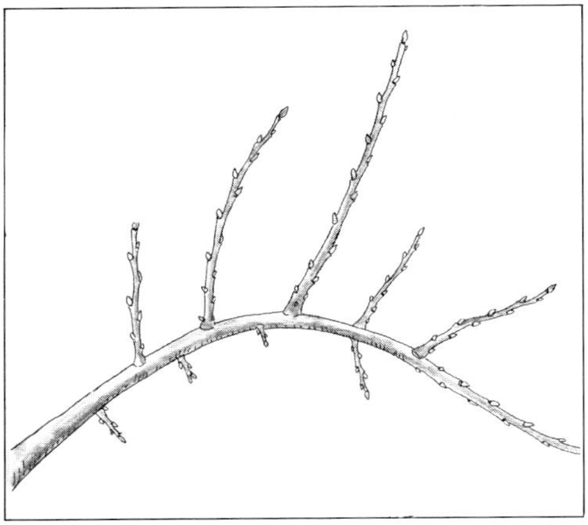

Abb. 5. Scheitelpunktförderung bei einem bogenförmig abgeneigten Sproß.

det haben, in ihrer Entwicklung hemmt. Dieser Neuwuchs ist ebenfalls fruchtungswillig, so daß sich die neugebildete Verlängerung binnen kurzem zu einem neuen Fruchtbogen abneigt, der sich am Scheitelpunkt wieder verjüngt. Diese Entwicklung verläuft nicht nur an den Stamm- und Leitastverlängerungen, sie kommt häufig und oft schon früher an abgeneigten Fruchtästen vor. Für den Obstbaumschnitt hat dieses „kleine Regenerationsprogramm“ im Hinblick auf die Fruchtholzverjüngung eine besondere Bedeutung.

2.7.4 Die Basisförderung

Ist ein Trieb nach unten gebunden oder ein Ast nach unten geneigt, so kann auch in diesen Fällen der höchste Punkt, die Basis, triebgefördert werden. Damit ist auch bei dieser Achsenstellung Ersatzholz für die Verjüngung gesichert. Bei jüngeren Kronen kann man diese Basisförderung viel häufiger beobachten als bei älteren, im Zuwachs nachlassenden Kronen.

2.8 Spezielle Programme steuern den sortentypischen Wuchs

Die zahlreichen Merkmale, durch die sich eine Sorte von der anderen unterscheidet, sind durch komplizierte Programme zustande gekommen.

Jeder Gartenliebhaber kann es bestätigen: Ein Birnbaum wächst anders als ein Zwetschenbaum, und eine Kirsche zeigt ein anderes Wuchsbild als ein Apfel. Wer nun aber innerhalb einer Art die verschiedenen Sorten z.B. am Wuchs erkennen will, braucht bereits einige fachliche Erfahrung. Fachleute und versierte Gartenfreunde sind aber dazu in der Lage, weil sie typische Wuchsmerkmale erkennen können. Da sich aber Typisches allein aus immer wiederkehrenden gleichen Merkmalen formt, müssen in den Sorten Programme zur Merkmalsbildung vererbt werden, die Reaktionsnormen bedingen. Wie sonst wäre es möglich, daß eine Sorte überall und jederzeit identifizierbar bleibt, gleichgültig, wo immer sie steht und mit welcher Unterlage sie kombiniert worden ist.

In neuerer Zeit konnten Wissenschaftler auf dem Gebiet der Molekularbiologie erklären, wie die Ausbildung von Merkmalen genetisch gesteuert wird. Bei den komplizierten und häufig ineinander verflochtenen biochemischen Prozessen spielen die Nukleinsäuren als Träger und Boten der genetischen Information die entscheidende Rolle. Bestimmte Nukleinsäuren sind außerdem imstande, die Bildung von Enzymen auszulösen, die chemische Umsetzungen katalysieren, so daß es schließlich zur Ausbildung bestimmter Merkmale kommt.

Der am Schnitt Interessierte wird nun bange fragen, wie denn bei derart unterschiedlichen Vorbedingungen eine gemeinsame Ebene für die Verständigung gefunden werden könne, damit das Schneiden der Obstbäume jedermann zu erlernen möglich ist und nicht zu einer hochkomplizierten Fachmaßnahmen wird. Eine weitgehende Vereinfachung, das sei an dieser Stelle beruhigend erwähnt, ist erreichbar, denn Grundsätzliches stimmt in vielen Fällen überein; sie kann allerdings nicht so weit geführt werden, daß alle Sortenmerkmale unberücksichtigt bleiben können. Im übrigen: Das besonders Reizvolle im Umgang mit Obstgehölzen ist es, Sortentypisches zu erkennen und daraus die richtigen Schlüsse für den Schnitt zu ziehen.

Dem Anfänger wird darum empfohlen, vor dem Schnitt in Ruhe das jeweilige sortenspezifische Programm zu studieren. Dabei sollten vor allem Lang- und Kurztriebbildungen, Verzweigungsstärke, bevorzugte Fruchtorte, Wertigkeit verschieden alter Fruchthölzer und die Neigung für Verkahlungen beurteilt werden.

3 Die Praxis

Mit dem Können fängt der Spaß an

3.1 Die Schnittwerkzeuge

Zur Grundausrüstung für den Obstbaumschnitt gehören: eine Baumschere, eine Bügelsäge, eine Hippe und ein Abziehstein. Eine gute Arbeitsqualität läßt sich nur mit Qualitätswerkzeugen erzielen.

Wer seinen rechten Spaß am Baumschnitt bekommen will, der braucht einwandfrei funktionierende Schnittwerkzeuge: eine stabile, fachmännisch geschliffene und nicht klemmende Baumschere und eine Bügelsäge mit einem scharfen und richtig geschränkten Sägeblatt, das sich zudem auf einfache Weise verstellen läßt.
Auch der bis dahin Uneingeweihte wird sich leicht vorstellen können, daß diese beiden Schnittwerkzeuge stark beansprucht werden und daß dies nur allerbestes Material auf die Dauer auszuhalten vermag. Der Gartenliebhaber sollte diese Spezialwerkzeuge im Fachgeschäft einkaufen. Dort werden bekannte und hinlänglich erprobte Marken angeboten, und Fachpersonal erläutert auf Wunsch die Handhabung. Allerdings haben erstklassige Werkzeuge auch ihren Preis. Dennoch sollte man sich, auch wenn nur wenige Obstgehölze und Ziersträucher zu schneiden sind, eine zweckmäßige und „handfeste" Grundausstattung für den Gehölzschnitt anschaffen.

3.1.1 Die Scheren

Für den Schnitt des Baum- und Beerenobstes werden seit einigen Jahren mit Vorliebe einschneidige Leichtmetallscheren verwendet. Sie sind handlich und leicht und zeichnen sich außerdem durch eine Reihe weiterer Vorzüge aus, die sie den bis dahin gebräuchlichen Stahlscheren überlegen machen: Die Chromstahlklingen sind sehr einfach auswechselbar; der neuartige Hebelverschluß kann mit der Schnitthand bedient werden und verhindert Quetschungen; die Kunststoffüberzüge an den Griffen sind ausgesprochen handfreundlich, was vor allem im Winter bei Kälte besonders geschätzt wird; ihre rote Farbe signalisiert außerdem den Ablageort, wenn die Schere gesucht werden muß, und schließlich mildert ein Gummipufferpaar die Anschläge beim Schneiden spürbar ab, so daß die Gelenke auch bei längerem Schneiden geschont bleiben.
Eine besondere Form dieser Leichtmetallschere ist die Rollgriffschere (mit einem für die Finger ausgeformten Rollgriff). Sie ermöglicht eine besonders günstige Kraftübertragung. Dieses Modell wird von Erwerbsobstbauern bevorzugt, die oft wochenlang tagaus tagein schneiden müssen. Der Liebhaber, der sich diesen Luxus leisten möchte, sollte vor dem Kauf probieren, ob er mit der zunächst

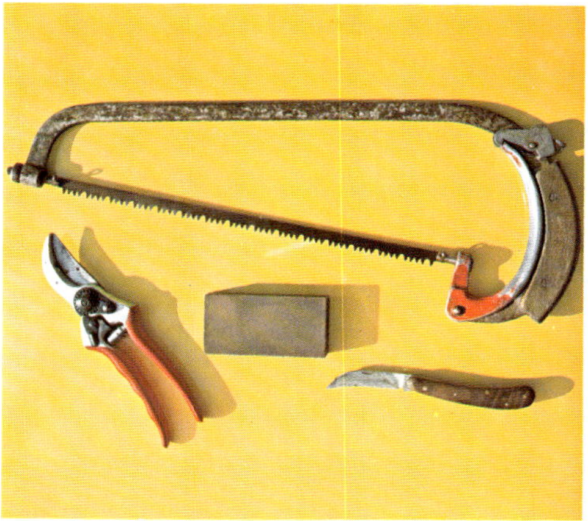

Abb. 6. **Zur Grundausrüstung für den Obstbaumschnitt gehören: eine Bügelsäge, eine Baumschere, eine Hippe und ein Abziehstein.**

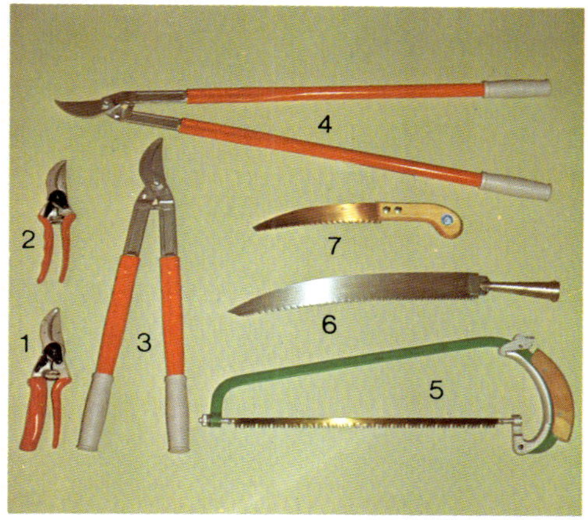

Abb. 7. Astscheren (3 + 4) erleichtern den Beerenobstschnitt; in manchen Fällen lohnt es sich, eine Schwertsäge (6 + 7) anzuschaffen.

ungewohnt in der Hand liegenden Schere zurechtkommt. Nebenbei bemerkt: Der Fachhandel bietet auch Scheren für Linkshänder an.

Weil aber beim Schnitt abwechselnd sowohl mit der Schere als auch mit der Säge gearbeitet werden muß, ist die Anschaffung einer Scherentasche sehr zu empfehlen. Die früher von Sattlern angefertigten stabilen Scherentaschen sind kaum mehr erhältlich, so daß man sich neuerdings mit Ablagetaschen aus Kunststoff begnügen muß. In einer solchen Tasche, die am Gürtel befestigt wird, kann die Schere auch nach dem Schnitt aufbewahrt werden, allerdings sollte vorher die Feder aus ihrer Aufhängung herausgenommen werden, um eine vorzeitige Materialermüdung zu vermeiden.

Beerenobst-Hobbyanbauer, die vor allem Stachelbeer- und Johannisbeerbüsche oder aber stachelige Brombeeren kultivieren, sollten sich überlegen, ob sie sich nicht eine Astschere (mit besonders langen Griffen) anschaffen, mit der das Auslichten der Beerensträucher und Brombeerhecken wesentlich erleichtert wird. Sowohl beim Schneiden als auch beim Entfernen des Schnittholzes dient die Astschere als verlängerter Arm.

3.1.2 Die Sägen

Ohne eine spezielle Baumsäge geht es nicht. Der Fuchsschwanz aus dem Haushalts-Werkzeugschrank ist für den Baumschnitt absolut ungeeignet. Was die Leichtmetallschere bei den Gartenscheren ist, trifft für die Bügelsäge bei den Baumsägen zu: sie ist handlich und nicht schwer, einfach zu bedienen, problemlos zu pflegen und vielseitig anwendbar. Für alle Korrekturmaßnahmen am stärkeren Holz ist die Bügelsäge darum gut geeignet. Mit Hilfe eines Spannhebels kann das Sägeblatt in jeder beliebigen Stellung festgestellt werden; das macht sie so vielseitig bei der Anwendung. Seitdem für diese Sägen Schwedenstahlblätter mit gehärteten Zähnen verfügbar sind, entfällt das an früheren Sägeblättern oft schon nach kurzem Gebrauch notwendig gewordene Feilen der Zähne. Ist das Schwedenstahlblatt stumpf geworden, was im Hausgarten bei sachgemäßer Anwendung Jahre dauern kann, wird es einfach vom Messerschmied ausgewechselt. An Bügelsägen muß beim Aufbewahren entweder der Spannhebel geöffnet oder aber das Sägeblatt durch Lösen der Stellschraube entspannt werden.

Eine recht preiswerte und in der Schnittleistung gut abschneidende Säge ist die Schwertsäge, die mit unterschiedlich langen Sägeblättern als Griff- oder Stielsäge angeboten wird. Schwertsägen sind Zugsägen, d.h., daß jeweils nur mit der Ziehbewegung zum Körper hin geschnitten wird. Als Stielsägen sind sie darum besonders für das Auslichten in niedrigen Kronen geeignet, an denen die Eingriffe vom Boden aus vorgenommen werden können. Schwertsägen sind für grobe Korrekturen gedacht; sie sind deshalb allenfalls eine – nicht unbedingt notwendige – Ergänzung zu den Bügelsägen. Sie müssen in Abständen gefeilt und neu geschränkt werden.

3.1.3 Das Messer

Ein Messer wird in erster Linie für das Ausschneiden kranker Stellen am Rinden- und Holzgewebe benötigt, das beim Winter- oder Sommerschnitt notwendig werden kann. Wenn diese Behandlungen an jüngeren Ästen oder Stämmen, an denen sich noch keine Borke gebildet hat, vorgenommen wird, eignet sich dazu recht gut die vielseitig verwendbare Kopulierhippe. Bei borkiger Rinde dagegen ist auch dieses stabile Messer bereits zu schwach, so daß nur noch Stechbeitel und Holzhammer anzuwenden übrig bleibt.

So mancher alte Routinier wird einwenden, daß ein stabiles Messer vor allem zum Nachschneiden der Wundränder benötigt wird, die sich aus Sägeschnitten ergeben haben. Diese Ansicht war lange Zeit gültig. Heute gilt es jedoch als sicher, daß darauf verzichtet werden kann, denn diese zusätzliche Arbeit verschafft keine überzeugenden Vorteile. Selbstverständlich leistet eine solche Hippe auch bei zahlreichen sonstigen Arbeiten im Garten gute Dienste.

3.1.4 Die Abziehsteine

Beim Schneiden und Sägen verlieren die Werkzeuge allmählich ihre Schärfe. Während die neuartigen Sägeblätter einfach ausgewechselt werden, sobald sie stumpf geworden sind, müssen Scheren und Messer immer wieder auf einem Abziehstein nachgeschärft werden. Der Fachhandel bietet dafür Natursteine (z.B. „Belgische Brocken"), künstliche Abziehsteine (aus gemahlenem Naturstein bestehend) oder aber Kunstabziehsteine an, die aus Kunstrohstoffen hergestellt sind. Dem Hobbyobstbauer wird empfohlen, sich einen aus zwei Schichten (grobe und feine Körnung) bestehenden Abziehstein anzuschaffen, dessen grobkörnige Schicht vor allem zum Abziehen der Schere geeignet ist, während Messer zuerst einen Grobabzug und dann einen Feinabzug erhalten müssen. Allerdings lassen sich grobe Scharten mit Abziehsteinen nicht beseitigen; sie müssen in der Fachwerkstatt ausgeschliffen werden.

3.2 Die Pflege der Werkzeuge

Gute Werkzeuge gehören gepflegt, wenn sie über Jahre hinweg funktionstüchtig bleiben sollen.

3.2.1 Scheren

Die sich bewegenden Teile der Schere (das Scherenzentrum mit dem Bolzen, der Hebelverschluß und die Feder) müssen beim Schnitt in Abständen geölt werden. Bei Rollgriffscheren kommt der abziehbare Rollgriff dazu.

Läßt die Schärfe der Schnittklinge nach, wird ein Abziehen auf der grobkörnigen Seite des zuvor mit Wasser benetzten Abziehsteins erforderlich. Dazu muß die Schere geöffnet und die Klingenschneide unter Druck mit kreisenden Bewegungen gegen die Klinge geschärft werden.

Hat eine Schere zuviel Spiel(raum) zwischen der Schnittklinge und dem Gegenbacken – daran erkennbar, daß Triebe nicht abgeschnitten, sondern dazwischengeklemmt werden –, so kann sie mit einem mitgelieferten kleinen Stellblättchen nachgestellt werden.

Sollte einmal eine Klinge aus- oder abgebrochen sein, was sich z.B. beim Wegschneiden dürrer Äste ereignen kann, so läßt sie sich dadurch ersetzen, daß die alte Klinge einfach aus den Stiften gedrückt und die neue in diese Verankerungen geschoben wird. Vor dem Einsetzen der neuen Klinge gehört die Auflagefläche gereinigt und geölt. Dieser Klingenwechsel ist aber nur möglich, wenn die Schere vorher ganz auseinandergenommen worden ist. Dieses Zerlegen ist nicht schwierig; es sollte ohnehin jährlich einmal nach dem Winterschnitt erfolgen. Dabei werden dann alle verschmutzten und verharzten Teile mit Benzin gesäubert und soweit erforderlich wieder eingeölt. Außerdem kann die Schnittklinge auf einem vorher befeuchteten Abziehstein – wie oben beschrieben – geschärft werden. Und zum Abschluß noch einmal der Hinweis: Scheren nie mit geschlossener Feder aufbewahren!

3.2.2 Sägen

Auch die Bügelsäge verlangt etwas Pflege. Alle beweglichen Teile – die beiden Bolzen, in denen das Sägeblatt mit Stiften befestigt ist; das Gewinde der Stellschraube; die Nieten am Spannhebel und die am Revolververschluß – sollten in Abständen während des Schnitts geölt werden. Verharzte Sägeblätter werden am besten mit Benzin gereinigt.

Stumpf gewordene oder nicht mehr ausreichend geschränkte Schwedenstahl-Sägeblätter müssen in der Fachwerkstatt, beim Messerschmied, ausgewechselt werden. Dagegen können Schwertsägen selbst gefeilt und geschränkt werden, doch bedarf es dazu besonderer Feilen und weiterer Gerätschaften, so daß in der Regel empfohlen werden muß, auch diese Überholungsarbeit einem Fachmann anzuvertrauen.

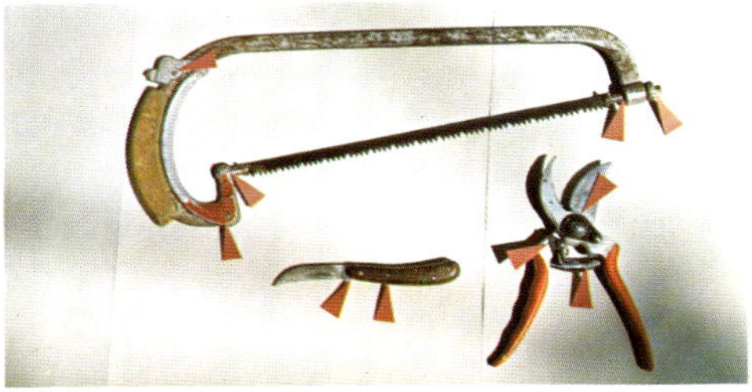

Abb. 8. Während des Schnitts sind die sich bewegenden Teile der Werkzeuge in Abständen zu ölen.
Abb. 9. Provisorisches Abziehen der Schnittklinge einer Baumschere auf einem Abziehstein.
Abb. 10. Ein fachmännisch einwandfreies Abziehen ist nur möglich, wenn die Schere vorher auseinandergenommen wurde.

3.2.3 Messer

Die zur Anschaffung empfohlene Kopulierhippe ist vom Hersteller nur auf einer Seite zugeschliffen worden. Dieser einseitige Zuschliff muß auch weiterhin erhalten bleiben! Das bedeutet, daß nur eine Klingenseite abgezogen werden darf. Praktisch sieht das so aus, daß die abzuziehende Seite in einem spitzen Winkel zunächst gegen die grobkörnige Oberfläche des zuvor angenäßten Abziehsteins gedrückt wird. Dann führt man mit der Klinge kreisende Bewegungen gegen die Schneide aus (vielleicht 30mal oder öfter). Dieselbe Prozedur muß auf der befeuchteten Feinabzugseite wiederholt werden. Der durch das Abziehen an der Schneide entstehende Grat läßt sich dadurch entfernen, daß die Klinge gedreht wird und dann auf der Feinabzugseite bei sehr flacher Stellung der Klinge zwei bis drei Kreisbewegungen ohne Druck vollführt werden.
Es ist keineswegs so, daß nur gebrauchte Messer abzuziehen sind; auch fabrikneuen Messern fehlt die für Facharbeiten unerläßliche Schärfe. Sie wurden nur zugeschliffen, aber nicht abgezogen.

3.3 Gebrauch der Werkzeuge

Mit der Schere und Säge sollen beim Rück- und Wegschnitt glatte Schnittflächen hergestellt werden. Das ist nur mit einwandfrei funktionierenden Werkzeugen zu erreichen, die fachmännisch gehandhabt werden müssen.

Bevor die Handhabung der beiden wichtigsten Schnittwerkzeuge – Schere und

Säge – in diesem Abschnitt erläutert wird, muß erst noch eine grundsätzliche Unterscheidung vorgenommen werden, und zwar zwischen Rückschnitt und Wegschnitt.

- ▷ Rückschnitt. Triebe, Zweige oder Äste werden mit der Absicht reduziert, einen Neutrieb an und unterhalb der Schnittstelle anzuregen. Beim einjährigen Trieb erfolgt der Rückschnitt immer auf eine Seitenknospe; sie ist in der Regel nach außen (vom Kronenzentrum her gesehen), in Sonderfällen aber auch einmal nach innen gerichtet. Auch beim Rückschnitt ins mehrjährige Holz, wie z.B. beim klassischen Verjüngungsschnitt, ist es beabsichtigt, das Triebwachstum anzuregen.
- ▷ Wegschnitt. Einjährige Triebe oder mehrjährige Äste werden an ihrer Ansatzstelle ganz entfernt. Demzufolge zählen alle Eingriffe, die störende, überflüssige oder überalterte Teile aus der Obstbaumkrone entfernen, und die unter dem Begriff Auslichten zusammengefaßt werden, zum Wegschnitt. Dieser Wegschnitt ist richtig ausgeführt, wenn der wegzuschneidende Teil auf Astring entfernt wurde, denn dort findet am ehesten ein zufriedenstellender Wundverschluß statt. In keinem Fall sollten beim Wegschnitt Stummel stehen bleiben. Beim Wegschnitt ist kein Neuaustrieb erwünscht!

3.3.1 Die Handhabung der Schere

Beim Schnitt mit der einschneidigen Baumschere ist es wichtig, darauf zu achten, daß die Finger den Scherenschenkel mit der Schnittklinge bewegen und nicht etwa den mit dem Gegenbacken. Bei der Rollgriffschere kann es in dieser Hinsicht keine Mißverständnisse geben, denn der Rollgriff ist für die Fingerhaltung speziell ausgeformt. Bei beiden Scheren findet der Schenkel mit dem Gegenbacken bei geöffnetem Hebelverschluß am Ballen des Daumens ein Widerlager.

Beim Rückschnitt

Um überhaupt einen Eindruck von der Funktion der Baumschere zu bekommen, ist es zweckmäßig, erste Schnittversuche an einjährigen Trieben irgendwelcher Obstgehölze aus dem Garten vorzunehmen. Dabei schneidet man den in der einen Hand gehaltenen Trieb zunächst einfach rechtwinklig zu seiner Achse immer wieder durch. Als nächste Übung bringt man den Trieb in eine schräg nach oben gerichtete Lage (etwa 45° zur Körperachse) und führt nun Schnitte aus, die in einem Winkel von ca. 60° zur Triebachse stehen. Mit diesem Schnitt läßt sich bereits der Rückschnitt am einjährigen Trieb auf eine nach außen gerichtete Knospe vollziehen, indem die Schere so auf der Triebseite, die der Knospe gegenüberliegt, angesetzt wird (etwa auf halber Höhe der Knospe), daß der in dem empfohlenen Winkel ausgeführte Schnitt über der Knospenspitze ausläuft. Der hinter der Knospe verbliebene Holzsockel darf weder zu lang noch zu kurz sein.
Untersucht man die durch diesen Schnitt entstandenen Rückschnittstellen, so ist zu erkennen, daß durch den Backen jeweils eine leichte Quetschung der Rinde und des darunterliegenden Gewebes verur-

11

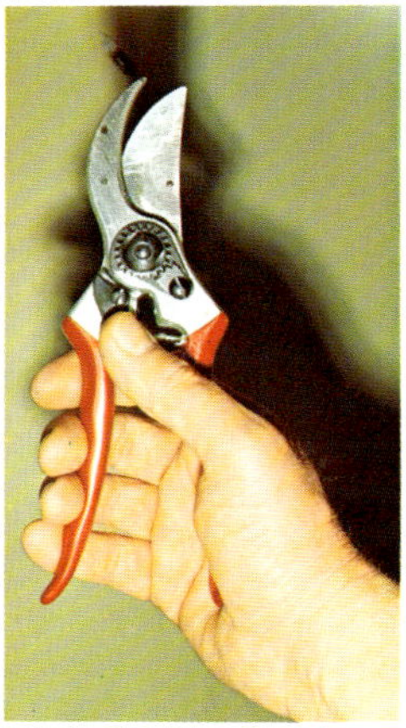

12

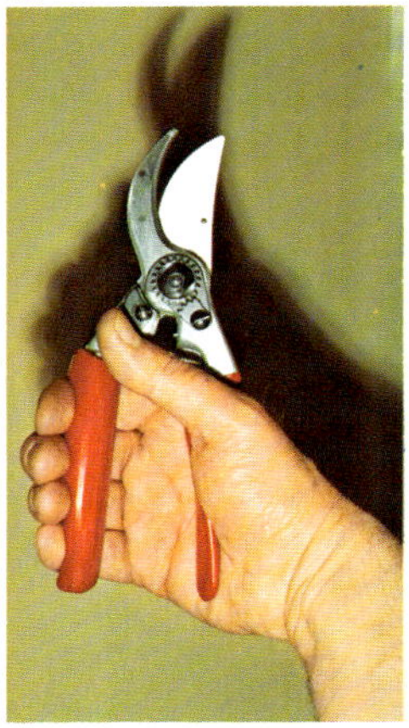

15

13

16

14

Abb. 11. Die Schere muß so in die Hand genommen werden, daß die Finger den Scherenschenkel mit der Schnittklinge bewegen und nicht den Schenkel mit dem Gegenbacken.
Abb. 12. Durch den für die Finger der Schnitthand ausgeformten Griff ist bei der Rollgriffschere eine falsche Handhabung ausgeschlossen.
Abb. 13. Erste Schnittübung: Ein Trieb wird rechtwinklig zu seiner Achse immer wieder durchgeschnitten.
Abb. 14. Zweite Schnittübung: Den Trieb in einem Winkel von 45° zur Körperachse halten; den Sproß in einem Winkel von etwa 60° zu seiner Achse durchschneiden.
Abb. 15. Rückschnitt eines einjährigen Langtriebs auf eine nach außen gerichtete Knospe.
Abb. 16. Schnittverlauf: ein zu langer Holzzapfen über der Knospe (links); ein zu spitzwinkliger Schnitt (Mitte); richtiger Schnittverlauf (rechts).

17

19

18

20

21

Abb. 17. Das Wegschneiden wird dadurch wesentlich erleichtert, daß der Trieb oder Ast mit der freien Hand in der Schnittrichtung leicht weggedrückt wird.
Abb. 18. Der Ableitungsschnitt wird parallel zur verlängerten Achse des Ableitungsastes ausgeführt.
Abb. 19. Beim Wegschnitt einjähriger Triebe muß darauf geachtet werden, daß die Schere den zweijährigen Ast nicht miterfaßt. Es sollte deshalb nur mit dem vorderen Teil der Klinge geschnitten werden.
Abb. 20. Bestimmte steilstehende Seitenäste können keilförmig in der Stammverlängerung verankert sein, so daß auch der grundständige Astring keilförmig verläuft.
Abb. 21. Beim Wegschnitt derartiger Äste werden in der Praxis keine keilförmigen, sondern ebenfalls plan verlaufende Schnitte gefertigt, wobei für den Schnittverlauf der obere und der untere Astringbereich maßgebend ist.

sacht worden ist. Diese Verwundung bleibt in der Regel ohne nachteilige Folgen, denn das verletzte Gewebe regeneriert sich rasch wieder.
Neben dem Rückschnitt einjähriger Triebe kann die Baumschere außerdem beim Rückschnitt ins mehrjährige Holz, dem Verjüngen, verwendet werden, wenn die zu reduzierenden Äste nicht stärker als 2,5 cm sind. Zum Zurückschneiden dieser stärkeren Hölzer – sie werden rechtwinklig zur Achse auf einen nach außen gerichteten Trieb oder Zweig zurückgeschnitten – ist schon erheblich mehr Kraft aufzuwenden erforderlich. Ein kleiner Kniff kann aber das Zurückschneiden dieser stärkeren Äste erleichtern helfen: Die Finger der freien Hand, die etwa 30–40 cm oberhalb der Schnittstelle an den abzuschneidenden Teil angelegt werden, drücken beim Schneiden den Ast in der Schnittrichtung leicht weg.
Um aber einen kräftigen Neutrieb zu erreichen, müssen die Seitenverzweigungen, auf die zurückgeschnitten wurde, auf Astring entfernt werden. Das allerdings ist bereits eine Maßnahme, die dem Wegschnitt zugeordnet werden muß.

Beim Ableitungsschnitt. Eine besondere Form des Rückschnitts ist der Ableitungsschnitt, der sowohl mit der Schere als auch mit der Säge ausgeführt werden kann. Hierbei wird in der Regel ins mehrjährige Holz zurückgeschnitten, wobei die seitherigen Achsen auf bestehende Seitenachsen abzuleiten sind. Dieses Verfahren wird angewendet beim Verjüngen von Kronen (als eine abgemilderte Form der klassischen Verjüngungsmethode), zur Waagrechtstellung von Fruchthölzern oder aber in jungen Kronen, wenn eine Leitastverlängerung defekt ist. In der Praxis wird beim Ableitungsschnitt die Achse des Ableitungsastes nach hinten verlängert und dazu parallel darüber ein Schnitt von innen nach außen (oder umgekehrt) ausgeführt, der oberhalb der Ansatzstelle der Seitenachse ausläuft bzw. beginnt.

Beim Wegschnitt

Die Baumschere wird für den Wegschnitt genauso in die Hand genommen wie zuvor beschrieben wurde. Es ist schon erwähnt worden, daß Triebe oder Äste beim Wegschnitt an ihrer Ansatzstelle, also vollkommen entfernt werden müssen. Um aber den stehenbleibenden Ast nicht zu beschädigen, damit die zugefügte Wunde rasch wieder verheilen kann, muß der Astring stehen bleiben.
Einfach wegzuschneiden sind einjährige Triebe, die sich aus älterem Holz (dem Stamm oder den unteren Partien der Gerüstäste) entwickelt haben. Die Schnittklinge wird dazu rechts am Trieb auf den Ast aufgelegt (die Handfläche ist also sichtbar), dann kann weggeschnitten werden. Hielte man die Schere umgekehrt, so würde der Backen der Gegenklinge ein scharfes Wegschneiden verhindern, das aber unerläßlich ist; denn es soll verhindert werden, daß sich aus dem stehengebliebenen kleinen Zapfen ein weidenkopfähnlicher Austrieb entwickelt, was bei astoberseits stehenden Trieben häufig der Fall ist. Genauso muß mit älteren Ästen verfahren werden, die mit der Schere noch weggeschnitten werden können, wobei man sich beim Wegschnei-

den ebenfalls des beschriebenen Kniffs bedienen sollte. Bei einjährigen Trieben, die sich seitlich aus zweijährigen Astabschnitten entwickelt haben, ist beim Ansetzen der Schere darauf zu achten, daß der Schnitt nicht den zweijährigen Ast miterfaßt. Der abzuschneidende Trieb darf deshalb nur mit dem vorderen Teil der Klinge weggeschnitten werden.

3.3.2 Die Handhabung der Bügelsäge

Für alle Eingriffe beim Rück- und Wegschnitt, bei denen Astteile oder ganze Äste mit mehr als 2,5 cm Durchmesser entfernt werden müssen, wird die Bügelsäge verwendet. Sägeschnitte verursachen Verwundungen in der Krone, für deren Verheilung erhebliche Baustoffmengen verbraucht werden. Rasche und saubere Wundverschlüsse sind aber nur zu erwarten, wenn die Amputationen fachmännisch an der richtigen Stelle durch glatte und plan verlaufende Sägeschnitte vorgenommen worden sind.
Die ersten Erfahrungen mit der Bügelsäge lassen sich am besten gleich am Objekt sammeln, wenn es gilt, einen überzähligen oder abgebrochenen Ast zu entfernen. Dieser Ast wird zunächst einmal auf einen langen Stummel gesägt, an dem dann „scheibenweise" die Handhabung der Säge bei unterschiedlicher Stellung des Sägeblatts erprobt werden kann. Dabei wird man vor allem überprüfen, ob das Sägeblatt ausreichend gespannt ist; das ist dann der Fall, wenn die Schnitthand den gelösten Spannhebel mit einiger Anstrengung so weit zurückdrücken kann, daß der Verschluß eben noch einrastet.

Beim Rückschnitt

An diesem Aststummel läßt sich zunächst einmal der Rückschnitt üben, für den rechtwinklig zur Astachse verlaufende Sägeschnitte von der Astinnenseite nach außen zu führen sind (bei waagrecht stehenden Ästen von oben nach unten). Diese Schnitte müssen direkt über einer außen stehenden Seitenachse – einem Trieb, Zweig oder Ast – enden. Derartige Sägeschnitte lassen sich am Übungsstummel ohne Komplikationen ausführen, denn die abgesägten Scheiben oder Rollen wiegen nur wenig. Wie aber muß man vorgehen, wenn das ganze Gewicht des abzusägenden Astteils beim Zurücksägen wirksam wird? Wird nämlich ein schwererer Ast einfach durchgesägt, so schlitzt er unweigerlich aus, d.h. der zum größten Teil durchgesägte Ast reißt beim Abkippen aus dem verbleibenden Teil einen mehr oder minder langen Holz- oder Rindenlappen aus, so daß eine schwere Verwundung entsteht. Um das zu verhindern, genügt es bei schwächeren Ästen, den zu entfernenden Teil mit der freien Hand abzustützen. Bei stärkeren und darum schwereren Ästen wäre dies für den Ausführenden zu gefährlich. Deshalb wird in diesen Fällen der zurückzuschneidende Ast über der eigentlichen Rückschnittstelle zunächst einmal auf einen ca. 40–60 cm langen Sicherungsstummel zurückgesägt, der Abschlitzschäden abfangen kann. Erst nach dieser Gewichtsverringerung führt man anschließend den wirklichen Rückschnitt aus, wobei der nun handlichere Sicherungsstummel ebenfalls mit der freien Hand abgestützt gehört. Erfahrene Baumwarte praktizieren noch eine andere Methode, um das Ausschlitzen zu verhindern: Etwa 10 cm über der Rückschnittstelle wird ein sogenannter Vorschnitt auf der Astunterseite gesägt, der etwa ein Drittel des Astdurchmessers tief sein soll; dann wird mit der Säge etwa 3–4 cm davor zum Hauptschnitt angesetzt, der rechtwinklig von innen nach außen geführt wird. Dieser Schnitt soll möglichst parallel zum Vorschnitt verlaufen. Erreicht der Hauptschnitt die Ebene des Vorschnitts, so bricht der Ast in Höhe der durch den Vorschnitt markierten Bruchstufe ab. Vor der endgültigen Rückschnittstelle befindet sich nun ein nur kurzes und relativ leichtes Astteilstück.

Beim Wegschnitt

Der Übungsstummel steht noch immer; er muß nun endgültig weggesägt werden, und zwar auf Astring, oder präziser ausgedrückt: entlang des Astrings. Dieser Astring ist auch an älteren Ästen vielfach an der Basis noch deutlich als ringförmige Ansatzstelle (z. B. durch kleine Rindenverwerfungen) erkennbar. Nicht selten jedoch verläuft er im mittleren Bereich keilförmig in die ältere Achse hinein. Selbstverständlich wird man in diesen Fällen keine Keilschnitte vornehmen. Maßgeblich für die Schnittrichtung ist dann der obere und untere Astringbereich. Aus diesen Erläuterungen wird deutlich, daß vor dem Wegschnitt eines Astes der Verlauf des Astrings zur Festlegung der Schnittrichtung ermittelt werden muß. Erst dann kann die Säge so eingestellt werden, daß ein planer Schnitt von oben nach unten ausgeführt werden kann.

Auch beim Wegsägen des Übungsstummels sollte der noch vorhandene Astteil vorsichtshalber abgestützt werden. Im übrigen trifft für das Wegsägen ganzer Äste genau das zu, was vorausgehend beim Rückschnitt von Ästen erläutert worden ist: schwächere Äste, die gleich am Astring weggesägt werden, abstützen; stärkere Äste zuerst auf lange oder aber auf kurze Sicherungsstummel (mit Hilfe des Vorschnitts) abnehmen.

Anfänger im Fach machen sehr oft den Fehler, Aststummel beim Wegschnitt stehen zu lassen, weil sie befürchten, ein kürzeres Wegsägen würde den verwundeten Ast beeinträchtigen. In Wirklichkeit aber ist es so, daß Wunden an Stummeln nur sehr verzögert, ungleich oder aber überhaupt nicht verheilen, so daß sie trotz jahrelanger Nachbehandlungen schließlich doch zu nicht mehr reparablen Schäden führen.

3.4 Reaktionen in der Baumkrone auf den Schnitt

Durch Schnitteingriffe entstehen nicht nur Substanzverluste, sie wirken außerdem auf ein kompliziertes Steuerungssystem von Wuchs- und Hemmstoffen und verursachen dadurch besondere Reaktionen. Einige dieser Reaktionen auf den Baumschnitt sind bekannt.

In Kapitel 2.7 ist an freiwachsenden Kronen erläutert worden, daß das Triebwachstum nicht willkürlich, sondern nach bestimmten Gesetzmäßigkeiten verläuft. Soweit diese Gesetzmäßigkeiten die Oberseiten-, die Basis- und die Scheitelpunktförderung betreffen, ändert sich durch den Baumschnitt nichts wesentlich Erkennbares, weil der in der Hauptsache davon betroffene Fruchtholzbereich bei den empfohlenen Erziehungsmethoden weitgehend natürlich belassen wird. Was nun aber wirklich interessiert, ist die Frage, was denn geschieht, wenn die triebgeförderten Spitzen an den Gerüstästen weggeschnitten werden? Geht die Spitzenförderung dadurch verloren? Grundsätzlich darf dazu festgestellt werden, daß die Triebförderung des Spitzenbereichs erhalten bleibt: Die angeschnittene oberste Knospe und eine kleinere Zahl nachfolgender Seitenknospen treiben, von einem Ersatzprogramm gesteuert, auch in diesem Fall aus. Je stärker der Rückschnitt ist, um so mehr weicht allerdings die Reaktion von der des ungeschnittenen Triebes ab, denn ein stark zurückgeschnittener Trieb konzentriert seine ganze Triebkraft auf nur wenige Langtriebe. Alles was die Triebleistung dieser wenigen Triebe schwächen könnte, wird ausgeschaltet. Darum werden auch die unterhalb stehenden Knospen von Anfang an stark gehemmt, so daß sich dort keine oder nur vereinzelt schwache Seitensprosse entwickeln. Das ist im übrigen auch eine Erklärung dafür, warum Kronen, die „einem strengen Schnitt" jährlich in allen Teilen unterzogen werden, kein Fruchtholz ansetzen. Die wenigen, im Wuchs besonders geförderten Triebe erreichen häufig Trieblängen, die über denen ungeschnittener Triebe liegen. Der gesamte Triebzuwachs aber bleibt in der Regel geringer, so daß der zurückgeschnittene Sproß letztlich doch eine Schwächung erfährt. Das ist beispielsweise erwünscht, wenn ein einseitig stark entwickelter Leittrieb den übrigen angepaßt werden soll (= Ausgleichsschnitt).

Die Reaktion eines Triebes auf den Rückschnitt ist nichts anderes als der Versuch einer Regeneration, nämlich den verlorengegangenen Teil schnellstens wieder

Abb. 22. Triebreaktionen auf den Rückschnitt: linker Langtrieb ungeschnitten, mittlerer Trieb leicht und rechter Trieb stark zurückgeschnitten.

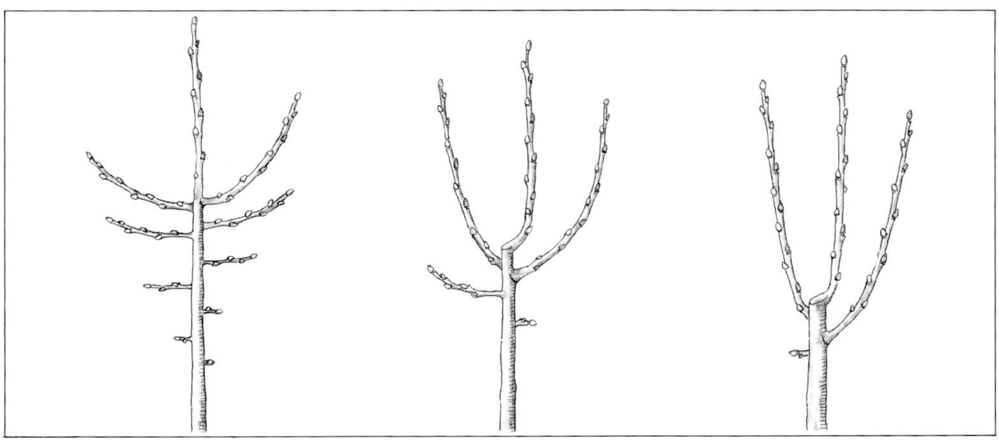

zu ersetzen und dabei die im Sproßsystem zuvor eingenommene Stellung wieder zu erringen. Ein derartiges Regenerationsprogramm läuft z. B. in jungen Kronen an Gerüstästen immer wieder neu an, solange sie jährlich zurückgeschnitten werden. Man wird sich fragen, ob denn der Rückschnitt, der ja nur Störungen und Aufbauverluste an den betroffenen Trieben verursacht, überhaupt sinnvoll ist? Zumindest in den Jugendjahren sind aber Rückschnitte an den Gerüstastverlängerungen unerläßlich, weil sich die Langtriebe nur über derartige Verkürzungen so weit stabilisieren lassen (durch ein verstärktes Dickenwachstum), daß sie ihre spätere Funktion als Trägerelemente erfüllen können. Für den Rückschnitt ergibt sich aus dem Geschilderten aber die Konsequenz, möglichst wenig zurückzuschneiden, um die Triebverluste klein zu halten und die Steuerungsprogramme so wenig wie möglich zu stören.

Nun spielt beim Rückschnitt, insbesondere beim Kernobst, die Qualität der Knospen eine wichtige Rolle; sie weisen nämlich hinsichtlich ihrer Triebkraft Unterschiede auf. So ist die Endknospe an den Langtrieben diesbezüglich allen anderen Knospen überlegen, auch den unmittelbar darunterstehenden, die ja bekanntlich kräftige Seitentriebe auszubilden vermögen. Triebabwärts folgen einige schwächere Knospen, die im mittleren Triebdrittel von kräftigen, ebenfalls triebbegünstigten Seitenknospen abgelöst werden. An der Triebbasis schließlich sind wiederum schwächere Knospen vertreten. Der Rückschnitt in bestimmte Triebzonen übt demnach ebenfalls einen Einfluß auf den Zuwachs aus und zwar mit folgender Tendenz:

- ▷ Soll ein kräftiger Neutrieb entstehen, so wird man einen schwächeren Langtrieb aus der Endknospe austreiben lassen und einen stärkeren in den mittleren Triebbereich zurückschneiden.
- ▷ Wird ein schwacher Trieb angestrebt, so schneidet man stärkere Triebe auf die schwachen Knospen an der Triebbasis zurück und schwächere Triebe auf die oberen schwachen Knospen.
- ▷ Will man die Bildung seitlicher Kurzsprosse fördern, ohne daß sich der Trieb verlängern soll, so entfernt man einfach die Endknospe.

Eine Regeneration wird aber nicht nur durch den Rückschnitt an einjährigen Langtrieben ausgelöst, sondern auch durch Ableitungen und Verjüngungen ins mehrjährige Holz. Bei Ableitungen ist häufig festzustellen, daß sich an bzw. unterhalb der Ableitstellen neue Triebe entwickeln, die der Wiederherstellung der verlorengegangenen Achsen dienen sollen. Der zurückgesägte Achsenstummel verhält sich nach dem Ableiten oft ähnlich wie der nach dem Rückschnitt stehengelassene einjährige Triebteil: Er verdickt sich zusehends. Diese Verstärkungen sind ohne Zweifel ebenfalls als Reaktionen auf den Rückschnitt zu werten.

Auf den Wegschnitt reagiert die Krone längst nicht so deutlich wie auf den Rückschnitt. Es muß zwar angenommen werden, daß die der Pfropfkombination eigene Triebkraft kleinere Veränderungen im Zuwachs bewirkt, doch steht dem gegenüber, daß die entfernte Substanz zumindest vorübergehend zu einer verminderten Stoffproduktion führt, die den angenommenen Einfluß wieder aufheben kann. Jedenfalls ist es in der Praxis so, daß sich nur ausgelichtete Bäume nach dem Wegschnitt nicht anders verhalten als zuvor.

3.5 Die Formierungsarbeiten

Manuelle Maßnahmen, die neben dem Schnitt die Funktion von Einzeltrieben oder -ästen in einer Krone betonen oder verändern helfen, werden unter dem Begriff „Formieren" zusammengefaßt.

Die Formierungsarbeiten sollen im Vorgriff auf das Hauptthema „Die Erziehung und die Pflege von Obstbaumkronen" deshalb bereits an dieser Stelle technisch detailliert erläutert werden, weil sie nicht in jedem Fall durchzuführen erforderlich sind und darum im Hauptthema von Entscheidendem nur ablenken würden. Zum Formieren gehört das Abspreizen, das Stäben und das Binden.

3.5.1 Das Abspreizen

Wie außerordentlich positiv sich diese einfache und recht häufig notwendige Maßnahme auswirkt, läßt sich an vielen Beispielen fehlerhaft erzogener Kronen belegen: Zahlreiche Sorten verschiedener Obstarten wachsen so steil, daß sich die Lichtverhältnisse von außen nach innen rasch verschlechtern. In der Folge wird das Kroneninnere inaktiv, es entsteht ein mehr oder minder umfangreiches steriles Zentrum, das weder zur Stoff- noch zur Fruchtproduktion beizutragen imstande ist. Will man derart ungünstige Konkurrenzverhältnisse der Äste untereinander ausschalten, so muß von Anfang an von Ast zu Ast eine räumliche Distanz geschaffen werden: Die Leitäste werden von der Stammverlängerung abgespreizt, und nicht zum Kronenaufbau benötigte Triebe erhalten meist durch Binden eine waagrechte Stellung.

Das Formieren beginnt bereits beim Pflanzschnitt, und zwar nachdem die künftigen Leitäste ausgewählt worden sind. Jeder einzelne Leittrieb muß in seiner Stellung zur Hauptachse überprüft werden. Beträgt der Triebabgangswinkel nicht wenigstens 45 ° und steht darum der Trieb zu steil, so muß er mit einem Spreizholz in eben diesen halben rechten Winkel abgespreizt werden. Die Frage dabei ist, wie dieses Spreizholz halten soll. Das läßt sich aber einfach lösen, denn der aus seiner seitherigen Lage veränderte Trieb übt eine Spannung aus, durch die das Spreizholz bei richtigem Einsetzen fixiert wird. Wenn zusätzlich dessen beide Enden keilförmig zugeschnitten werden, findet das Spreizholz einen sicheren Halt.

Am besten dafür geeignet sind etwa fingerdicke, bei älteren Kronen entsprechend stärkere Sprosse von Holzarten, die gerade wachsen, sich wenig verzweigen (z.B. Haselnuß) und – was zusätzlich wünschenswert ist – ein weiches Mark besitzen (z.B. Holunder, Esche). Nicht selten können derart geeignete Sprosse von Ziergehölzen im Garten gewonnen werden; aber auch entbehrliche ein- oder mehrjährige Sprosse der zu schneidenden Obstarten sind gut geeignet. Diese

Spreizhölzer dürfen nicht zu schwach sein, weil sie sich sonst nach dem Einspannen verbiegen; sie sollten aber auch nicht zu dick sein, denn sonst fallen sie als Folge ihres eigenen Gewichts auf den Boden.

Als erstes wird das Spreizholz an seinem stärkeren Ende mit der Schere von zwei einander gegenüberliegenden Seiten her keilförmig zugeschnitten, so daß die Achse des Holzes und der Keilgrat einen rechten Winkel bilden. Das ist wichtig, weil das Spreizholz bei einem schräg zugeschnittenen Keil zur Seite wegrutscht. Diesen ersten Keilschnitt setzt man dann etwa auf halber Höhe des ungeschnittenen Mitteltriebs unter einer Knospe (an einem Widerlager) auf die Rinde auf; notfalls geht dies auch auf der glatten Rinde. Das Spreizholz wird dabei in einem Winkel von 45–60 ° zur Stammachse nach unten gehalten. Denn bewegt man den abzuspreizenden Leittrieb in seine ideale Winkelstellung nach außen. Der Schnittpunkt von Spreizholz und Leittrieb ergibt etwa in halber Höhe des Leittriebs die Marke, wo der zweite Keilschnitt auszuführen ist. Nun aber Vorsicht! Denn der zweite Keilschnitt muß genau achsengleich zum ersten verlaufen. Nach diesem Zuschnitt kann das Spreizholz eingesetzt werden, wobei es beim Aufsetzen des zweiten Keils auf die Rinde ebenfalls von Vorteil ist, wenn eine oberseits stehende Knospe den Keil fixieren hilft. Die Vorzüge weichmarkiger Sprosse werden dabei leicht erkennbar: Sie ummanteln wenigstens teilweise die Rindenpartien und verteilen somit den Spannungsdruck auf der Rinde. Bei Harthölzern kann man die Ansatzdruckstellen durch jeweils keilförmige Einschnitte in den Keilgrat vermindern. Das ist bei jungen Kronen und schwachen Spreizhölzern weniger notwendig als bei stärkeren Spreizhölzern in älteren Kronen, bei denen im übrigen die Keilschnitte zugesägt werden müssen.

Hie und da können natürliche Vergabelungen an den Spreizhölzern dazu benutzt werden, auf einen zweiten Keilschnitt zu verzichten. Die Gabel wird einfach auf kurze Stummel geschnitten und an der richtigen Stelle auf die Rinde des abzuspreizenden Astes aufgesetzt. Der Leitast muß dann in die beabsichtigte Winkelstellung gedrückt werden, um am Spreizholz den Punkt bestimmen zu können, wo der zur Gabel achsengleiche Keilschnitt auszuführen ist.

Gewisse Schwierigkeiten kann der Anfänger mit der Höhe haben, auf der das Spreizholz eingesetzt werden muß. Wird zu tief eingespannt, so läßt sich – zumindest bei älteren Kronen – kaum eine Achsenveränderung erzielen. Wird das Spreizholz dagegen zu hoch angesetzt, so reicht die Spannung in vielen Fällen nicht aus, das Holz zu fixieren. Die richtige Ansatzstelle erhält man am sichersten, wenn der abzuspreizende Trieb oder Ast mit den Fingern versuchsweise in verschiedenen Höhen nach außen gezogen wird. Wenn dabei an einem Punkt die gesamte Achse (und nicht nur Teile von ihr) verändert wird, ist der richtige Ansatzpunkt gefunden. Muß bei etwa gleicher Dimension von Leitast und Stammverlängerung abgespreizt werden, so kann es sein, daß der Leitast die Stammverlängerung aus ihrer seitherigen Lage drückt. In einem solchen Fall wird das Spreizholz am stärk-

23

24

Abb. 23. Keilschnitt an einem Spreizholz.
Abb. 24. Am provisorisch eingespannten Spreizholz wird dessen Länge bestimmt.
Abb. 25. Nach dem zweiten keilförmigen Zuschnitt kann das Spreizholz endgültig eingespannt werden.
Abb. 26. Auf kurze Stummel geschnittene Vergabelungen ersetzen auf einer Seite des Spreizholzes (rechts) den Zuschnitt.

25

sten Teil der Stammverlängerung, also tief angesetzt, während am Leitast ein möglichst hoher, funktional noch möglicher Punkt anvisiert werden muß.

Durch Windeinwirkung oder als Folge von Regen im belaubten Zustand können Spreizhölzer herunterfallen. Sofern die abgespreizten Triebe oder Äste die erwünschte Stellung noch nicht eingenommen haben, ist es notwendig, die Spreizhölzer wieder einzusetzen. Im Laufe des Sommers bildet das Kambium nach innen Holzzellen aus, welche die abgespreizten Achsen in ihrer veränderten Stellung stabilisieren. Die Formierhilfen können dann beim Winterschnitt entfernt werden.

26

3.5.2 Das Stäben

Bei dieser Maßnahme handelt es sich um eine weitere Art des Formierens vor allem

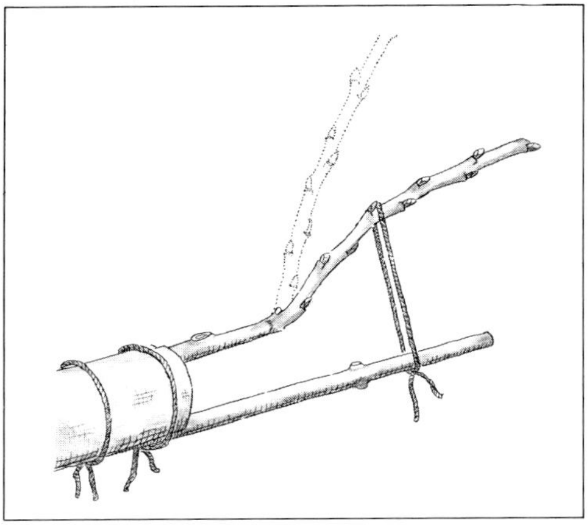

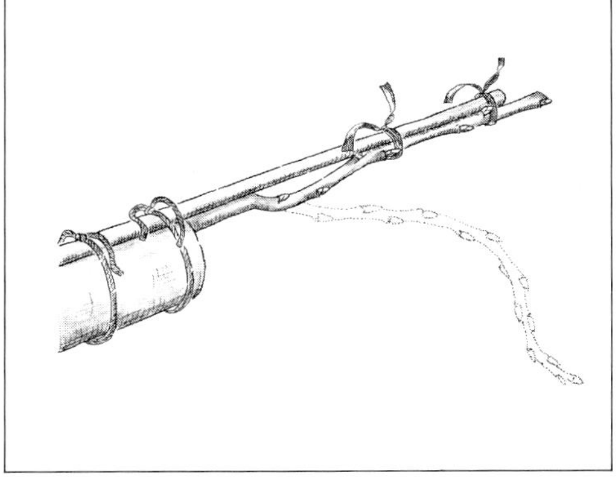

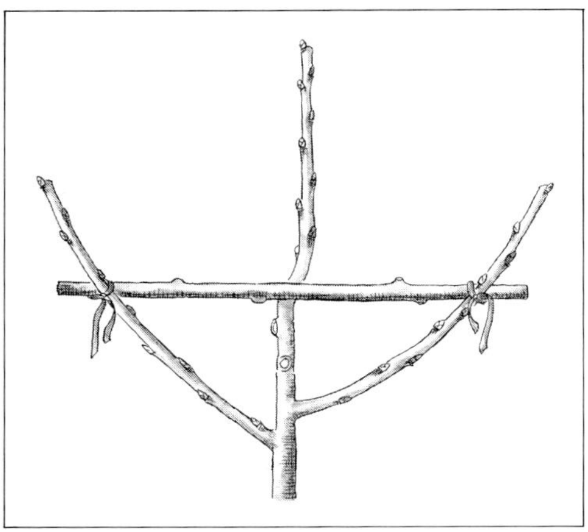

in jungen Obstbaumkronen. Dafür lassen sich die für das Abspreizen geeigneten Sprosse verschiedener Holzgewächse verwenden, vorausgesetzt, sie sind stabil genug und verbiegen sich nicht. Derartige Stabhölzer zu benutzen, wird z.B. häufig bei Umpfropfungen jüngerer Kronen nötig, bei denen die neuen Triebe zu steil wachsen und Spreizhölzer einzusetzen unmöglich oder unzweckmäßig ist. Dabei befestigt man durch wenigstens zwei Bindungen (mit Bindfaden, Bindeweiden oder ähnlichem Bindematerial) das Stabholz auf der Unterseite des Unterlagenastes und bindet daran den zu steil stehenden Edeltrieb in die gewünschte Winkelstellung. Damit aber der Bindfaden am Edeltrieb nicht abrutscht, wird eine oberseits stehende Knospe bzw. ein Blatt als Widerlager benutzt.

Das Stabholz erfüllt seinen Zweck aber auch bei Sorten mit schleuderndem (hängendem) Wuchs, gleichgültig, ob die Bäume fertig veredelt aus der Baumschule stammen oder aber Pfropfungen mit diesen Sorten am Standort vorgenommen worden sind. In beiden Fällen wird das Stabholz ebenfalls mit wenigstens zwei Bindungen nun auf die Oberseite des stärkeren Astabschnitts gebunden. Der hängende Teil des Leittriebs ist dann an die Schiene hochzubinden. Sollte der geschiente Leitast insgesamt zu flach

Abb. 27. Formieren durch Stäben: Stabholz auf der Astunterseite befestigen. Damit werden zu steil stehende Triebe in eine flachere Stellung gebracht.
Abb. 28. Dagegen bindet man „schleudernd" wachsende Sorten an einem astoberseits befestigten Stabholz an.
Abb. 29. Zur Richtungskorrektur von Leitästen werden Spannhölzer verwendet.

stehen, so muß er an die Stammverlängerung hochgebunden werden. Die Länge des Stabholzes sollte den zurückgeschnittenen Trieb nicht überragen.
Schließlich lassen sich diese Stäbe auch noch als „Spannhölzer" verwenden, also zur Korrektur der Wuchsrichtung von Leittrieben oder Leitästen.

3.5.3 Das Binden

Beim Formieren spielt das Binden eine wichtige Rolle. In einem Fall können damit zu flach stehende und darum in der Entwicklung benachteiligte Leitachsen hochgebunden werden; in einem anderen Fall wird bezweckt, aus dem basalen Teil eines Astes einen neuen Trieb zu entwikkeln, was durch bogenartiges Herunterbinden erreicht werden kann. Am häufigsten jedoch wird bei der Erziehung junger Kronen das Waagrechtbinden praktiziert, eine Möglichkeit, um früh Fruchtholz zu erhalten.

Das Waagrechtbinden

Es ist nicht schwierig, selbst festzustellen, daß in fruchtungsbereiten Kronen die aus der senkrechten oder schrägen Stellung in die Waagrechte abgeneigten Äste die meisten Früchte tragen. Das hängt damit zusammen, daß der waagrechte Ast durch Änderungen im Stoffwechsel und im Wuchsstoffhaushalt funktionell umgestimmt wird: Er soll künftig vor allem fruchten! Nun lag es nahe, die ertragslose Zeit bei Jungbäumen durch künstlich hergestellte Achsenveränderungen, nämlich durch das Waagrechtbinden, zu verkürzen. Da dies, wie die Praxis ergeben hat, in vielen Fällen gut funktioniert, werden vor allem beim Erziehungsschnitt kräftige, steiler stehende Triebe, die nicht für den Kronenaufbau benötigt werden, waagrecht gebunden. Dazu eignen sich recht gut Kunstbast (im wesentlichen für einjährige Triebe), Bindfaden oder synthetische Fäden. Sofern diese Bindematerialien nicht schon vom Hersteller in einer für diesen Zweck verwendbaren Verpakkung angeboten werden, wie z.B. der Kunstbast, lohnt es sich, mit einfachen Mitteln etwas Arbeitserleichterndes selbst herzustellen: Bindfadenknäuel können leicht am Gürtel mitgeführt werden, wenn man sie in ein kleines Nylonnetz steckt oder in ein Eimerchen mit Tragebügel legt, durch dessen Deckel von innen ein Loch gebohrt wurde, durch das der Bindfaden gezogen wird.
Die waagrecht gebundenen Triebe wachsen während der Vegetation nicht nur in die Länge, sie verdicken sich auch. Würde man die Schleifen der Bindfäden stramm zusammenziehen, so gäbe es mit Sicherheit Einschnürungen, die nur allzuoft mit einem mechanischen Bruch enden. Um aber dieses Risiko auszuschalten, müssen darum so große Schleifen gebunden werden – und diese durch feste Knoten gegen ein Zusammenziehen gesichert sein –, daß für den gebundenen Trieb oder Ast mindestens eine Entwicklungsperiode lang keine diesbezügliche Gefahr droht. Ähnliches gilt für den Stamm, an den das andere Ende des Bindfadens gebunden werden muß; allerdings ist dort die Gefahr von Einschnürungen nicht so groß. Selbstverständlich kann man an Stelle des Stamms auch einen vorhandenen Pfahl

(oder an einem Drahtrahmen den Spanndraht) benutzen, wobei dann die geschilderten Vorsichtsmaßnahmen entfallen.
Es gibt sicher noch andere Schleifen, die durch einen zuverlässigen Knoten abgesichert werden können; jedenfalls läßt sich die jedermann bekannte Doppelschleife mit einem kleinen Trick sehr gut für diesen Zweck verwenden. Es ist nur folgender Ablauf zu beachten: Um den Stamm – dort beginnt man zu binden – wird zunächst einmal eine ausreichend große einfache Schleife geschlungen. Durch Ziehen am kurzen Fadenteil (das lange Bindfadenstück wird parallel dazu gehalten) springt die einfache Schlinge auf den langen Fadenteil über (das ist die entscheidende Veränderung an der einfachen Schlinge!), so daß dann mit Hilfe einer zweiten Schlinge, die wiederum mit dem kurzen Fadenteil geschlungen wird, eine feste Verknotung entsteht. Diese, gegen Zusammenziehen gesicherte Schleife wird nun an einem Widerlager (z.B. unterhalb eines Astrings) am Stamm fixiert. Dabei spannt man den Faden in Richtung des zu bindenden Triebes oder Astes und zieht ihn über den waagrecht gehaltenen Sproß, und zwar an der Stelle, die durch Fingerdruck als die für die waagrechte Stellung zweckmäßigste vorher bestimmt worden ist. Über diese Stelle wird der Faden gespannt und parallel zum aufwärts geführten Teil nach unten gezogen; er wird nach ca. 15 cm abgeschnitten, denn diese Länge reicht aus, um die geschilderte Doppelschleife nun am waagrechten Trieb auszuführen. Sollte sich die Stammbindung an einem sehr glatten Stamm überhaupt nirgendwo fixieren lassen, so kann die Doppelschleife ausnahmsweise fest angezogen werden; sie muß dann allerdings in Abständen kontrolliert werden. Wer diese beschriebene Schleife nicht lernen kann, der muß eben doppelt gespannte Bindfäden verwenden. Das kostet zwar mehr Bindematerial, doch schließt es Ein- und Abschnürungen aus.

Abb. 30. Kunstbast in einem Nylonnetz, das sich am Gürtel befestigen läßt.

Obwohl grundsätzlich feststeht, daß durch das Waagrechtbinden die Zahl der fruchtungswilligen Sprosse vergrößert wird, kann im Einzelfall der erwünschte Erfolg ausbleiben. So wurde verschiedentlich berichtet, daß eine Ertragsverfrühung bei Süßkirschen durch das Binden fehlgeschlagen sei. In den Fällen, in denen dabei auch Triebmessungen vorgenommen wurden, ist deutlich geworden, daß sich das vegetative Wachstum waagrecht gebundener Triebe ganz erheblich abgeschwächt hat. Dieses Ergebnis ist im Hinblick auf die erwünschte Kronenverkleinerung bei Süßkirschen von besonderem Interesse.

31

33

32

34

35

Abb. 31. Waagrechtbinden: Als erstes wird um den Stamm eine einfache größere Schleife geschlungen (für die Demonstration wurde ein dicker Bindfaden gewählt).
Abb. 32. Durch Ziehen am kurzen Bindfadenteil springt die Schlinge auf den längeren Fadenteil über.
Abb. 33. Nun muß eine zweite Schlinge geschlungen werden.
Abb. 34. Dann zieht man die Bindung fest zu.
Abb. 35. Dieselbe Doppelschleife wird am waagerecht gehaltenen Teil gefertigt (übliche Bindfadenstärke).

3.6 Wann soll geschnitten werden?

Für den Baumschnitt haben sich bestimmte Jahreszeiten als besonders günstige Termine ergeben. Sie sollten nach Möglichkeit eingehalten werden.

Die Obstbauer unterscheiden zwischen Winterschnitt und Sommerschnitt. Der Winterschnitt wird in der Regel erst dann ausgeführt, wenn die stärksten Frosteinwirkungen vorüber sind, also im Spätwinter. Ein früherer Schnitt, im Vorwinter, kann die Frostresistenz der Obstgehölze beeinträchtigen. Dagegen führen Schnitteingriffe nach dem Austrieb zu Verlusten bei den bereits aktivierten Reservestoffen, was unerwünscht ist. In Einzelfällen allerdings wird vom späten Winterschnitt Gebrauch gemacht, wenn es darum geht, zu starkwachsende Pfropfkombinationen in ihrer Triebkraft zu schwächen (z. B. bei 'Cox Orange').

Der Sommerschnitt beginnt bereits Anfang bis Mitte Juni mit dem Sommerriß. Ab Ende Juni bis in den August hinein wird dann der einjährige Zuwachs behandelt. Außerdem lichtet man während der Sommermonate (nach der Ernte) z. B. das Beerenobst, Süß- und Sauerkirschen und früherreifende Pfirsichsorten aus.

4 Die Erziehung und die Pflege von Obstbaumkronen

Planvolle Einwirkung wird mit Erfolg belohnt

4.1 Die Pyramidenkrone

Beim Lieberhaberobstbauer erfreut sich die Pyramidenkrone, eine Rundkronenform mit drei Leitästen und einer Stammverlängerung, nach wie vor großer Beliebtheit. Ihre Erziehung steht darum im Mittelpunkt dieses Kapitels.

4.1.1 Das theoretische Prinzip

Wer eine Obstbaumkrone fachmännisch erziehen will, braucht dazu ein Konzept. Von den verschiedenen Möglichkeiten, die die Praxis anzubieten hat, soll eine seit Jahrzehnten im süddeutschen Raum bei den allermeisten Obstarten mit Erfolg praktizierte Kronenform, die Pyramidenkrone, schwerpunktmäßig behandelt werden. Diese Methode ist einfach angelegt, weil sie sich am natürlichen Wuchs von Obstbaumkronen von Anfang an orientiert. Die nach diesem Prinzip aufgebauten Kronen sind ausgesprochen stabil, und die Kronengestaltung erfüllt die Forderung, daß alle Bereiche gut belichtet sein müssen, in bester Weise. Das Prinzip dieser Erziehungsmethode soll zunächst einmal theoretisch an Hand einer schematisierten Seitenansicht erörtert werden, die eine dreijährige Krone zeigt. Die schematische Darstellung kann außerdem auch dazu dienen, die einzelnen Elemente in diesem Sproßverzweigungssystem einmal in der fachlichen Umgangssprache und zum andern vom Rangordnungssystem her zu benennen.

Die Stammverlängerung

Durch den jährlichen Rückschnitt beim Erziehungsschnitt wird die Hauptachse als zentrales Trägerelement entwickelt. An dieser Stammverlängerung werden bereits beim Pflanzschnitt nur drei (höchstens vier) Leitäste (= Seitenachsen erster Ordnung) belassen. Alle nachgeordneten Seitenachsen, die sich oberhalb der Leitäste in den folgenden Jahren aus der Hauptachse bilden, müssen schon früh umfunktioniert werden, indem man sie durch Waagrechtbinden in Fruchtholz umwandelt. Dieses Fruchtholz wird zu keiner Zeit, also auch nicht beim Erziehungsschnitt, zurückgeschnitten (ausgenommen beim Pfirsich). Damit aber dieses an der Stammverlängerung gewachsene Fruchtholz auch in den unteren Partien voll funktionsfähig bleibt, ist für gute Belichtungsverhältnisse zu sorgen. Das wird am besten dadurch erreicht, daß man dem im unteren Bereich wachsenden Fruchtholz einen Vorteil verschafft: Es muß auf stärkeren Seitenastsockeln plaziert von der Hauptachse abgerückt werden. Dagegen sollen sich die oben wachsenden Fruchthölzer direkt aus der

Abb. 36. Schematische Seitenansicht einer Pyramidenkrone. Fachausdrücke für die Elemente einer Obstbaumkrone: linke Seite = fachliche Umgangssprache; rechte Seite = Astrangordnungsbegriffe.

1 Leitast- oder Hauptast (starke Äste, die neben der Stammverlängerung das Kronengerüst bilden (Gerüstäste)

2 Seitenast (erster Ordnung), Nebenast oder Fruchtast; der einjährige Zuwachs wird als Seitentrieb bezeichnet

3 Fruchtholz (ein- bis mehrjährige Fruchthölzer, die sich aus 2 gebildet haben)

1 Seitenachsen erster Ordnung (= alle Seitentriebe aus der Stammverlängerung ohne Rücksicht auf ihr Alter)

2 Seitenachse zweiter Ordnung (= alle Seitentriebe, die sich aus den Seitenachsen erster Ordnung entwickelt haben)

3 Seitenachsen dritter Ordnung (= alle Seitentriebe, die aus den Seitenachsen zweiter Ordnung gewachsen sind usw.)

Stammverlängerung entwickeln. Mit dieser Konzeption wird eine sich nach oben verjüngende, also konische oder kegelförmige Fruchtholzanordnung erzielt, eine Überbauung der untenstehenden Fruchthölzer durch kräftige Holzentwicklungen im Spitzenbereich somit ausgeschlossen.

Dieses Prinzip der frühen Umwandlung von Seitenachsen zu Fruchtholzträgern und eine fachmännische Weiterbehandlung verschaffen der Krone die entscheidende Öffnung für den Lichteinfall.

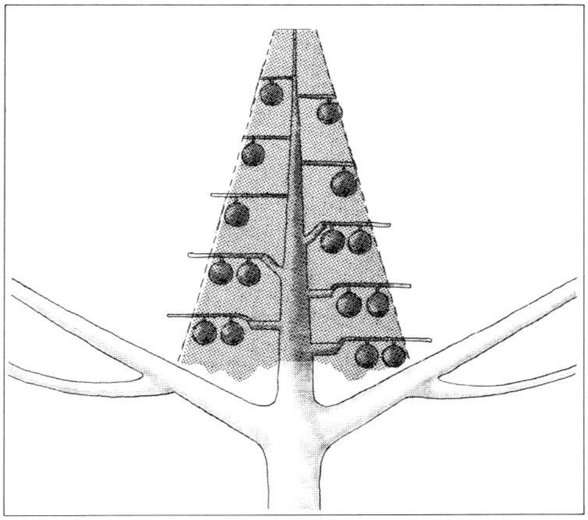

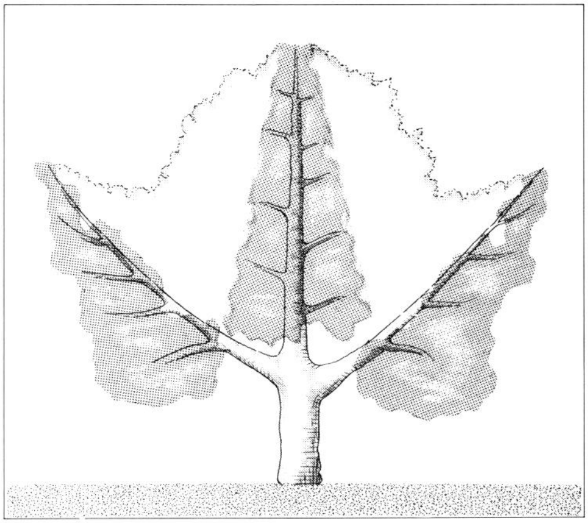

Abb. 37. Nur bei konischer Anordnung des Fruchtholzes an der Hauptachse ist es gewährleistet, daß auch die unteren Partien ausreichend belichtet sind.
Abb. 38. Fachmännisch erzogene Kronen sind für das Licht geöffnet.

Die Leitäste

Beim Erziehungsschnitt werden die Leitäste genauso behandelt wie die Stammverlängerung: Sie müssen durch einen jährlichen Rückschnitt ihrer Verlängerungen gekräftigt werden. Weil auch sie eine statische Aufgabe in der Krone zu übernehmen haben, nämlich Trägerelement für den Fruchtbehang zu werden, müssen sie außer einer guten Stabilität vor allem sicher am Stamm verankert sein. Erfahrungsgemäß ist dies gewährleistet, wenn ihr Abgangswinkel zwischen 60 und 90 °, in keinem Fall jedoch unter 45 ° beträgt.

Die Fruchtholzanordnung an den Leitästen einfach durch Schrägstellen der Hauptachse lösen zu wollen, verbietet sich allein schon aus der Wuchsförderung der Oberseiten. Das Ergebnis einer derartigen Konzeption sähe so aus: die oberseits stehenden Triebe und Äste würden sich sehr stark und die unterseits plazierten nur schwach entwickeln (die seitlichen nehmen eine Mittelstellung ein). Die Konsequenz daraus ist, daß der oberseitige Bereich am schräggestellten Leitast für die Fruchtholzerziehung ausfallen muß. Eine Ausnahme hiervon machen nur Kurzsprosse. Der nutzbare Raum wird aber durch eine vor allem von der Ernte her bedingte Forderung zusätzlich eingeschränkt. Fruchtholzträger sollen so angeordnet sein, daß sie den Zugang zum

Kroneninnern nicht versperren. Das aber würden Seitenachsen verursachen, die quer zur Leitastachse wachsen. Präzisiert man nach diesen wohlbegründeten Einschränkungen den zur Fruchtholzanordnung an Leitästen nutzbaren Raum, so verbleibt dafür je Leitast ein nach außen gerichteter Bereich von etwa 90 °. In diesem Abschnitt müssen die durch Binden waagrecht gestellten Seitenachsen verteilt werden. Selbstverständlich wird auch dieses Fruchtholz nie zurückgeschnitten. Durch entsprechendes Auslichten der oberen Leitastzone kann man Überbauungen vorbeugen.

Wichtiges in Kürze:

▷ Das Erziehungskonzept für eine Pyramidenkrone besteht im wesentlichen darin, die Stammverlängerung und drei Leitäste zu stabilen Trägerelementen aufzubauen;

▷ an diesem Gerüst werden möglichst waagrecht stehende Fruchtholzträger mit dem Fruchtholz erzogen.

▷ Während des Erziehungsschnitts werden die Gerüstäste jährlich zurückgeschnitten; das Fruchtholz dagegen bleibt unbeschnitten.

4.1.2 Die praktische Anwendung

Was im vorausgegangenen Abschnitt für die Erziehung der Pyramidenkrone an theoretischen Grundzügen skizziert wurde, soll auf den nun folgenden Seiten am Objekt praktiziert werden.

Das Pflanzmaterial

In der Regel bietet der Baumschuler dem Liebhaberobstbauer bei nieder- und mittelstämmigen Kernobstbäumen eine zweijährige Pflanzware zum Kauf an. Die jungen Bäumchen bestehen aus einem Stamm, der im ersten Vegetationsjahr herangewachsen ist, und einer einjährigen Krone, die sich im zweiten Jahr entwickelt hat. Nur bei höherstämmigen Baumformen dauert die Anzucht ein Jahr länger. Auch gegen zweijährige Kronen ist nichts einzuwenden, wenn sie in der Baumschule fachgerecht zurückgeschnitten worden sind. Gleichgültig, welche Stammhöhe beim Kauf ausgewählt worden ist, zur Pyramidenerziehung eignen sich Buschbäume, Nieder-, Halb- und Hochstämme gleichermaßen gut. Aber auch aus Kopfveredelungen, die häufig bei Süßkirschen angeboten werden, und aus einjährigen Veredlungen bei Pfirsich und Sauerkirsche oder Kernobst lassen sich Pyramidenkronen erziehen.

Der in einer Markenbaumschule eingekaufte Baum muß nach den Gütebestimmungen (→ 1.3) mindestens vier kräftige Triebe einschließlich des Leittriebs (= Stammverlängerung) haben. Der Obstbauer wünscht sich, daß der Konkurrenztrieb, der beim Pflanzschnitt entfernt werden muß, bereits in der Baumschule herausgeschnitten worden ist, denn dann steht zur Auswahl der Leitäste ein weiterer Trieb zur Verfügung. Bei vielen Sorten weisen die Kronen jedoch mehr als vier Triebe auf, so daß in der Richtung keine Wünsche offenbleiben.

Aus dieser kurzen Betrachtung des Pflanzmaterials und dessen Qualität ist zu ersehen, daß der Pflanzware eine besondere Bedeutung im Hinblick auf die Kronenerziehung zukommt; denn schon einjährige Kronen bilden insgesamt oder in Teilen den entscheidenden Ansatz für das zu erziehende Kronengerüst.

Der Pflanzschnitt oder erste Rückschnitt im Frühjahr

Der erste Rückschnitt der einjährigen Kronentriebe beim fertig gepflanzten Baum wird als Pflanzschnitt bezeichnet. Ihm geht das Auslichten überzähliger Triebe, das Waagrechtbinden und möglicherweise das Formieren (→ 3.5) voraus. Mit dem Pflanzschnitt soll zweierlei bezweckt werden: Einmal ist die beim Ausgraben in der Baumschule ganz erheblich reduzierte Wurzel nicht ohne weiteres in der Lage, von Anfang an alle Organe in der Krone ausreichend mit Nährstoffen zu versorgen – darum muß die Krone durch einen ebenfalls reduzierenden Rückschnitt der veränderten Situation angepaßt werden – und zum andern soll der Rückschnitt einen Neuaustrieb anregen.

Abb. 39. Der besseren Übersicht wegen wird zuerst der Konkurrenztrieb auf Astring weggeschnitten.

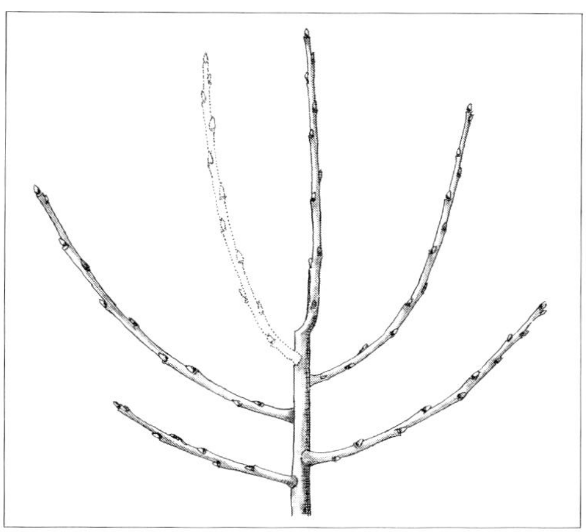

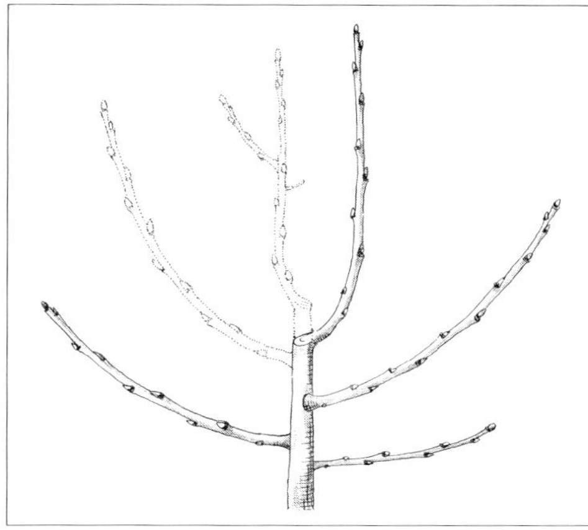

Abb. 40. In besonderen Fällen kann der Konkurrenztrieb zur neuen Stammverlängerung werden. Dabei geht aber ein weiterer Kronentrieb verloren.

Die Auswahl der Leitäste

Für den Lernenden vereinfachen sich die nachfolgenden Überlegungen, wenn vorweg ein einziger Schnitt (er ist meistens erforderlich) ausgeführt wird: Der Konkurrenztrieb muß auf Astring entfernt werden. Als Konkurrenz- oder Afterleittrieb bezeichnet man den neben der Stammverlängerung wachsenden, meist steilstehenden Seitentrieb, wenn er sich aus der dem Verlängerungstrieb unmittelbar folgenden Knospe entwickelt hat. (In manchen Fällen ist er bereits in der Baumschule entfernt worden, was an einer entsprechenden Schnittstelle leicht nachprüfbar ist.) Gemäß dem Gesetz der Spitzenförderung entwickelt sich dieser Konkurrenztrieb in der Regel nur wenig schwächer als die Stammverlängerung; er kann aber auch so stark oder sogar stärker als der Stammverlängerungstrieb werden. Und so stellt er für diesen, besonders im Jugendstadium, eine ernste Konkurrenz

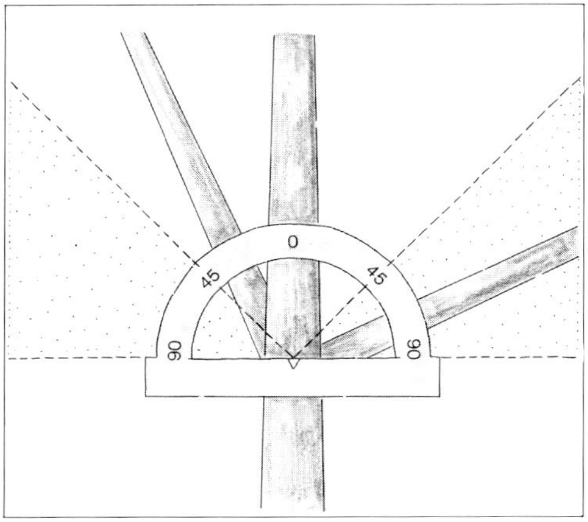

Abb. 41. Leitäste müssen gut verankert sein; der Astabgangswinkel soll zwischen 90° bis höchstens 45° liegen. Spitzwinkligere Verankerungen führen leicht zu Schlitzästen.

dar. Es darf aber nicht verallgemeinert werden, daß dieser Konkurrenztrieb in jedem Fall geopfert werden muß, denn es gibt einjährige Kronen, in denen steht er – was Stellung, Länge und Stärke betrifft – eindeutig besser da als der Stammverlängerungstrieb. Ist das der Fall, so ist es sinnvoll, den Konkurrenztrieb durch Entfernen der ursprünglichen Verlängerung nun zur neuen Stammfortsetzung zu befördern. Man muß sich dabei nur eines klarmachen, und es lohnt sich darüber nachzudenken: Wird der Konkurrenztrieb zur Stammverlängerung, dann wird der folgende Seitentrieb zum neuen Konkurrenztrieb. Weil dieser jedoch entfernt werden muß, geht ein weiterer Trieb für die Auswahl der Leitäste verloren.

Was der Laie an den einjährigen Trieben einer Obstbaumkrone nicht abzuschätzen vermag, ist die enorme Belastung, die Leitäste und deren Ansatzstellen in späteren Jahren bei vollem Fruchtbehang auszuhalten haben. Demzufolge müssen die Verankerungen der Leitäste am Stamm optimal sein. Die Erfahrung hat gezeigt, daß spitze Astabgangswinkel, die man stets an sogenannten Schlitzästen vorfindet, sehr häufig zum Ausschlitzen führen, während weite Abgangswinkel (von 60° und mehr) gleichbedeutend mit guter Verankerung sind. Bei Schlitzästen läßt sich eine stabilere Verankerung auch durch Abspreizen kaum erreichen, so daß es unumgänglich ist, diese steilstehenden Triebe konsequent zu entfernen. Diese Empfehlung zu befolgen, wird dem Anfänger verständlicherweise deshalb widerstreben, weil diese steilstehenden Achsen zugleich die kräftigsten Triebe sind, doch können sich Fehler am Beginn der Kronenerziehung in späteren Jahren bitter rächen.

Abb. 42. Leitastauflockerung: Durch die Auswahl unterschiedlich hoch gewachsener Kronentriebe als Leittriebe können nachteilige Quirle vermieden werden.

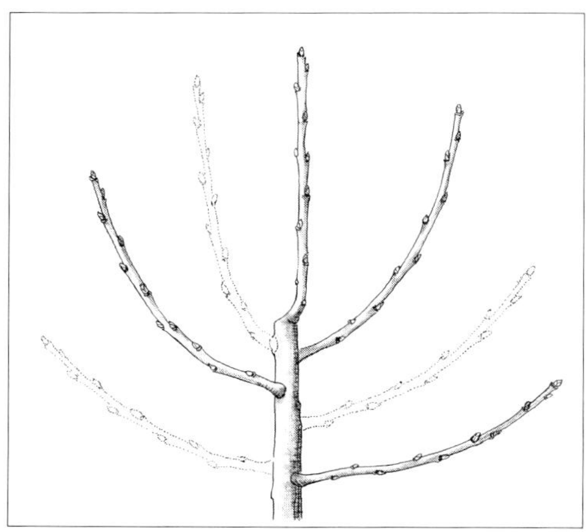

Die an die Stofftransportbahnen des Stammes angeschlossenen Leitäste konkurrieren um das Nährstoffangebot untereinander und mit der Stammverlängerung. Dabei kann es geschehen, daß bei quirlartiger Anordnung der Leitäste (wenn sie in einer Ebene stehen) die Stammverlängerung von der Nährstoffzuleitung „abgehängt" wird. In der Folge verkümmert die Verlängerung, so daß sie nicht selten herausgesägt werden muß. Weil dies bei der Erziehung einer Pyramidenkrone keineswegs beabsichtigt ist, sollte diese mögliche Gefahr bereits bei der Auswahl der Leitäste auszuschließen versucht werden, und zwar durch eine aufgelockerte Anordnung der Leittriebe. Nun ist diese Empfehlung nicht so einfach anzuwenden. Erstens ist die Auswahlmöglichkeit von Leittrieben begrenzt; zweitens fällt der Abschnitt, an dem sich Leittriebe gebildet haben, ohnehin nicht groß aus, so daß allenfalls Triebentfernungen von 10 oder höchstens 15 cm eingehalten werden können, die aber mit zunehmender Dimension der Äste aufgehoben sind; drittens ist es schwierig, dem stolzen Besitzer eines eben erworbenen Baumes klarzumachen, daß wegen einer erwünschten Astauflockerung von drei schönen Leittrieben wenigstens einer entfernt gehört. Das allein aber wäre eine wirksame Maßnahme! – Die Ausführlichkeit dieser Darstellung soll wenigstens demjenigen zum Trost gereichen, der an seiner jungen Obstbaumkrone beim Pflanzschnitt nur zwei Leittriebe anschneiden kann: Er braucht mit Sicherheit keine Abschnürung der Stammverlängerung befürchten, weil der dritte Leitast in genügendem Abstand zu den beiden ersten wachsen wird.

Bei Kronen mit vier Trieben. Bei Kronen, die eben noch nach den Gütebestimmungen die Mindestanforderungen von vier Trieben erfüllen (das muß kein Qualitätsmangel, sondern kann sortenbedingt sein), ist keineswegs immer der Konkurrenztrieb bereits in der Baumschule entfernt worden. Weil aber dieser Konkurrenztrieb weggeschnitten werden muß, verbleiben nur noch zwei Leittriebe, bei denen es kaum einmal Formierungsschwierigkeiten gibt, denn sie wachsen höchst selten einmal in dieselbe Richtung. Ist der Konkurrenztrieb jedoch bereits vom Baumschuler entfernt worden, dann sind drei Leittriebe verfügbar. Steht von diesen keiner zu steil, so muß man nun versuchen, diese drei Achsen in etwa gleiche Abstände zueinander zu stellen (falls diese Anordnung nicht bereits gegeben ist). Als Formierhilfen dienen Spreizhöl-

Abb. 43. Die Leitäste müssen von Anfang an gleichmäßig im verfügbaren Raum plaziert sein.

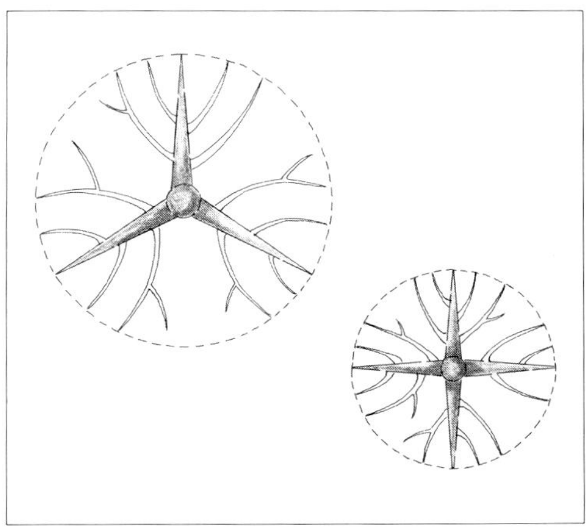

zer (→ 3.5). Sollte auch mit diesen Hilfsmitteln keine befriedigende Verteilung zustandekommen, dann beläßt man der Krone eben nur zwei Leittriebe und bindet den dritten Trieb waagrecht. Der noch fehlende dritte Leittrieb muß dann durch einen sich im folgenden Jahr seitlich aus der Stammverlängerung wachsenden Neutrieb ergänzt werden. Um sicher zu sein, daß sich dieser Ergänzungstrieb an der richtigen Stelle entwickelt, kann über einer geeigneten Knospe ein Kerbschnitt angebracht werden.

Bei Kronen mit mehr als vier Trieben. Je mehr Triebe eine junge Krone vor dem Pflanzschnitt aufweist, um so einfacher ist die Auswahl der Leittriebe. Bei reich verzweigten Kronen fällt es besonders auf, daß die unteren Triebe flacher stehen als die oberen. Nach den Ausführungen in der Einleitung zu diesem Abschnitt bedeutet dies: Die flacheren Triebe sind besser am Stamm verankert als die steilerstehenden. Folglich müssen die steilerstehenden Triebe entfernt werden, auch wenn sie wesentlich kräftiger sind als die unteren. Für eine sichere Astverankerung ist es im Grundsatz besser, einen flachwachsenden Trieb hochzubinden, als einen zu steilen abzuspreizen. Nachdem man die Auswahl der drei (in Ausnahmefällen auch einmal vier) Leittriebe getroffen und sie in etwa gleiche Abstände zueinander gebracht hat, können von den noch übrig gebliebenen Seitentrieben ein bis zwei waagrecht gebunden werden (alle anderen werden entfernt). Das Waagrechtbinden kann mit Trieben geschehen,

Abb. 44. Um einen sicheren Austrieb einer Knospe zu erreichen (wenn z. B. ein dritter Leitast ergänzt werden muß), wird über der Knospe mit der Hippe ein Kerbschnitt gefertigt. Dabei muß die Rinde bis auf den Holzkörper durchgeschnitten und der Rindenstreifen herausgelöst werden. Links üblicher sichelförmiger Kerbschnitt; wer Schwierigkeiten hat, diesen Schnitt fachgerecht auszuführen, der kann sich für einen der beiden einfacheren Kerbschnitte entscheiden, die auf der rechten Seite dargestellt sind.

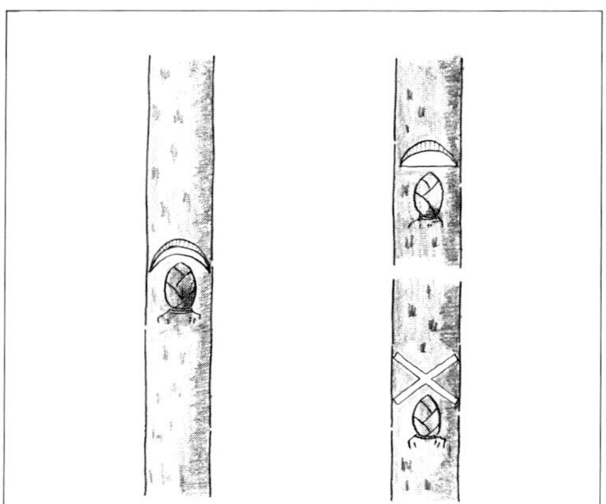

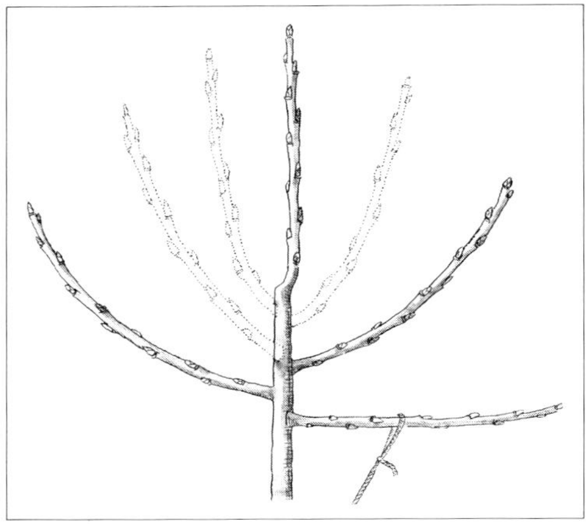

Abb. 45. Bei der Leitastauswahl sind bei reichverzweigten Kronen die unteren, flacher stehenden Triebe wegen ihrer besseren Verankerung den oberen vorzuziehen.

die ober- oder unterhalb der Leittriebe gewachsen sind. Bei oberhalb stehenden sollte der waagrechte Trieb mitten in der Lücke zwischen zwei Leittrieben stehen. Kurztriebe, die sich in den meisten Fällen unterhalb der Leittriebe aus dem Stamm entwickelt haben, bleiben unbeschnitten.

Bei Kopfveredlungen. In früheren Jahren ist bei Süßkirschen fast ausschließlich Pflanzware angeboten worden, die aus Kopfveredlungen stammte. Neuerdings sind mehr und mehr Jungbäume im Angebot, die am Boden veredelt und anschließend wie die meisten anderen Obstarten erzogen worden sind, d. h., daß nicht nur die Krone, sondern auch der Stamm von der Sorte gebildet wird. Für diese Pflanzware gilt bei der Auswahl der Leitäste das in den beiden vorausgegangenen Abschnitten Empfohlene. Für Kopfveredlungen bedarf es einer zusätzlichen Erläuterung.

Auch für den Laien ist es nicht schwierig festzustellen (falls er sich nicht bereits in der Baumschule erkundigt hat), ob er eine Kopfveredlung eingekauft hat: Die Sorte ist in Kronenhöhe mit einem Reisteilstück auf die Unterlage veredelt worden, was ganz eindeutig durch eine Veredlungsstelle gekennzeichnet ist. Die Kopfveredlung hat außerdem nur wenige Triebe, im Idealfall vier; doch entsprechen bei einjährigen Kopfveredlungen schon drei Triebe den Gütebestimmungen für Baumschulpflanzen.

Dreitriebige Kopfveredlungen bestehen in der Regel aus dem Leittrieb, dem Konkurrenztrieb und einem weiteren Seitentrieb. Da der Konkurrenztrieb bei Süßkirschen unbedingt entfernt werden muß, verbleibt für den Aufbau der Krone im Pflanzjahr ein einziger Trieb. Derartige Kronen sehen nach dem Pflanzschnitt ziemlich dürftig aus; doch ändert sich dieses Bild recht schnell, denn nach der ersten Vegetationsperiode stehen weitere

Abb. 46. Eine Kopfveredlung ist an der Veredlungsstelle in Kronenhöhe leicht zu erkennen.
Abb. 47. Spätestens im zweiten Jahr nach der Pflanzung sind auch bei Kopfveredlungen genügend Triebe für den Kronenaufbau verfügbar.

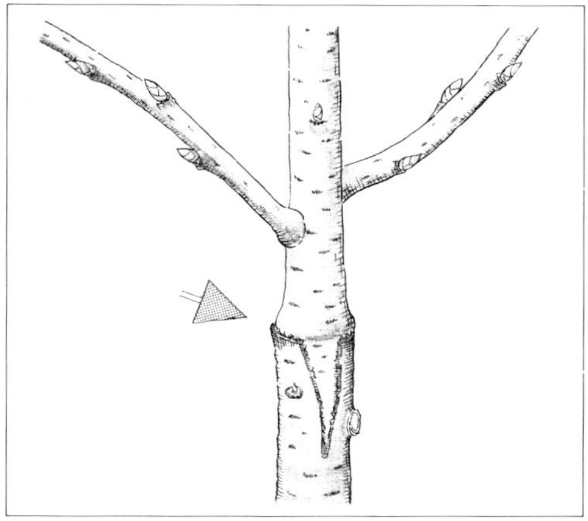

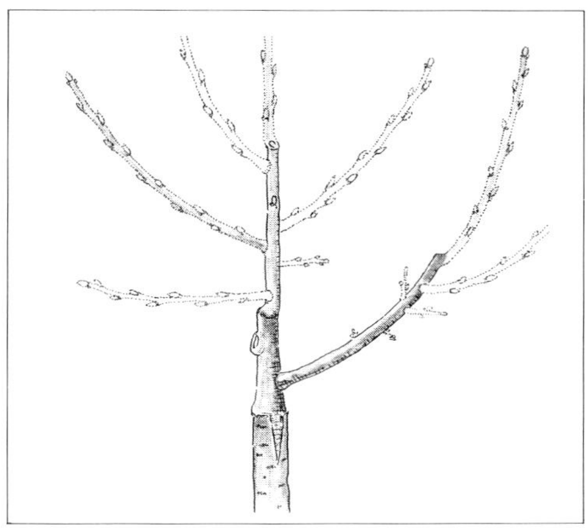

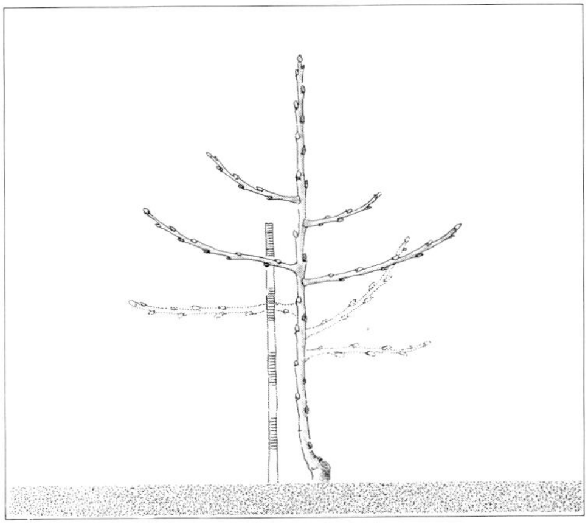

Abb. 48. Bei einjährigen Veredlungen werden zur Stammbildung alle vorzeitigen Triebe bis zu einer Höhe von 60–80 cm auf Astring weggeschnitten.

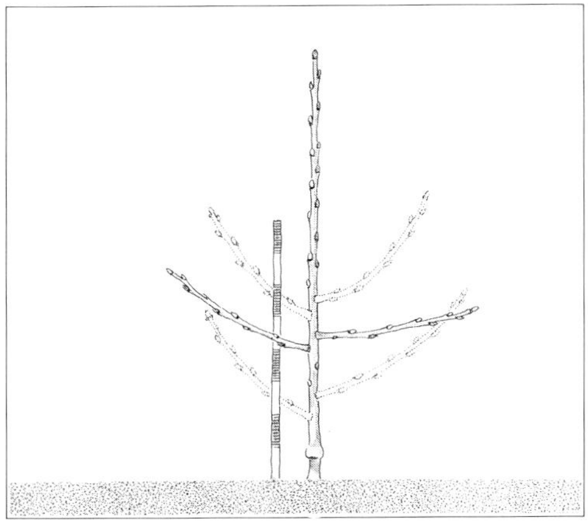

Abb. 49. Haben sich vorzeitige Triebe nur im unteren Sproßbereich gebildet, so läßt man zwei davon als „Verstärkungstriebe" für den Stamm vorübergehend stehen.

Leittriebe zur Ergänzung in meist ausreichender Zahl zur Verfügung. Schon eher zufrieden kann derjenige sein, dessen Krone zwei verwertbare Leittriebe aufweist, weil entweder der Konkurrenztrieb bereits vom Baumschuler weggeschnitten worden ist, oder überhaupt vier Triebe vorhanden sind. Sehr viel bessere Auswahlmöglichkeiten bieten zweijährige Kronen, doch wachsen diese älteren Exemplare nicht in jedem Fall mehr sicher an.

Bei einjährigen Veredlungen mit vorzeitigen Trieben. Sauerkirschen, Pfirsiche und Aprikosen werden oft als einjährige Büsche gehandelt. Bei den drei Obstarten ist diese Pflanzware sehr vorteilhaft, denn derart junge Bäumchen wachsen gut an. Ihr buschartiges Aussehen kommt dadurch zustande, daß sich aus dem einjährigen Sproß der Sorte noch im selben Jahr vorzeitige Triebe entwickelt haben. Zwar reichen diese vorzeitigen Sprosse qualitativ nicht an einjährige Langtriebe heran, doch können sie trotzdem mit Erfolg für den Kronenaufbau verwendet werden.

Bei diesen Obstarten wird bei der Auswahl vorzeitiger Triebe zu Leitästen so verfahren, daß zunächst einmal zur Stammbildung alle Seitentriebe bis zu einer Höhe von 60–80 cm auf Astring weggeschnitten werden. Von den folgenden Seitentrieben wählt man drei kräftige, möglichst gut verteilte aus; die übrigen bleiben zunächst einmal stehen, ihre Weiterbehandlung wird beim Rückschnitt besprochen (→ weiter unten). Es kommt aber auch vor, daß sich diese vorzeitigen Triebe ausschließlich im unteren Sproßbereich gebildet haben. In einem solchen Fall läßt man ein bis zwei schwächere Seitentriebe an der Achse stehen. Sie sind als künftige Leitäste zwar nicht zu gebrauchen, doch helfen sie mit, das Bäumchen

zu ernähren. Die Krone selbst muß sich in entsprechender Höhe aus dem zurückgeschnittenen Sproß bilden.
Neben diesen buschartigen, in Bodennähe veredelten einjährigen Veredlungen werden sowohl bei Sauerkirschen als auch bei Pfirsichen höherstämmige Kronenveredlungen angeboten, die sich aus Okulationen in Kronenhöhe entwickelt haben. Auch diese Kronen haben zahlreiche vorzeitige Triebe. Der Leittrieb aus einer derartigen Okulation bildet die Stammverlängerung, an der wiederum drei kräftige, gleichmäßig verteilte vorzeitige Triebe ausgewählt werden. Wie mit den anderen vorzeitigen Trieben verfahren wird, ist im Abschnitt „Die Länge des Rückschnitts" (→ weiter unten) näher erläutert.

Die richtige Winkelstellung der Leitäste

Bis dahin sind an der jungen Krone folgende Handgriffe ausgeführt worden:

- ▷ Der Konkurrenztrieb wurde entfernt;
- ▷ die Leittriebe sind ausgewählt und in etwa gleiche Abstände zueinander formiert worden;
- ▷ möglicherweise wurden ein bis zwei Triebe waagrecht gebunden.

Bevor nun der Rückschnitt vorgenommen werden kann, muß überprüft werden, ob die Leittriebe im richtigen Winkel zur Stammverlängerung stehen.
Diese Winkelstellung der Achsen erster Ordnung zur Hauptachse ergibt sich einerseits aus der Forderung, offene Kronen für eine günstige Belichtung zu schaffen, andererseits wird sie von statischen Gesetzen hinsichtlich der Tragfähigkeit der Leitäste bestimmt. Weil sich aber die Leitäste mit zunehmendem Alter verstärken und es darum schwieriger wird, ihre Stellung zu verändern, ist es wichtig, sie bereits beim Pflanzschnitt und beim Erziehungsschnitt richtig zu fixieren.
Es wurde bereits erwähnt, daß die Astabgangswinkel der Leitäste zwischen 45 und 90 ° betragen können. Das ist ein weiter Spielraum, der darauf hindeutet, daß die Arten und Sorten unterschiedlich wachsen. Das kommt auch darin zum Ausdruck, daß der Habitus (die Kronenform) von Obstbäumen unterschiedlich beschrieben werden muß: Ausladend; hochstrebend; breitpyramidal; hochkugelig. Weil aber die Kronenform vielfach von der Stellung der Leitäste mitbestimmt wird, muß es zwangsläufig so sein, daß sich neben sehr steilstehenden Achsen auch solche mit sehr flacher Stellung ausbilden.
Bei steilwachsenden Arten und Sorten müssen die meist gerade wachsenden Leitäste durch Abspreizen in einen Winkel von wenigstens 45 ° von der Stammverlängerung abgespreizt werden. Bei breitwachsenden Sorten dagegen sind die Leitastwinkel so stumpf, daß sich ein Abspreizen erübrigt. Man wird im Gegenteil in Einzelfällen darauf achten müssen, daß sich die Triebspitzen nicht auch waagrecht stellen, denn sonst würden sie sehr schnell in Fruchtholz umgebildet. Sie könnten dann die ihnen zugeordnete Funktion, sich zu einem Trägerelement zu entwikkeln, nicht mehr erfüllen. Eine derartige Gefahr besteht z.B. bei Birnen, bei denen die Hauptachse im Wachstum nicht selten übermäßig begünstigt ist. In solchen Fällen wird es erforderlich, zu waagrecht ste-

hende Triebe aufzubinden. Abspreizen und Binden → 3.5

Die Länge des Rückschnitts

Beim Rückschnitt der Leittriebe in jungen Kronen gilt es, das richtige Maß zu finden. Wird zu kurz zurückgeschnitten, so reagiert der Baum zwar mit einem kräftigen Durchtrieb der endständigen Knospen und einiger Seitenknospen, doch sind eben diese Seitentriebe kaum verwertbar. Sie stehen zu nahe an der Stammverlängerung und verdichten darum die Krone zu sehr. Fällt der Rückschnitt dagegen zu lang aus, so treibt der Baum nur schwach, was absolut unbefriedigend ist. Außerdem stabilisieren sich die Leittriebe nicht in dem erwünschten Maße. Der Rückschnitt soll aber gewährleisten, daß sich aus den Knospen an den Rückschnittstellen kräftige Leitastverlängerungen bilden und daneben einige Seitentriebe wachsen, die in genügendem Abstand zur Hauptachse waagrecht gebunden werden können.

Bei ein- und zweijährigen Kronen

Als Faustregel kann für den Rückschnitt gelten, daß die einjährigen Kronentriebe um ein Drittel ihrer Länge eingekürzt werden müssen. Man kann dieses Maß auch anders definieren: An den einjährigen Leittrieben können 8, 10 oder auch 12 gut entwickelte Knospen erhalten bleiben.

Bei etwa gleichlangen Trieben schneidet man zuerst den höhenmäßig mittleren der drei Leittriebe auf eine nach außen gerichtete Knospe zurück (Rückschnitt → 3.3.1). Von dieser Schnittstelle aus müs-

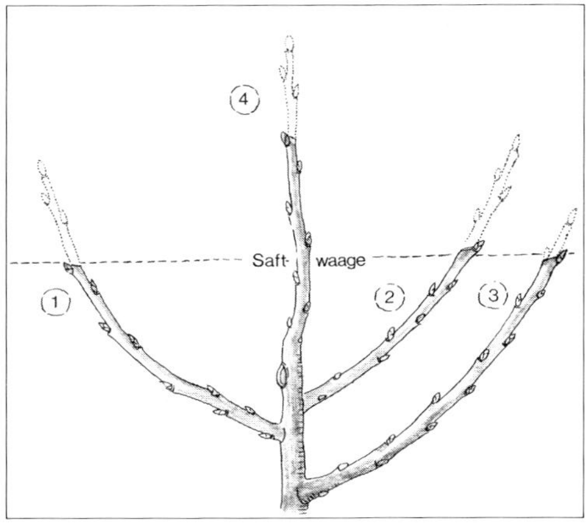

Abb. 50. Rückschnittfolge A: Zuerst wird der mittlere Kronentrieb (1) um ein Drittel zurückgeschnitten; es folgen dann in der Waagrechten (Saftwaage) die Triebe 2 und 3; zuletzt schneidet man die Stammverlängerung (4) etwa handbreit über der Waagrechten ab.

sen in der Waagrechten die Punkte anvisiert werden, an denen die übrigen Leittriebe abzuschneiden sind. Nun werden dort nicht immer geeignete, nach außen gerichtete Knospen vorhanden sein, so daß der Rückschnitt entweder höher oder tiefer auszuführen ist. Eher höher zu schneiden ist bei schwächeren Trieben ratsam, während stärkere Triebe besser tiefer zurückgeschnitten werden sollten. (Der schwächere Trieb wird durch längeres Anschneiden in seiner Entwicklung gefördert; der stärkere Trieb kann dagegen durch einen kürzeren Rückschnitt etwas gehemmt werden.) Die mehr oder minder genau in der Waagrechten zurückgeschnittenen Leittriebe befinden sich nun in der „Saftwaage", einer für alle Leittriebe etwa gleichen Ausgangsposition für ihre Weiterentwicklung.

Die Stammverlängerung wird etwa eine

Handbreite (bis zu einer Scherenlänge) über der Rückschnittsebene der Leittriebe auf eine Knospe zurückgesetzt, die sich über der in der Baumschule entstandenen vorjährigen Rückschnittstelle befindet. Damit wird ein gerader Wuchs der Stammverlängerung bezweckt. Von dieser Regel – sie gilt auch in den folgenden Jahren – sollte man nur in Windlagen abweichen; dort wird, um die Windeinwirkung auszugleichen, eine dem Wind zugewandte Knospe ausgewählt.

Im Hinblick auf das in den Folgejahren übliche Vorgehen, einen Winkel von ca. 120 ° beim Rückschnitt anzulegen, ist es natürlich möglich, auch schon im Pflanzjahr so zu verfahren. Dabei wird nach dem Rückschnitt des ersten Leitastes, in einem Winkel von 60 ° eine geeignete Knospe an der Stammverlängerung anvisiert und der Trieb dort abgeschnitten. Denselben

Abb. 51. Rückschnittfolge B: Es wird wiederum zuerst der mittlere Trieb (1) um ein Drittel zurückgeschnitten; dann schneidet man – einem dachförmigen Winkel von ca. 60° folgend – die Mitte (2) zurück und bestimmt mit demselben Winkel die Rückschnittstellen an den Trieben 3 und 4.

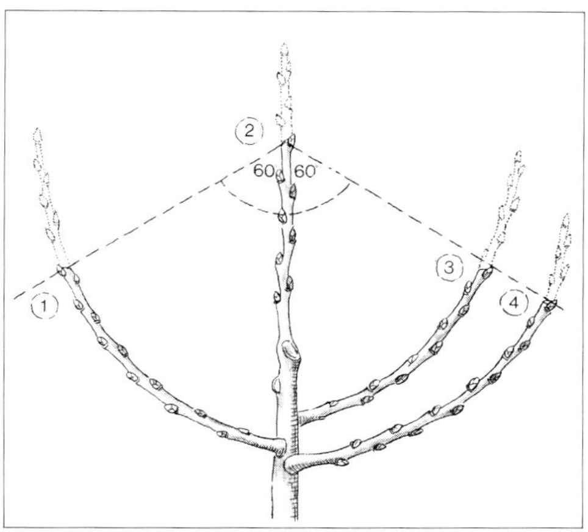

Winkel legt man von der Schnittstelle der Hauptachse in Richtung auf die beiden anderen Leitäste an, um dort die Rückschnittstellen zu bestimmen. Das erzielte Ergebnis müßte dasselbe sein wie zuvor: Alle drei Leittriebe haben eine etwa gleiche Ausgangsposition.

Bei Kronen mit ungleich langen Trieben hat sich der Rückschnitt nach dem kürzesten Leittrieb zu richten. Das ist eine alte Regel, die allerdings ihre Gültigkeit verliert, wenn von den längeren Leittrieben bei dieser Ausrichtung nur kurze Stummel übrig bleiben würden. Es ist dann schon zweckmäßiger, den kurzen Leittrieb zur Fruchtholzbildung waagrecht zu binden und mit nur zwei Seitenachsen den Kronenaufbau zu beginnen.

Bei einjährigen Veredlungen mit vorzeitigen Trieben. Bei einjährigen Veredlungen stehen die vorzeitigen Triebe meistens waagrecht, so daß ein Abspreizen kaum einmal erforderlich wird; viel eher ist Anlaß gegeben, den einen oder anderen schwachen waagrechten Trieb einmal hochzubinden.

Die drei vorzeitigen Triebe, die als künftige Leitäste bereits ausgewählt worden sind, werden beim Rückschnitt auf zwei bis drei Knospen zurückgenommen. Am Verlängerungstrieb bleiben ebenfalls drei Knospen über dem obersten vorzeitigen Trieb stehen. In neuerer Zeit wird aber ein eher längerer Rückschnitt praktiziert, bei dem die vorzeitigen Triebe – je nach Stärke und Länge – nur um ein Drittel bis zur Hälfte ihrer Länge verkürzt werden. Die Verlängerung wird dann ebenfalls länger gelassen.

Wenn nun aber oberhalb der Leittriebe, im Bereich der Rückschnittstelle, weitere vorzeitige Triebe an der Stammverlängerung vorhanden sind, so fehlt dort die Rückschnittknospe, weil die Achselknospe ja vorzeitig ausgetrieben hat. Dieser vorzeitige Trieb an der Rückschnittstelle kann auf Astring geschnitten werden. Da es jedoch bei Steinobstarten nicht gewiß ist, daß sich aus Beiknospen ein neuer Trieb entwickelt, ist es sicherer, den vorzeitigen Trieb auf seine unterste, nach oben gerichtete Knospe zu schneiden.

Beim längeren Rückschnitt können zwischen der Rückschnittstelle der Verlängerung und den Leittrieben weitere vorzeitige Triebe stehen. In jedem Fall wird der nächste konkurrierende Seitentrieb entfernt und außerdem jene, deren Triebspitzen die Schnittebene der Stammverlängerung überragen. Je nach Wuchsausdehnung der einjährigen Veredlung bleiben bei dieser auslichtenden Korrektur keine oder aber bis zu drei vorzeitige schwächere Triebe stehen.

Was hier an buschartigen einjährigen Veredlungen mit vorzeitigen Trieben demonstriert wird, trifft in gleicher Weise für einjährige Kronen mit vorzeitigen Trieben zu, die aus Okulationen in Kronenhöhe entstanden sind (z.B. Sauerkirsche und Pfirsich).

Bei einjahrigen Veredlungen der Sauerkirsche, bei denen sich die vorzeitigen Triebe nur im unteren Achsenbereich (bis 50 oder 60 cm Höhe) gebildet haben, und die darum bereits bis auf ein bis zwei „Verstärkungstriebe“ entfernt worden sind, wird die Stammverlängerung auf die gewünschte Stammhöhe (üblicherweise 60–80 cm) + sechs bis sieben Knospen zurückgeschnitten. Aus diesen oberen Knospen soll sich die Krone entwickeln. Um die Bildung des Konkurrenztriebs zu verhindern, bricht man die zweitoberste Knospe aus. Diese Konzeption ist übrigens bei einjährigen Veredlungen ohne vorzeitige Triebe auch bei anderen Obstarten anzuwenden üblich.

Der zweite Rückschnitt

In der Vegetationsperiode, die der Pflanzung folgt, entwickeln sich aus verschiedenen Knospen der zurückgeschnittenen Krone neue Organe: Der Baum reagiert auf den ersten Rückschnitt. Dabei können erstmalig die bislang nur theoretisch bekannten Gesetzmäßigkeiten beim Triebwachstum (→ 2.7) ebenso wie die Schnittreaktionen (→ 3.4) nun am Objekt festgestellt werden. Diese Reaktionen zu beurteilen und daraus die richtigen Schlüsse zu ziehen, leitet den zweiten Rückschnitt ein. Man sollte sich hierfür gerade als Anfänger genug Zeit nehmen, eingedenk der bewährten Regel, die besagt, daß der Baum zeige, wie er geschnitten werden muß.

Bei kräftigem Triebwachstum. Es ist nicht einfach, kräftiges Triebwachstum auch nur einigermaßen verbindlich zu definieren, denn dazu sind die vegetativen Leistungen der Arten und Sorten zu unterschiedlich. Um aber dennoch einen Anhaltspunkt zu geben, wird eine Mindestlänge von 60 cm für die Verlängerungstriebe und nur wenig darunter für die jeweils zwei bis drei folgenden Seitentriebe an den Leittrieben und der Stammverlängerung als ausreichend kräftiges Triebwachstum erachtet.

Bei der Beurteilung der Triebreaktion auf den Pflanzschnitt bestätigt es sich, ob die Rückschnittlänge richtig oder falsch gewählt worden ist. Treiben in der Krone aus nahezu allen Knospen kräftige, vielfach steilstehende Triebe aus, so ist zu kurz geschnitten worden. Ein zu kurzer Rückschnitt bedeutet aber eine Stoff- bzw. Triebvergeudung! Demnach muß der zweite Rückschnitt insgesamt länger ausfallen. Haben sich dagegen nur wenige schwache Triebe gebildet, so ist in der Regel zu lang geschnitten worden. Ein in der Länge richtig bemessener Pflanzschnitt sollte bewirken, daß sich neben den jeweiligen Achsenverlängerungen drei bis vier ähnlich kräftige Seitentriebe entwickeln.

Nach dieser ersten Analyse entfernt man die seitherigen Spreizhölzer und Stabhölzer und ebenso die Bindungen, bevor im

Abb. 52. Der zweite Rückschnitt beginnt mit dem Auslichten der Neutriebe.

Anschluß ausgelichtet wird. Beim Auslichten werden an der Stammverlängerung der Konkurrenztrieb, und falls erforderlich, ein weiterer zu steilstehender Seitentrieb auf Astring entfernt. In Fällen, in denen Ersatztriebe zur Vervollständigung der Leitäste benötigt werden, sollte das Auslichten weiterer Seitentriebe an der Hauptachse zunächst einmal unterbleiben. Mit den Konkurrenztrieben an den Leitästen und den auf ihrer Oberseite gewachsenen Trieben wird ebenso verfahren wie an der Stammverlängerung: Sie werden ganz weggeschnitten. Bei waagrecht gebundenen Fruchttrieben kann bereits die Oberseite gefördert worden sein, so daß auch dort kräftige „Ständertriebe" entfernt gehören. Dagegen müssen Kurztriebe geschont werden. Stehen an den Leitästen mehrere Seitentriebe zur Verfügung, so sollte man solche, die sich nahe an der Hauptachse entwickelt haben, zusätzlich entfernen.

Dem Auslichten schließt sich das Formieren an. Als erstes ist zu kontrollieren, ob sich die vorhandenen Leitastverlängerungen wie erwünscht entwickelt haben. Verlängerungstriebe, die nicht gerade gewachsen sind, müssen geschient werden (→ 3.5.2). Defekte Triebe lassen sich dadurch korrigieren, daß man auf einen nach außen gerichteten kräftigen Seitentrieb ableitet, der unterhalb der schlecht entwickelten Verlängerung steht. In Kronen, die der Ergänzung von ein oder auch zwei Leittrieben bedürfen, werden geeignete Seitentriebe aus der Stammverlängerung dazu bestimmt. Dann sollten je Leitast und an der Hauptachse ein bis zwei Langtriebe waagrecht gebunden werden. Vor dem zweiten Rückschnitt ist schließlich die Winkelstellung der Leitäste zu überprüfen und, wo notwendig, durch Abspreizen mit neu zugeschnittenen Spreizhölzern oder durch Hochbinden zu korrigieren. Bei auffallend unterschiedlicher Entwicklung der jungen Leitäste kann man einen Entwicklungsausgleich dadurch herzustellen versuchen, indem man von der schematischen Winkelstellung vorübergehend abweicht und sich das Gesetz der Spitzenförderung zunutze macht: Praktisch angewendet bedeutet dies, daß ein schwacher Trieb durch Hochbinden in einen spitzeren Winkel gefördert werden kann, während ein zu kräftiger Trieb durch ein stärkeres waagrechtes Abspreizen in seiner Entwicklung benachteiligt wird.

Der abschließend auszuführende Rückschnitt hat sich an zwei Gegebenheiten zu orientieren: Einmal an der Länge der Gerüstastverlängerungstriebe, zum andern an der sortenspezifischen Austriebswilligkeit der am letztjährigen Achsenabschnitt befindlichen Knospen.

Von der bezweckten Stabilisierung her können lange kräftige Verlängerungstriebe lang angeschnitten werden, wenn sie sich dabei auch ausreichend verzweigen. Bei Arten und Sorten, die zwar lange Achsenverlängerungen entwickeln, doch kaum Seitentriebe ausbilden, muß bereits etwas stärker zurückgeschnitten werden, um eine genügende Seitenverzweigung sicherzustellen. Dieselbe Abstufung – bei insgesamt noch stärkerem Rückschnitt – trifft für schwächerwachsende, sich gut bzw. schlecht verzweigende Sorten zu. Diese im Grunde genommen schon sehr fachbezogenen Hinweise verlangen eigentlich bereits Sortenkenntnisse. Weil aber dies bei einem Hobbyobstbauer nicht vorausgesetzt werden kann, und zudem

Abb. 53. Eine (hier durch Blattläuse) beschädigte Verlängerung wird auf einen tieferstehenden Seitentrieb abgeleitet.

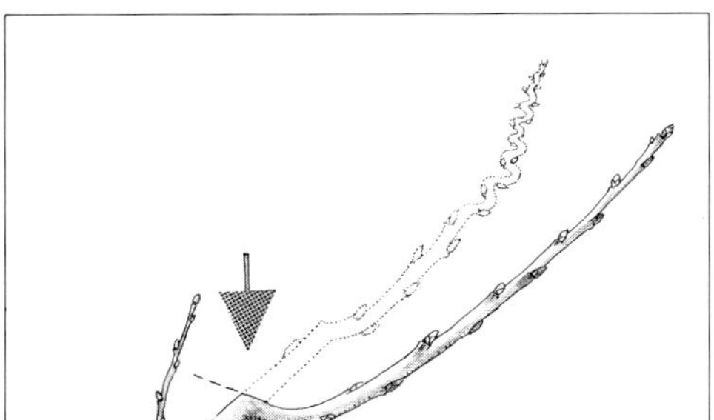

Abb. 54. Zur Verfrühung der Fruchtbarkeit werden zum Kronenaufbau nicht benötigte Triebe waagrecht gebunden.

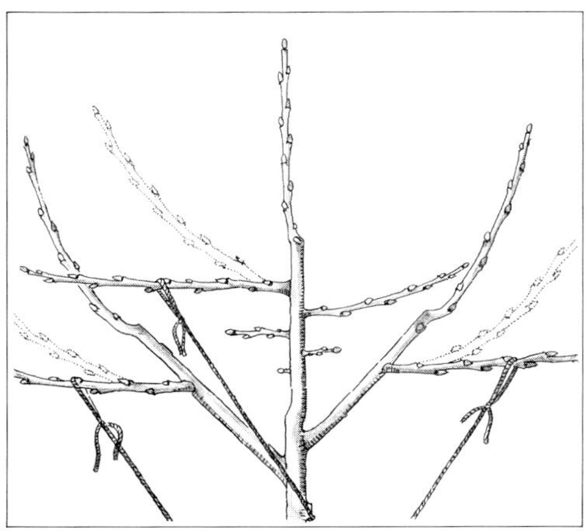

die einzelne Sorte auf den Pflanzschnitt noch nicht typisch reagiert, soll durch eine einfache Überlegung versucht werden, zur Rückschnittlänge einen unkomplizierten Hinweis zu geben: Damit sich die Krone nicht von Anfang an im Innenbereich zu sehr verdichtet, ist es zweckmäßig, die ersten Fruchtäste an einem Leitast erst im Abstand von 50–80 cm vom Stamm entfernt zu erziehen. (Beispiele: bei Sauerkirschen und Pfirsich 50 cm; bei mittelstarkwachsenden Pfropfkombinationen und kleinerkronigen Arten 60–70 cm; bei Süßkirschen 80–100 cm.) Weil aber dafür die ersten, meistens zu nahe am Stamm stehenden Seitentriebe nicht in Frage kommen können – sie bleiben nur vorübergehend erhalten – muß dieser Bereich durch den zweiten Rückschnitt entwickelt werden. Das geschieht dadurch, daß man den empfohlenen Abstand an einem Leitast mißt und drei bis vier Knospen dazurechnet. Von dieser Schnittstelle aus wird ein gedachter Winkel von 60 ° zur Stammverlängerung angelegt und dort auf eine über der letzten Schnittstelle stehende Knospe geschnitten. Mit demselben Winkel werden die Schnittpunkte an den zwei übrigen Leitästen bestimmt.

Bei schwachem Triebwachstum. Folgt der Pflanzung ein heißer, trockener Sommer, so kann es sein, daß der junge Baum nur schwache Triebleistungen zuwege bringt. Er hat das kritische Stadium, den Verpflanzungsschock, noch nicht überwunden. Es muß ihm deshalb soviel wie möglich an Assimilationsfläche belassen werden. Das heißt, daß bei gleichmäßig schwachem Durchtrieb kein Rückschnitt

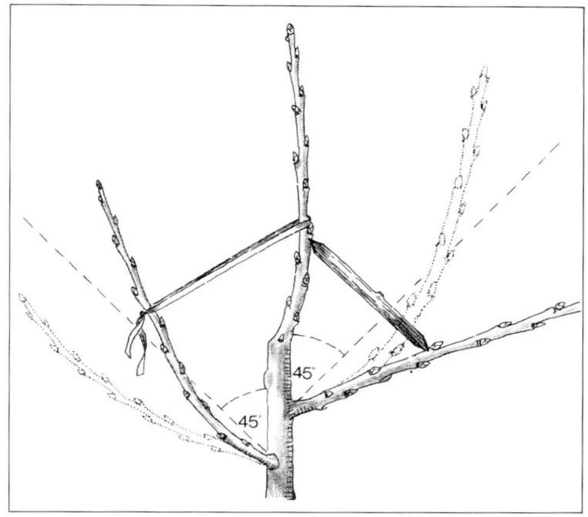

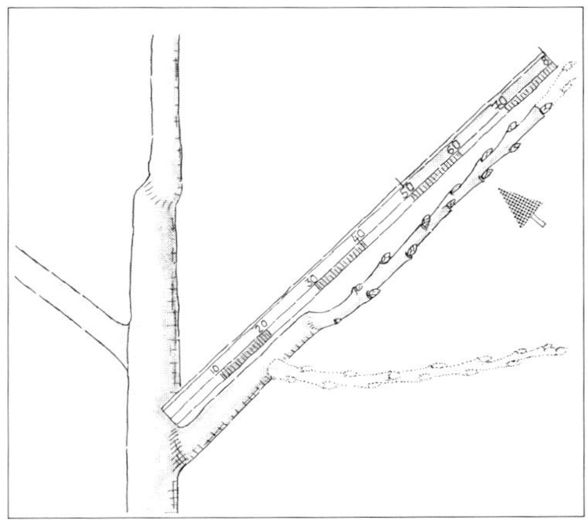

Abb. 55. Möglichkeiten zur Wuchskorrektur: Ein zu schwacher Trieb wird durch vorübergehendes Steilstellen im Wuchs gefördert; ein zu starker Trieb kann dagegen im Wuchs gebremst werden, wenn er mehr in die Waagrechte abgespreizt wird.
Abb. 56. Die ersten Fruchtäste am Leitast sollen in ausreichender Entfernung zum Stamm (50–80 cm) stehen, sonst verdichtet sich der Kroneninnenraum zu sehr.

erfolgt, denn aus den Endknospen bilden sich am ehesten kräftige Neutriebe. Allenfalls werden nach innen wachsende Triebe weggeschnitten. Bei Trieblängen unter 30 cm brauchen auch keine Seitentriebe waagrecht gebunden zu werden. Erst wenn der Baum durch den folgenden Trieb richtig in Schwung gekommen ist, lohnt es sich zu formieren.

Bei ungleicher Entwicklung der Leittriebe und des Stammverlängerungstriebes ist ein „Ausgleichsschnitt" zu empfehlen, denn gerade auch in schwachentwickelten Kronen muß den Einzeltrieben zu etwa gleichen Startbedingungen verholfen werden. Bei diesem Ausgleichsschnitt bleibt der schwächste Trieb ungeschnitten, die anderen werden an ihm beim Rückschnitt ausgerichtet.

Der dritte Rückschnitt und die folgenden

In der zweiten Vegetationsperiode nach der Pflanzung wird es in vielen Fällen erst deutlich, daß der Baum die Verpflanzung endgültig überwunden hat. Gute Triebleistungen deuten darauf hin, daß sich die Wurzelkrone nun kräftig weiterentwikkelt. In den Kronen laufen die sortenspezifischen „Kronenaufbau-Programme" in vollem Umfang ab. Bei der Beurteilung der Reaktion auf den letztjährigen Rückschnitt können nun bereits sorteneigene Merkmale erkannt werden. Sie machen einem klar, daß ein allseits verbindliches Schnittschema festzulegen nicht möglich ist.

Für die praktische Durchführung des dritten Rückschnitts und der folgenden Rückschnitte während der Kronenerziehungsphase kann man sich folgendes Schema zu eigen machen:

▷ Allgemeine Beurteilung der sortenspezifischen Reaktionen auf den letzten Rückschnitt.

▷ Überprüfung des Wurzelstocks und des Stammes (falls vorhanden, sind Stock- und Stammausschläge wegzuschneiden).

▷ Entfernen alter Formierungshilfen.

▷ Auslichten der Krone. Konkurrenztriebe und zu steilwachsende Triebe, zu dicht stehende und nach innen wachsende wegschneiden. (Die Triebe zum Waagrechtbinden müssen vorher bestimmt worden sein).

▷ Formierungsarbeiten (Abspreizen; Hochbinden; Schienen; Verspannen und Waagrechtbinden).

▷ Rückschnitt der Gerüstäste und Rückschnitt mehltaubefallener oder sonstiger geschädigter Triebe.

Diese Punkte – das Waagrechtbinden ausgenommen – bedürfen hier keiner zusätzlichen Erläuterungen mehr. Beim Waagrechtbinden sollte im weiteren Verlauf folgendes beachtet werden: Um sich die Arbeit an der höherwerdenden Krone zu vereinfachen, ist es zweckmäßig, ab dem dritten Standjahr auf weiteres Waagrechtbinden zu verzichten und die steilstehenden Triebe unterhalb der Gerüstastverlängerungen wegzuschneiden, so daß nur die natürlich waagrecht gewachsenen Triebe stehen bleiben. Zur Frage der Rückschnittlänge treffen die Ausführungen zu, die beim zweiten Rückschnitt dazu gemacht worden sind. Doch läßt sich auch für den dritten Rückschnitt (und die folgenden) hinsichtlich der weiteren Erziehung von Fruchtholzträgern eine einfache Regel aufstellen: Wenn als Anhaltspunkt für die Rückschnittlänge beim zweiten Rückschnitt die erwünschte Bildung von ersten Fruchtholzträgern im

Abstand von 50–80 cm zum Stamm angegeben wurde, so gilt für die folgenden Rückschnitte, daß etwa im selben Abstand jeweils weitere Fruchtäste gebildet werden sollen. Erreichen bestimmte Sorten diese Einzeltrieblängen nicht, oder verursacht diese Rückschnittlänge bei anderen Sorten nicht den erwünschten Seitenaustrieb, so müssen sie eben etwas kürzer zurückgeschnitten werden.

4.1.3 Wann ist der Erziehungsschnitt beendet?

Diese Frage läßt sich mit der lapidaren Feststellung beantworten: Sobald ein genügend kräftiges Astgerüst aufgebaut ist, das sich in seiner Stellung durch die nun zunehmenden Erträge nicht mehr verändert. In dem Stadium brauchen die Verlängerungstriebe der Gerüstachsen nicht mehr zur Stabilisierung angeschnitten werden. Der Verzicht auf diesen Rückschnitt bedeutet das Ende des Erziehungsschnitts. Richtet man sich nach dieser Feststellung, so wird erkennbar, daß starkwachsende Arten und Sorten recht früh und schwachwachsende erst spät diesen Anspruch erfüllen können. Das heißt, daß auch auf diese Frage für die verschiedenen Arten und Sorten keine verbindliche Aussage gemacht werden kann.

Vielleicht ist dem Laien mit folgendem Hinweis am ehesten gedient: Obwohl heutzutage zu Recht die Tendenz besteht, Obstbaumkronen in kürzerer Zeit als früher aufzubauen, steht ohne Zweifel die Stabilität des Trägergerüsts nach wie vor im Vordergrund. Wenn demnach die Gerüstastverlängerungen eines z. B. sechsjährigen Obstbaums beginnen, sich unter der Last einsetzender Erträge abzuneigen, oder wenn gar ganze Äste abzukippen drohen, muß das Gerüst durch weitere Rückschnitte gekräftigt werden. Wenn andererseits bei kräftig wachsenden Arten und Sorten schon früh tragfähige Kronen ausgebildet worden sind und die Jahrestriebe etwa nur noch die Trieblängen erreichen, die bislang zur ausreichenden Seitenverzweigung beim Rückschnitt maßgeblich waren, kann man den Erziehungsschnitt einstellen. In jedem Fall kann der Baum seine eigentliche Funktion, nämlich Früchte zu tragen, besser erfüllen, wenn zeitlich nicht zu lang erzogen und immer wieder zu kurz zurückgeschnitten wird.

4.1.4 Zur Höhenbeschränkung der Kronen

Stärkerwachsende Sorten-Unterlagen-Kombinationen können sozusagen in den Himmel wachsen, d. h., sie erreichen Höhen, die Pflegemaßnahmen in den oberen Bereichen unmöglich machen. Außerdem wird die Ernte dort oben zu einem höchst gefährlichen Unternehmen. Allein aus dieser Sicht muß rechtzeitig eine Höhenbeschränkung des Gerüsts vorgenommen werden.

Bei starkwachsenden Baumobstarten, wie z. B. der Süßkirsche, kann dieser Zeitpunkt bereits im fünften oder sechsten Standjahr eingetreten sein, besonders dann, wenn beim Erziehungsschnitt sehr lang angeschnitten worden ist oder aber überhaupt nicht zurückgeschnitten wurde. Es ist darum auch nicht selten, daß er-

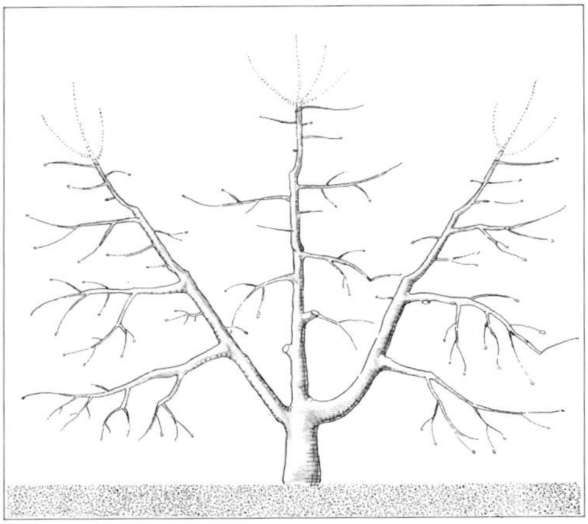

Abb. 57. Zur Höhenbeschränkung der Kronen leitet man die Gerüstäste auf waagrecht stehende Seitenachsen ab.

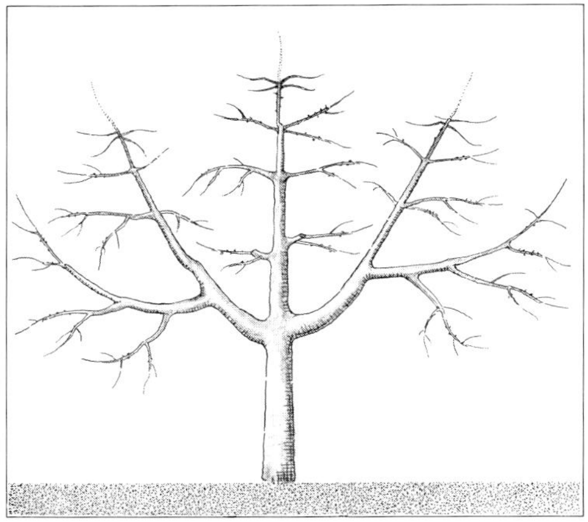

Abb. 58. Bei Süßkirschen ist es bei der Höhenbeschränkung oft möglich, die Gerüstastverlängerungen an einem Seitenachsenquirl wegzuschneiden.

fahrene Praktiker den Erziehungschnitt bei dieser Obstart (übrigens auch bei anderen Arten) damit abschließen, daß sie die Leitäste und die Stammverlängerung, die zwischenzeitlich 5 oder 6 m hoch geworden sein können, im weiteren Höhenzuwachs begrenzen. Das kann allgemein durch Ableiten auf waagrecht stehende Seitentriebe oder ältere Seitenhölzer geschehen; speziell bei Süßkirschen bietet es sich an, die Verlängerungen einschließlich steilstehender Seitentriebe am Quirl über den waagrecht gerichteten Seitenachsen wegzuschneiden. Das ist eine ausgezeichnete Methode, diese Höhenmarkierung über Jahre hinweg zu erhalten, weil die vier oder fünf verbliebenen Seitentriebe oder -äste einander in Schach halten, so daß es keinem gelingt, zur neuen Verlängerung zu werden.

Selbstverständlich ist nach diesen Höhenbeschränkungen der Spitzenbereich der Gerüstäste auch weiterhin triebgefördert. Das aber bedeutet, daß zu kräftig wachsende Seitenachsen (einzelne Ableitungsäste oder Äste an den Quirlen) von Zeit zu Zeit durch Verjüngungsschnitte auf schwächere Nebenachsen verkürzt werden müssen. Unterbleibt dies, besteht die Gefahr der Kronenüberbauung. Natürlich müssen auch einjährige Langtriebe, die sich meist an und unterhalb der Ableitstelle bilden, immer wieder weggeschnitten werden, am besten jährlich.

Falls diese Höhenbeschränkung nicht schon den Abschluß des Erziehungsschnitts bildet, ist es bei mittelstark- und starkwachsenden Pfropfkombinationen wahrscheinlich, daß diese Maßnahme in den ersten Jahren des Instandhaltungsschnitts fällig wird. Das trifft besonders für hochaufstrebende Kronen zu. Grundsätzlich aber beschränkt sich dieser Eingriff nicht nur auf starkwachsende Pfropfpartner; es ist beispielsweise im Erwerbsobstbau durchaus üblich, auch die Kronen

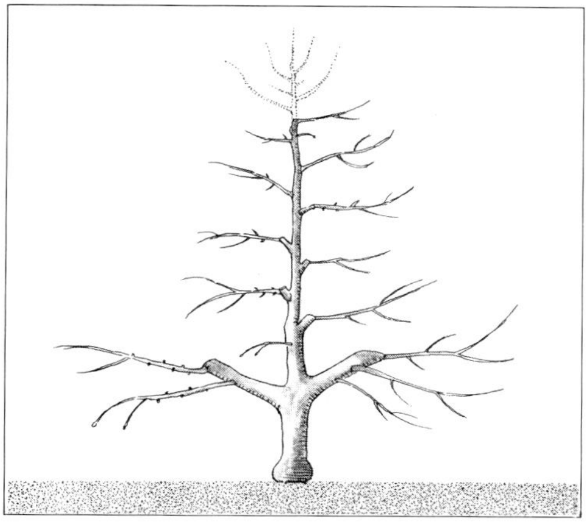

Abb. 59. Selbst schwachwachsende Spindelkronen werden in einer bestimmten Höhe gehalten.

der Sauerkirschen, ja sogar die gewiß schwachwachsenden Spindelkronen in bestimmten Höhen zu halten.

4.1.5 Der Instandhaltungsschnitt

Die im Triebwachstum „stürmische" Jugendentwicklung klingt mit zunehmenden Erträgen ab, weil die zur Fruchtausbildung erforderlichen Anteile aus der Stoffproduktion immer größer werden. Äußerlich ist dieser Funktionswechsel in der Krone nicht nur an jährlich zunehmenden Ernten erkennbar, sondern auch an einem sich insgesamt abschwächenden Wuchs.

Das bedeutet aber nun keineswegs, daß nach dem Erziehungsschnitt überhaupt keine Schnitteingriffe mehr erforderlich werden. Denn beispielsweise ist die Triebleistung der Sorte 'Cox Orange' auch während der Ertragsphase noch so groß, daß die Kronen sehr schnell zu dicht würden, wenn nicht jährlich ausgelichtet wird. Dagegen kann der Zuwachs bei reichtragenden Sorten schon beim Beginn des Vollertrags derart zurückgegangen sein, daß nur noch eine kräftige Fruchtholzverjüngung ein ausgewogenes Verhältnis zwischen Zuwachs, Ertrag und Blütenknospenansatz wiederherstellen kann.

Das Schnittkonzept

Einen ausgewogenen Zustand, also das „physiologische Gleichgewicht" herzustellen und möglichst lange zu erhalten, ist Sinn und Zweck des Instandhaltungsschnitts während des zweiten, wohl bedeutendsten Lebensabschnitts eines Obstbaums. Mit diesem Schnittkonzept wird folgendes instandzuhalten versucht: das statische Gerüst; die Astrangordnung im Verzweigungssystem; die Fruchtbarkeit in allen Bereichen der Krone; eine zufriedenstellende Qualität.

1. Das statische Gerüst. Unter der Last einsetzender Erträge können einzelne Leitäste oder aber ganze Kronen ihre Stabilität verlieren. Bei jüngeren Bäumen kann man dieser negativen Entwicklung bei eben auseinanderstrebenden Kronen dadurch begegnen, daß der mit Abschluß der Erziehungsphase aufgegebene Rückschnitt der Gerüstastverlängerungen wieder für einige Jahre aufgenommen wird. Außerdem können die Leitäste im oberen Bereich gewichtsmäßig entlastet werden: Das dort befindliche Fruchtholz ist auszulichten. Zusätzlich aber können in jungen Kronen nicht ausreichend stabile Leitäste durch Hochbinden mit Sisalstricken oder Draht vor weiterer Stellungsveränderung bewahrt werden. – Bei älteren Kronen läßt sich diese Prozedur kaum mehr durchführen; sie würde eine zu komplizierte Technik erfordern. Solange die Leitäste noch nicht völlig abgekippt sind, kann eine Stabilisierung durch Verkürzen (Verjüngen → 4.1.6) der Achsen erreicht werden. Ist das Gerüst dagegen schon auseinandergefallen, so wird ein anderes, recht bewährtes Verfahren angewendet: Auf den Scheitelpunkten der abgeneigten Leitäste bilden sich kräftige neue Triebe (Scheitelpunktförderung). Davon wird jeweils der kräftigste beim folgenden Winterschnitt ausgewählt; das muß nicht unbedingt der auf dem Scheitelpunkt gewachsene sein, sondern eher einer, der am Beginn des Bogens entstanden ist. Weil aber dieser Trieb meistens senkrecht gewachsen ist, bindet man ihn in einen Winkel von 45 ° zur Hauptachse. Mit diesen neuen Leittrieben werden neue Leitastverlängerungen aufgebaut. Durch Schaden klug geworden, wird man beim Neuaufbau den Rückschnitt stärker und zeitlich länger ausführen. Für die Weiterbehandlung derartiger Kronen gelten die Richtlinien zur Erziehung junger Obstbaumkronen (→ ab 4.1.2: Die richtige Winkelstellung der Leitäste). Hat auch die Stammverlängerung ihre senkrechte Stellung verändert, so kann sie bei jungen Bäumen durch Anbinden an eine stabile Stange wieder gerade gerichtet werden; in älteren Kronen wird sie dagegen auf einen tieferstehenden, senkrecht wachsenden Neutrieb zurückgesetzt.

Abb. 60. Kronen mit abgeneigten Gerüstästen können durch Ständertriebe, die sich auf den Scheitelpunkten entwickelt haben, wiederaufgebaut werden.

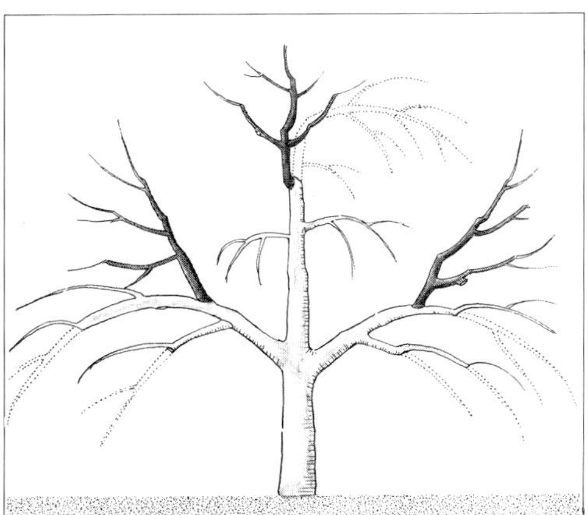

2. Die Astrangordnung. In einer Obstbaumkrone herrscht eine Rangordnung: Die Leitäste sind der Hauptachse, die Fruchtholzträger wiederum den Leitästen und das Fruchtholz schließlich den Fruchtholzträgern untergeordnet. Es gilt nun, diese natürliche Ordnung, die durch mancherlei Einflüsse leicht in Unordnung geraten kann, durch eine laufende Überwachung zu erhalten. Die Kontrolle braucht dabei nicht so weit zu gehen, daß Achsen höherer Ordnung (beim Fruchtholz) korrigiert werden. Doch sollen mit Hilfe des Instandhaltungsschnitts disharmonische Entwicklungen, beispielsweise der Leitäste im Verhältnis zur Hauptachse oder von Fruchtästen gegenüber den Leitästen, vermieden werden. Dazu zwei Beispiele: Es kommt bei den Birnen nicht selten vor, daß sich ein Leitast plötzlich eine steilere Stellung verschafft und nun mit der Stammverlängerung konkurriert, oder bei steilerwachsenden Süßkirschensorten verstärkt sich zusehends ein Fruchtast an einem Leitast, so daß eine

Abb. 61. Beseitigung einer disharmonischen Leitastentwicklung durch den Instandhaltungsschnitt in einer Birnbaumkrone.

Abschnürung der ursprünglichen Achsenverlängerung die Folge ist. Natürlich gehört es auch zum Instandhaltungsschnitt, sehr einseitige Entwicklungen innerhalb des Fruchtholzes auszugleichen.

3. Die Fruchtbarkeit. Leistungsfähiges Fruchtholz kann sich nur dann bilden, und es läßt sich auch nur dort dauerhaft erhalten, wo günstige Lichtbedingungen geboten sind. Das erfordert grundsätzlich ein stetes Auslichten zu dicht wachsender Partien in der Krone. Bei diesem Auslichten wird nicht anders vorgegangen als beim Auslichtungsschnitt in jungen Kronen: Konkurrenztriebe und nach innen wachsende kräftige Triebe müssen ebenso weggeschnitten werden wie zu dicht stehende. Speziell ist aber bei diesem Schnitt darauf zu achten, daß die triebbegünstigten Spitzenzonen die unteren Kronenteile nicht überbauen und ihnen dadurch das Licht entziehen. Es ist darum auf eine lichte Gestaltung der Kronenperipherie besonderer Wert zu legen. Dort außen muß großzügig ausgelichtet werden; vor allem gehört älteres Holz weggeschnitten. Damit aber auch die unteren Fruchthölzer funktionsfähig erhalten bleiben, ist die Fruchtholzausdehnung an der Stammverlängerung auch weiterhin kegelförmig zu gestalten. Ähnliches trifft für das Fruchtholz an den Leitästen zu, bei dem nur Abschnitte eines Kegels zu entwickeln geduldet werden.

4. Eine zufriedenstellende Qualität. Auch in gut belichteten Kronen kann im Lauf der Jahre ohne geeignete Maßnahmen nicht verhindert werden, daß sich der Anteil qualitativ minderwertiger Früchte allmählich vergrößert. Das steht ohne Zweifel im Zusammenhang mit dem zunehmenden Alter der Fruchthölzer. Im Kapitel 2.4 (Triebe und Knospen der Obstbäume) ist bereits abgehandelt worden, daß neben einjährigen Langtrieben vor allem die zweijährigen Astabschnitte Entscheidendes für den Ertrag leisten. Demzufolge müssen ältere Fruchthölzer bereits diesbezügliche Mängel aufweisen; tatsächlich zeigen sie häufig typische Merkmale von Erschöpfung. Zwar kann das Fruchtholz auch in älteren Kronen des Kernobstes oder auch der Süßkirsche noch Früchte tragen, deren Qualität jedoch häufig abfallend ist. Durch Schnitteingriffe im Fruchtholz muß darum versucht werden, altes und abgetragenes Holz zu entfernen, damit ein Neuwuchs gefördert wird. Weil aber die Fruchtholzverjüngung beim Instandhaltungsschnitt eine so zentrale Bedeutung hat, soll dieser wichtigen Arbeit ein eigener Abschnitt gewidmet werden.

Der besondere Schwerpunkt: Die Fruchtholzverjüngung

Nachdem die Notwendigkeit einer Fruchtholzverjüngung während der Ertragsphase erläutert worden ist, gilt es nun, daraus die richtigen Schlüsse für den Fruchtholzschnitt zu ziehen. Ein wesentlicher Punkt ist schon verdeutlicht worden: Altes abgetragenes Holz gehört entfernt, um den Anteil minderwertiger Früchte so klein wie möglich zu halten. Diese Entlastung fördert zugleich die jährliche Triebbildung, ohne die stetige gute Ernten nicht denkbar sind. Wie aber soll verjüngt werden?

Beobachtet man einen einjährigen Trieb oder einen zweijährigen Astabschnitt z. B. eines Apfelbaums in seiner Entwicklung vom Fruchtansatz bis zur endgültigen Fruchtausbildung (Baumreife), so kann man immer wieder folgendes feststellen: Unter dem zunehmenden Gewicht der Früchte und der Blattmasse neigen sich die Achsen allmählich nach unten. Dabei wird ihre neue Lage durch das Dickenwachstum (= Ausbildung neuer Holzzellen) weitgehend fixiert. Das heißt, daß sie auch nach der Abnahme der Früchte in dieser Stellung verbleiben. Weil aber zu stark abgeneigte Fruchtäste nicht mehr in dem Maße ernährt werden, daß sie auch weiterhin wertvolle Fruchtträger sein können, müßten sie eigentlich abgeschrieben werden, wenn nicht frühzeitig ein Regenerationsprogramm einsetzen würde, in dessen Verlauf sich oberseits – vor allem an den Scheitelpunkten – neue Triebe bilden. Das erst ermöglicht es, eine Fruchtholzverjüngung durch Ableiten auf den Jungtrieb vorzunehmen. Bei Sorten, die vorwiegend an zweijährigen Astabschnitten fruchten, benötigt dieser einjährige Verjüngungstrieb zwei weitere Jahre, bis er selbst zu fruchten imstande ist. Dann allerdings widerfährt ihm dasselbe wie seinem Vorgänger: Er biegt sich unter der Fruchtlast nach unten, und er regeneriert sich wieder am Scheitel. Diesem Ablauf unterliegt der einjährige fruchtende Langtrieb alljährlich.

Diese Fruchtbogenbildung wiederholt sich auch in den folgenden Jahren. Wo ausreichend Platz vorhanden ist, können selbstverständlich auch Seitenachsen stehen bleiben; mit ihnen wird bei der Verjüngung in derselben Weise verfahren.

Nun ist die Frage nicht ausreichend beantwortet worden, was denn mit den abgeneigten und abgetragenen Teilen des alten Triebes oder Astes geschehen soll? Bei den einjährig fruchtenden Langtrieben wird man das abgetragene Teilstück bereits beim folgenden Winterschnitt dort wegschneiden, wo sich der Verjüngungstrieb entwickelt hat. Mit zweijährigen Astabschnitten sollte man bei allgemein guter Fruchtungstendenz des Baumes ebenso verfahren; bei schwächerem Fruchten kann der abgeneigte Teil zur „Anschlußversorgung" ein weiteres Jahr stehen bleiben und Früchte tragen.

Dieser Fruchtholzschnitt ist auch bei älteren, bisher ungeschnittenen Kronen sehr wirkungsvoll, wenn diese Fruchtbogen gebildet haben. Es müssen dort eben mehrjährige abgetragene Achsen entfernt werden. Dabei kann man dann feststellen, wohin letztlich die Überlagerung durch jüngere Äste führt: zu völlig unproduktivem Holz, das häufig genug abgestorben ist.

Nun bilden aber nicht alle Sorten Langtriebe aus, an denen sie fruchten. Es gibt einige Sorten, die vorwiegend am kurzen Fruchtholz tragen. Verlängern sich derartige Kurztriebe nur immer wieder mit schwachem Trieb aus der Endknospe oder aus wenigen Seitenknospen, so entstehen Ringelspieße und Quirlhölzer. Beide Sproßarten findet man spätestens in älteren Kronen in reicher Zahl bei diesen Sorten. Selbstverständlich erschöpfen sich auch diese Fruchtsprosse. Quirlholz kann bereits überständiges Fruchtholz sein, so daß beim Fruchtholzschnitt mindestens Teile davon weggeschnitten werden müssen. Bei genauerer Durchsicht läßt es sich leicht feststellen, daß das astunterseits plazierte mehrjährige Kurzholz schwächer als das seitlich und besonders das oberseits stehende ernährt ist. Man sollte darum vor allem die Astunterseiten kräftig, die Seiten weniger und schließlich die Oberseiten der Fruchtäste nur schwach auslichten. In der Regel bleiben Ringelspieße unbehandelt.

Einen kombinierten Schnitt auszuführen erfordern solche Sorten, die sowohl an Langtrieben als auch an mehrjährigen Kurztrieben fruchten können (→ 2.4.2).

4.1.6 Der Verjüngungsschnitt

Bei reichtragenden Sorten kommt es häufig vor, daß sie sich im Ertragsstadium infolge hoher jährlicher Ernten vorzeitig erschöpfen: Die Früchte bleiben dann klein, die Triebleistung schwächt sich ab und außerdem nimmt die Alternanz zu (→ 2.5.3). Kurz und gut: Der Baum ist aus dem „physiologischen Gleichgewicht" geraten! Weil aber diese Situation auch für den Liebhaberobstbauern recht unbefriedigend ist, muß durch den Verjüngungs- oder Erneuerungsschnitt versucht werden, die Baumkrone wieder in den Zustand zu versetzen, der ihr ermöglicht, jährlich außer einem ausreichenden Neutrieb und genügend Früchten auch Blütenknospen für den nächstjährigen Ertrag zu entwickeln.

Nun ist dieser hier geschilderte, recht häufige Anlaß längst nicht der einzige Grund, verjüngende Eingriffe vorzunehmen. So kann z.B. ein sehr mangelhaft gepflegter junger Baum bereits im Alter von fünf oder sechs Jahren derart schwachtriebig geworden sein, daß er neben einer unerläßlichen intensiven Allgemeinpflege nur durch einen Rückschnitt ins mehrjährige Holz – das bedeutet Verjüngen – triebmäßig wieder flott gemacht werden kann. Aber auch in anderen Fällen ist der Verjüngungsschnitt ein günstiges Regulierungsmittel; so u.a. bei zu hoch gewordenen Kronen; bei Kronen, die im unteren Bereich zu sehr verkahlt sind (z.B. pilzförmige Kronen der Sauerkirsche); bei Schäden nach Hagelschlag; bei einem Frostschaden; bei Teilschäden der Wurzelkrone durch Mäuse; vor dem Umpflanzen mehrjähriger Bäume.

Grundsätzlich können alle Baumobstarten verjüngt werden. Welche Methode dabei zweckmäßigerweise anzuwenden ist, wird jeweils erläutert.

In der Regel wird diese „Verjüngungskur" während der Vegetationsruhe im Spätwinter ausgeführt. Nur bei Pfirsichen und bei Süß- und Sauerkirschen ist es sinnvoller, die Verjüngung nach der Ernte vorzunehmen, weil bei diesen empfindlicheren Obstarten ein Wundabschluß noch vor dem Winter vorteilhaft ist. Nach einem Hagelschlag im Frühsommer oder Sommer empfiehlt es sich, sofort zu verjüngen, entweder ins mehrjährige Holz auf Astring oder aber durch Ableiten stark verhagelter Äste auf nur wenig geschädigtes Holz.

Das Verjüngen gepflegter Kronen

Bei Kronen, die als Pyramidenkronen erzogen worden sind, bereitet der Verjüngungsschnitt keinerlei Schwierigkeiten. Dasselbe trifft auch für andere richtig aufgebaute Kronenformen zu, auf die sich die Maßnahmen ebenso anwenden lassen. Es gibt zwei Methoden der Verjüngung: Das Ableiten der Stammverlängerung und der Leitäste auf tieferstehende Seitenachsen und die „klassische Verjüngung" auf Astring. In beiden Fällen müssen die Eingriffe ins Gerüst durch eine Verjüngung des Fruchtholzes ergänzt werden (→ 4.1.5 Die Fruchtholzverjüngung).

Abb. 62. Fruchtholzverjüngung durch Ableiten auf den jüngeren Fruchttrieb.
Abb. 63. Kronenpartie mit Fruchtbogenbildung vor dem Schnitt.
Abb. 64. Bei der Fruchtholzverjüngung werden die abgeneigten und abgetragenen mehrjährigen Achsen entfernt.

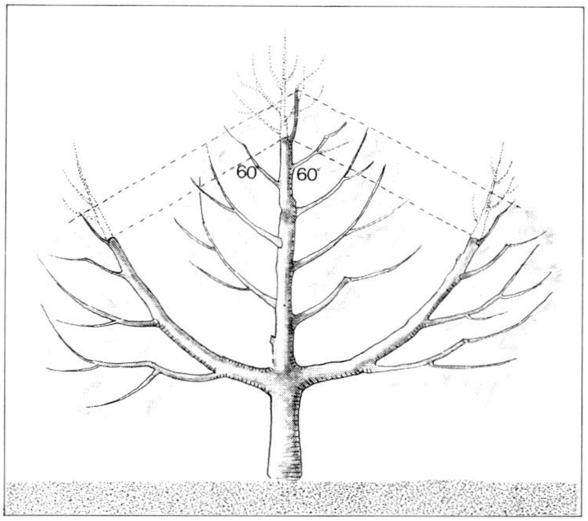

Abb. 65. Beim Verjüngungsschnitt sollen die Ableitschnittstellen bzw. die neuen Verlängerungen der Gerüstäste wiederum einen Winkel von ca. 120° bilden.

Die Verjüngung durch Ableiten. Diese gemäßigte Verjüngungsmethode, die meistens keine so kräftige Triebreaktion auslöst, wird bevorzugt beim Steinobst angewandt, weil die klassische Verjüngung (die Regeneration aus Sproßreserven) nicht sicher funktioniert. Beim Verjüngen durch Ableiten wird genauso verfahren wie bei der bereits beschriebenen „Höhenbeschränkung der Kronen“: Die Stammverlängerung und die Leitäste werden beim Zurücksägen der Krone (z.B. um ein Drittel ihres Volumens) ins mehrjährige Holz auf geeignete Seitenäste so abgeleitet, daß die Schnittstellen bzw. die neuen Verlängerungen einen Winkel von ca. 120° bilden. Ist die eine oder andere dieser neuen Verlängerungsachsen zu lang, so kann sie durch einen Ausgleichsschnitt diesem Winkel angepaßt werden. Was diese Verjüngungsmethode aber von der Höhenbeschränkung der Kronen unterscheidet, ist die sich anschließende Fruchtholzverjüngung. Unterbleibt sie, so wird kaum Entscheidendes für die beabsichtigte Neutriebbildung erreicht werden können.

Die klassische Verjüngungsmethode. Bei dieser Art der Verjüngung, die vor allem beim Kernobst gebräuchlich ist, werden die Gerüstäste in der Regel ebenfalls etwa um ein Drittel ihrer Länge reduziert. Man kann dabei zunächst einmal wie zuvor beschrieben vorgehen: Leitäste und Stammverlängerung werden auf tieferstehende Seitenäste oder, abweichend davon, auf Kurztriebe (z.B. Quirlhölzer) rechtwinklig zur Achse abgesägt. Im Anschluß daran werden nicht nur die in der Schnitthöhe stehenden Seitenhölzer (bei den Leitästen sollen sie nach außen gerichtet sein), sondern auch alle in einer Entfernung von etwa 25 cm dazu befindlichen Seitenhölzer auf Astring geschnitten.

Abb. 66. Bei der klassischen Verjüngungsmethode werden die Gerüstäste rechtwinklig zu ihrer Achse auf tieferstehende Seitenhölzer (auf Astring) oder auf eine „blinde“ Astpartie zurückgesägt.

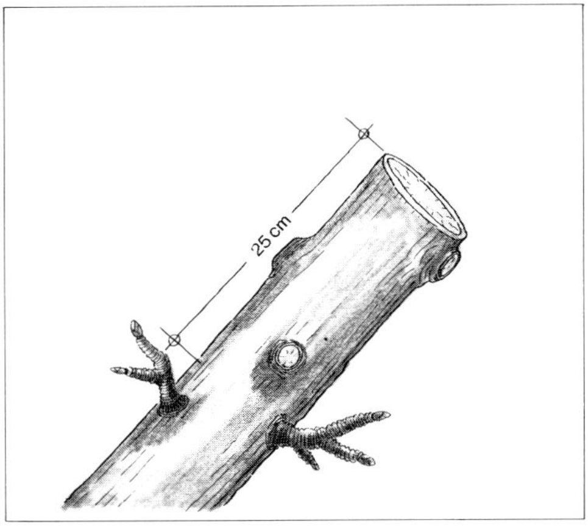

Abb. 67. Um den Neutrieb von Langtrieben anzuregen, müssen alle Seitensprosse auf einer Länge von 25 cm unterhalb der Schnittebene auf Astring weggeschnitten werden.

Beim Zurücksägen der Gerüstachsen ist man jedoch keineswegs nur an vorhandene Seitenachsen gebunden. Beim Kernobst kann man überall am Ast absägen, denn als Folge des Eingriffs ist zumindest unterhalb der Schnittstelle mit der Aktivierung von Sproßreserven zu rechnen (schlafende Knospen und Adventivknospen). Diese Sproßreserven ermöglichen es, auch risikoreichere Eingriffe an Sauerkirschen oder Pfirsichen vorzunehmen, bei denen Verjüngungen z. T. bis auf nackte Aststummel ausgeführt werden.

Das Verjüngen freientwickelter Kronen

In bislang ungeschnittenen Kronen muß dem Verjüngen ein Auslichtungsschnitt vorausgehen, der damit eingeleitet wird, daß zunächst einmal drei, etwa gleichstarke und ordentlich verankerte Leitäste neben der Stammverlängerung ausgewählt werden. Alle übrigen leitastähnlichen Achsen müssen entweder weggesägt oder aber durch Ableiten zu Fruchtästen umfunktioniert werden. Nachdem die künftigen Funktionen der Achsen durch den Auslichtungsschnitt bestimmt und betont worden sind, kann mit dem Verjüngen nach einer der beiden erläuterten Methoden begonnen werden, das eine Fruchtholzverjüngung miteinschließen muß.

Die Wundbehandlung

Die durch beide Verjüngungsmethoden verursachten Wunden müssen mit einem Wundverschlußmittel lückenlos verstrichen werden, wobei besonderer Wert darauf zu legen ist, daß die Rindenringe an den Kopfwunden nachher gut abgedichtet sind. Aber auch an den seitlich entstandenen Wunden ist eine saubere Wundabdeckung empfehlenswert, damit die Astringe nicht vertrocknen.

Abb. 68. Die Verjüngung des Astgerüsts muß durch eine Verjüngung des Fruchtholzes ergänzt werden.

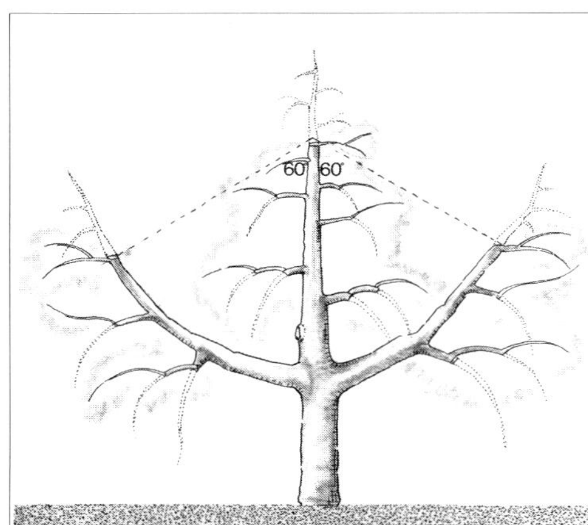

Abb. 69. Verjüngung durch Ableiten auf eine nach oben gerichtete Seitenachse: Der seitliche Neutrieb an der neuen Verlängerung muß ebenso ausgelichtet werden wie der unterhalb der Ableitschnittstelle gebildete.

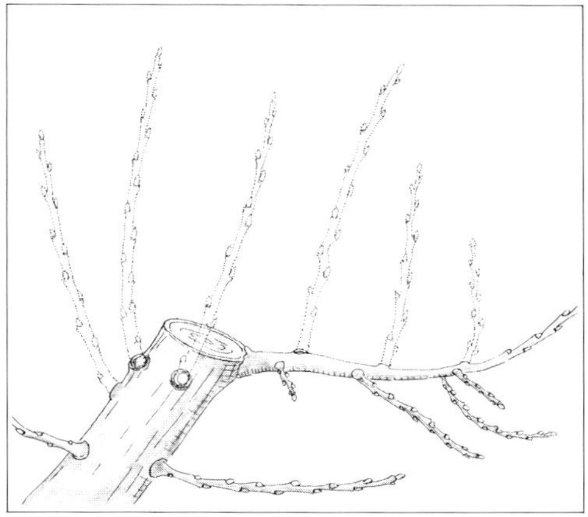

Abb. 70. Verjüngung durch Ableiten auf eine waagrecht stehende Seitenachse: Wenn diese Höhenmarkierung nicht mehr überschritten werden soll, so müssen alle astoberseits gewachsenen Triebe weggeschnitten werden.

Weiterbehandlung verjüngter Kronen

Die Gerüst- und Fruchtholzverjüngung hat zur Folge, daß sich die Krone durch zahlreiche Neutriebe in allen Kronenteilen regeneriert. Dieser Zuwachs bedarf einer Schnittbehandlung, die entweder schon im Sommer oder aber im folgenden Winter vorgenommen werden muß.

Nach dem Ableiten. Auf das Verjüngen durch Ableiten reagieren die Kronen in den meisten Fällen mit nur mäßiger Regeneration, vorwiegend im Spitzenbereich der reduzierten Gerüstachsen. Sind die Stammverlängerung und die Leitäste auf nach oben wachsende Seitenäste abgeleitet worden, so haben diese neuen Achsenverlängerungen häufig reichlich Seitentriebe gebildet. Sie müssen ausgelichtet werden. In der Regel schneidet man diese Verlängerungstriebe nicht zurück. Astabwärts kann man sich dann dem Bereich unterhalb der Ableitschnittstelle zuwenden. Dort haben sich nämlich vorwiegend aus Adventivknospen zusätzliche Triebe entwickelt. Von ihnen müssen die kräftigsten steilstehenden ebenso weggeschnitten werden , wie stärkere nach innen gerichtete, während schwächere waagrecht stehende Triebe zur Fruchtholzbildung geschont bleiben sollen. In dieser Art sind die Gerüstäste Ast um Ast durchzubehandeln. Der beschriebene Schnitt im Winter kann als Sommerschnitt bereits im Juli ausgeführt werden.

Mußten die Gerüstäste auf mehr oder weniger waagrecht gerichtete Seitenachsen abgeleitet werden, so bieten sich für die Weiterbehandlung zwei Möglichkeiten:

1. Wenn das Gerüst in der Höhe gehalten werden soll, die durch das Verjüngen bestimmt worden ist, so muß man an den waagrechten Seitenästen oberseits gebildete Ständertriebe entfernen und

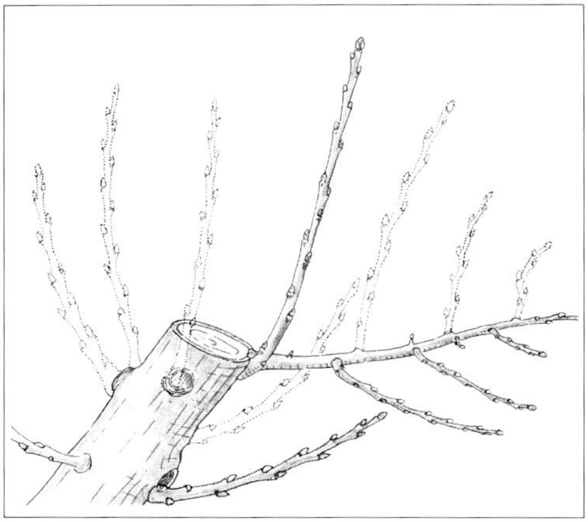

Abb. 71. Ist dagegen beabsichtigt, die verjüngten Gerüstäste wieder in die Höhe wachsen zu lassen, so bleibt dafür ein Langtrieb als neue Verlängerung stehen.

nur seitliche oder nach unten wachsende Triebe belassen. Falls diese waagrechten Verlängerungen zu lang sind und damit die unteren Partien zu überbauen drohen, müssen sie auf einen geeigneten Seitentrieb verkürzt werden. Mit dem unterhalb der Ableitschnittstelle erfolgten Zuwachs und weiterem Neutrieb an den Gerüstachsen wird wie empfohlen verfahren.

2. Wenn beabsichtigt ist, die verjüngten Gerüstachsen wieder zu verlängern, muß dafür ein kräftiger nach außen gerichteter (oder seitlich stehender) Langtrieb an der Ableitschnittstelle ausgewählt werden. Er wird in der Regel ein- bis zweimal zurückgeschnitten.

Nach der klassischen Verjüngungsmethode. Aus den schlafenden Knospen der Astringe und aus den Adventivknospen des Kambiums entwickeln sich an den Gerüstästen unterhalb der Verjüngungsschnittstelle nach Anwendung der klassischen Verjüngungsmethode zahlreiche kräftige neue Triebe; es ist ein „großes Regenerationsprogramm" ausgelöst worden. Die oberen Astabschnitte werden wie die Leitäste in jungen Kronen behandelt, wobei der oberste Achsenabschnitt dem zweijährigen Achsenbereich in der jungen Krone gleichgesetzt wird. Zunächst muß ein geeigneter Verlängerungstrieb ausgewählt werden, der an den Leitästen aus dem nach außen gerichteten Astring gewachsen ist. Bei sehr flacher Stellung der Leitäste kann dafür ein astoberseits stehender Trieb bestimmt werden, der ggf. in die richtige Winkelstellung gebunden werden muß. In Fällen, in denen sich kein neuer Trieb unmittelbar an der Schnittstelle gebildet hat, wird der erste verwertbare Trieb ausgewählt und der darüber befindliche Holzsockel mit Hilfe der Säge entfernt. Der Auswahl der Verlängerungstriebe folgt dann das Entfernen von Langtrieben, die mit dem Verlängerungstrieb konkurrieren; außerdem werden nach innen wachsende Triebe weggeschnitten und zu dicht stehende ausgelichtet. Letzteres trifft auch für den übrigen Bereich der Gerüstäste zu.

In älteren Kronen, die etwa um ein Drittel ihrer Ausdehnung verkürzt worden sind, werden die neuen Leitastverlängerungen in der Regel nicht zurückgeschnitten. In der Folge wendet man den Instandhaltungsschnitt an. Dagegen sollte bei Verjüngungen junger Bäume und bei stark verjüngten Kronen der Sauerkirsche und des Pfirsichs wenigstens drei Jahre lang der Erziehungsschnitt praktiziert werden. Dabei ist in den Fällen stark verjüngter

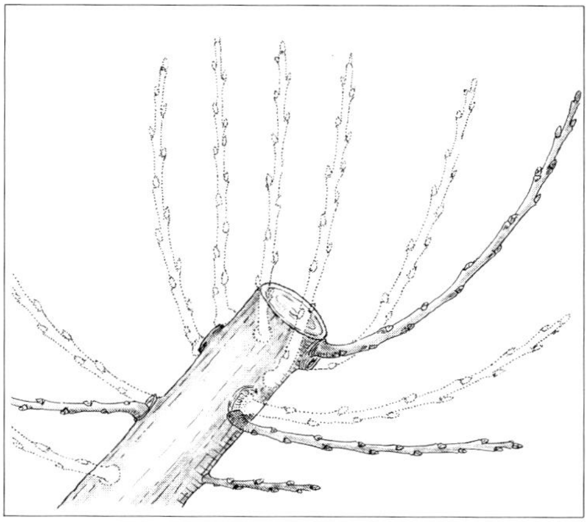

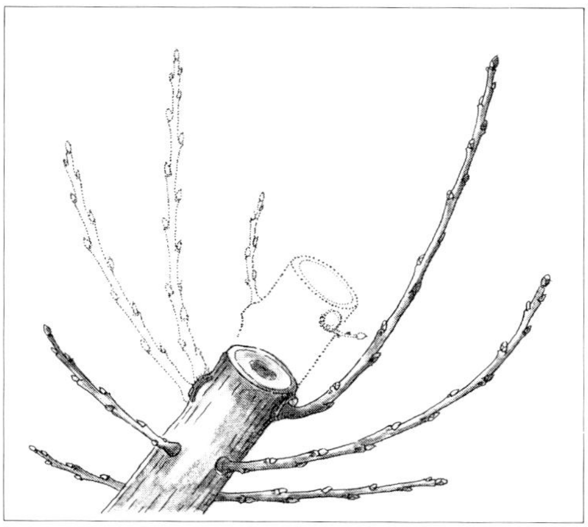

Abb. 72. Auslichtungsschnitt in der Folge der klassischen Fruchtholzverjüngung: Von den zahlreichen Neutrieben bleibt an der Schnittstelle nur ein Verlängerungstrieb stehen.
Abb. 73. Wenn sich an der Schnittstelle kein kräftiger Trieb entwickelt hat, dann muß der Ast bis auf die Höhe des ersten verwertbaren Triebs zurückgesägt werden.

Steinobstarten zu berücksichtigen, daß eine bereits weitgehend ausgebildete Wurzelkrone vorhanden ist, so daß beim Erziehungsschnitt immer länger angeschnitten werden muß, als dies in dem betreffenden Kapitel für Jungbäume empfohlen wird.

4.2 Abwandlungen der Pyramidenkrone

Nachdem nun auch dem Anfänger das Schema der Pyramidenkrone einsichtig und verständlich ist, sollen einige andere Kronenformen erläutert werden, die sich aus einfachen Veränderungen dieser Grundform ergeben.

4.2.1 Die Hohlkrone

Die Pyramidenkrone läßt sich auf recht einfache Weise in eine Hohlkrone umgestalten, man braucht nur die Stammverlängerung entfernen. Das kann in der Praxis dann erforderlich sein, wenn an der Hauptachse schwere Schäden vorhanden sind. Es braucht aber, um eine Hohlkrone herzustellen, kein unliebsamer äußerlicher Anlaß gegeben zu sein, diesem Eingriff kann ebenso gut ein Erziehungskonzept zugrunde liegen. So ist es durchaus üblich, z. B. bei steilwachsenden Sauerkirschensorten, die Stammverlängerung, die bewirkt, daß die Leitäste keine so steile Stellung einnehmen, zunächst mitzuerziehen, um sie dann nach fünf oder sechs Jahren herauszusägen. Diesen später umgestellten Kronen stehen die Hohlkronen gegenüber, die von Anfang an, nämlich bereits durch Wegschnitt des Mitteltriebes beim Pflanzschnitt aufgebaut werden. Dieses Prinzip wird recht häufig beim Pfirsich und der Sauerkirsche praktiziert. Die Hohlkronen werden demnach ohne Stammverlängerung mit drei (bis vier) steilerstehenden Leitästen erzogen, an denen das Fruchtholz ebenso wie bei den Gerüstästen der Pyramidenkrone angeordnet wird. Bedingt durch die fehlende Hauptachse können die erzielbaren Erträge zwar geringer ausfallen, doch wird dieser Nachteil vor allem beim lichtbedürftigen Pfirsich durch eine bessere Fruchtqualität wieder ausgeglichen.

4.2.2 Die Längskrone

Die runde Pyramidenkrone läßt sich bei eigentlich allen Obstarten durch Reduzierung von drei auf zwei Leitäste sehr gut in eine rechteckige Form verändern: in die längsgerichtete Dreiastkrone mit einer Hauptachse und zwei in einer Richtung stehenden Leitästen. Diese flach dimensionierte Krone vereinfacht manches. Beim Schnitt und bei der Ernte, aber auch bei Pflanzenschutzmaßnahmen sind alle Kronenteile leichter zugänglich als in der rundformierten Pyramidenkrone. Allerdings bedarf dieses Anbausystem eines zusätzlichen Aufwands: es muß ein Drahtrahmen zur Unterstützung schwächerwachsender bzw. zum Formieren stärkerwachsender Pfropfpartner errichtet werden (→ 9). Ein derartiges Unterstützungsgerüst zu erstellen lohnt sich nur dann, wenn man mehrere Bäume daran zu erziehen beabsichtigt. Auf jeden Fall erweitert die Längskrone die Anordnungsmöglichkeiten für Baumobst im Haus- und Siedlergarten.

Abb. 74. Nachträglich hergestellte Hohlkrone bei einer steilwachsenden Sauerkirschensorte. Die Stammverlängerung wurde erst nach fünf oder sechs Jahren entfernt.

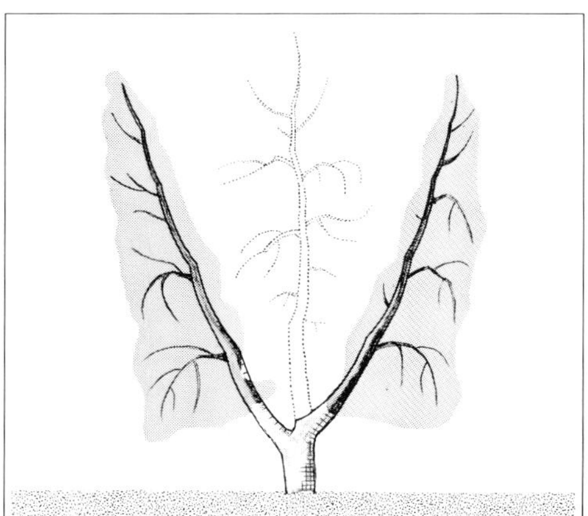

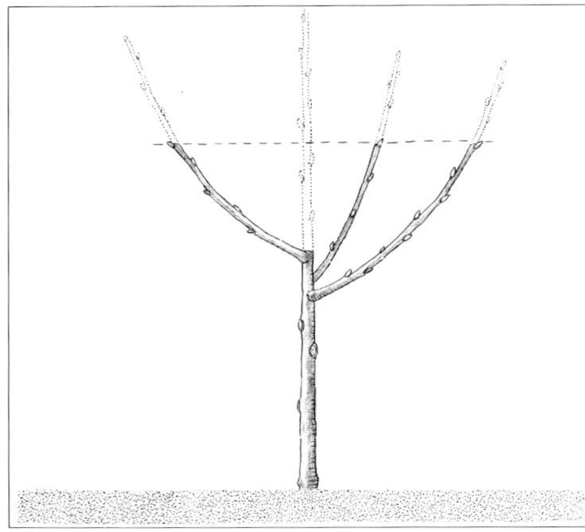

Abb. 75. Pflanzschnitt für die Hohlkronenerziehung. Die Stammverlängerung wird über dem obersten Leittrieb weggeschnitten. Nach dem Rückschnitt sollen sich die drei (bis vier) Leittriebe in der „Saftwaage“ befinden.

Der Erziehungsschnitt ist nach den bei der Pyramidenkrone beschriebenen Grundsätzen vorzunehmen (→ 4.1). Allerdings können die Gerüstäste grundsätzlich länger angeschnitten werden, weil die Stabilisierung der Gerüstäste durch stärkeren Rückschnitt entfällt, denn der Drahtrahmen bietet ausreichenden Halt. Bei Sorten, die sich von Natur aus gut verzweigen, ist es sogar empfehlenswert, nach dem Pflanzschnitt auf weitere Rückschnitte zu verzichten.

Über die Schnittmaßnahmen beim Instandhaltungsschnitt, bei der Fruchtholzverjüngung und beim Verjüngungsschnitt informieren die entsprechenden Abschnitte (→ 4.1.5 und 4.1.6) im Kapitel „Die Pyramidenkrone“.
Es soll hier nur noch eine Anbauerfahrung aus dem Erwerbsobstbau weitergegeben werden: Wenn im Grenzbereich zweier benachbarter Bäume, die beiden, meist im Winkel von 45 ° stehenden Leitäste aufeinander zuwachsen oder sich bereits überkreuzen, kann es dort zu einer enormen Trieb- und Blattverdichtung kommen, die sich außerordentlich ungünstig auf die unteren Fruchtäste auswirkt. Diese Situation läßt sich vermeiden, wenn die Leitäste frühzeitig abgeleitet werden. Negative Erfahrungen haben die Praktiker veranlaßt, die Leitäste auf nur etwa ein Meter lange Sockel zu begrenzen, an denen ein bodennahes, jederzeit intaktes Fruchtholz erhalten werden kann. Eine solche Variante bei der längsformierten Dreiastkrone ist bereits eine große Annäherung an die schlanke Spindel.
Bei schwachwachsenden Sorten-Unterlagen-Kombinationen (z.B. Apfel auf M 9 oder M 26; Birne auf Quitte) ist es möglich, die beiden Leitäste bei der Längskrone wesentlich flacher als 45 °, nämlich zwischen 60 und 70 ° zu formieren. Dadurch kann die Fruchtbarkeit beschleunigt werden, ohne daß es dabei zu einer stärkeren Oberseitenförderung kommen muß.
Für die Bekleidung von Hauswänden ist die Dreiastkrone eine ideale Baumform. Für diesen Zweck werden die Birne, die Sauerkirsche und der Pfirsich bevorzugt.

4.3 Der Spindelbusch und die schlanke Spindel

Die einfachste Art, die Fruchtlast an ein stabiles Trägerelement anzuhängen, ist beim Spindelbusch und der schlanken Spindel verwirklicht: An senkrecht stehenden Einzelachsen ist rundherum das Fruchtholz konisch angeordnet.

Derartige Ertragssäulen hatte man bereits früher, mit kurzem Fruchtholz versehen, bei den komplizierten Formobstbäumen hergestellt; z.B. mit nur einer Achse bei den senkrechten Kordons oder mit mehreren Achsen wie bei den U-Formen. Aus dem senkrechten Kordon hat sich dann später eine Erziehungsform mit langem Fruchtholz entwickelt: der seit Jahrzehnten im Hausgarten so erfolgreich angebaute Spindelbusch bei Apfel und Birne. Bei diesen Spindelbüschen werden am jeweils einzigen, senkrechten Trägerelement seitliche Fruchtäste spindelartig angeordnet erzogen, die bei den Äpfeln mehr waagrecht stehen sollen, während bei Birnen ihre sortentypische Seitenachsenstellung toleriert wird. In jüngster Zeit kommt eine Variante dazu, die schlanke Spindel, für Dichtpflanzungen im Erwerbsobstbau, bei der nur das Fruchtholz anders behandelt wird.
Sowohl Apfel- als auch Birnenspindeln benötigen ihr Leben lang eine Unterstützung; das kann entweder ein Einzelpfahl oder aber ein Drahtrahmen sein (→ 9).

4.3.1 Der Spindelbusch

Die seit langem vor allem im Hausgarten so bewährte Baumform ist aus mehreren

Gründen sehr beliebt: Spindelbüsche sind Pfropfkombinationen mit schwachwachsenden Unterlagen. Die Bäume bleiben darum klein, d. h., daß die meisten Kronen in allen Bereichen vom Boden aus erreichbar sind; außerdem können an Stelle eines großkronigen Baums mehrere kleinkronige Spindelbüsche gepflanzt werden. Die Erziehung und Instandhaltung eines Spindelbusches ist wesentlich unkomplizierter als z. B. von Formobstbäumen mit kurzem Fruchtholz. Die kleinen Bäume fruchten zudem sehr früh, oft schon ab dem zweiten Standjahr, und sie tragen in vielen Fällen regelmäßiger als Kombinationen derselben Sorte mit stärkerwachsenden Unterlagen.

Das Pflanzmaterial

Als Pflanzmaterial für Spindelformen bei Apfel und Birne sind zwei- (bis drei-)jährige Spindelbüsche mit einer Stammhöhe von ca. 50 cm oder aber senkrechte Schnurbäume mit einer Stammhöhe von ca. 40–50 cm geeignet. Bei Sorten, die in der Baumschule zu vorzeitiger Triebbildung neigen (z. B. 'James Grieve' oder 'Cox Orange'), sind erfahrungsgemäß einjährige Veredlungen mit genügend vorzeitigen Trieben als Pflanzware noch günstiger zu beurteilen, weil die einjährigen Veredlungen nicht nur besser anwachsen, sondern die vorzeitigen Triebe auch bereits die erwünschte flache Winkelstellung für die Seitenachsen aufweisen.

Der Pflanzschnitt

Beim Pflanzschnitt der einjährigen Veredlungen entfernt man als erstes alle unterhalb von 50 cm Stammhöhe gewachsenen vorzeitigen Triebe. Von den darüber befindlichen Trieben wählt man anschließend drei bis vier gut verteilte, möglichst flach stehende Seitentriebe aus und entfernt die überzähligen auf Astring. Bei ihrem Rückschnitt bleiben drei bis fünf Knospen stehen: An den unteren Trieben fünf, an den höherstehenden vier bzw. drei Knospen. Es wird jeweils auf eine nach außen bzw. nach unten gerichtete Knospe zurückgeschnitten. Die Stammverlängerung erhält eine Länge von fünf bis sechs Knospen über dem obersten Seitentrieb. Die unterhalb der Rückschnittknospe stehende nächste Knospe kann ausgeknipst werden, damit sich kein Konkurrenztrieb entwickelt. Die so zurückgeschnittene junge Krone zeigt bereits die künftig anzustrebende Kronenform an: den spitzen bis stumpfen Kegel.

Falls man keine zweijährige Pflanzware bei sich weniger verzweigenden Sorten erhält, können ohne Bedenken auch einjährige Veredlungen ohne vorzeitige Triebe eingekauft werden. Um eine Verzweigung in der erwünschten Höhe zu erreichen, ist dann wie folgt zu verfahren: Am einjährigen Sproß werden ca. 50 cm abgemessen und darüber sieben Knospen abgezählt; über der siebten Knospe wird die Mittelachse abgeschnitten, die sechste Knospe wird ausgeknipst.

Bei zweijährigem Pflanzgut wird beim Pflanzschnitt zunächst einmal der Konkurrenztrieb entfernt. Weil aber bei dieser Erziehungsmethode der Aufbau eines Kronengerüsts nicht vorgesehen ist, müssen drei bis vier gut verteilte Kronentriebe jeweils in einen Winkel von ca. 10–20 °

zur Waagrechten gebunden werden. Diese nun in den Spitzen leicht ansteigenden Seitentriebe schneidet man beim Pflanzschnitt auf etwa die Hälfte ihrer Länge zurück (die unteren eher länger als die oberen). Aus ihnen sollen sich die ersten kräftigen Fruchtholzträger entwikkeln. Überzählige stärkere Triebe werden weggeschnitten; Kurztriebe dagegen können geschont werden. Am einjährigen Trieb der Stammverlängerung bleiben etwa sechs bis acht (maximal zehn) gut ausgebildete Knospen beim Rückschnitt stehen; jedenfalls ist von Anfang an auf eine spitzwinklige Form zu achten. Zum guten Schluß können die Konkurrenzknospen ausgeknipst werden.
Da sich im Pflanzjahr häufig ein nur schwacher Zuwachs entwickelt, sollten Sommerschnittmaßnahmen unterbleiben; später sind sie angebracht (→ 6.1.1).

Der Erziehungsschnitt

Der zweite Rückschnitt wird mit dem Losschneiden aller Bindungen und dem Wegschnitt des Konkurrenztriebs eingeleitet; danach können weitere Fruchtholzträger ausgewählt werden. Sie sollen aber, wenn sie sich direkt über einer unteren Seitenachse befinden, wenigstens 50–60 cm entfernt sein. Auch die hinzukommenden

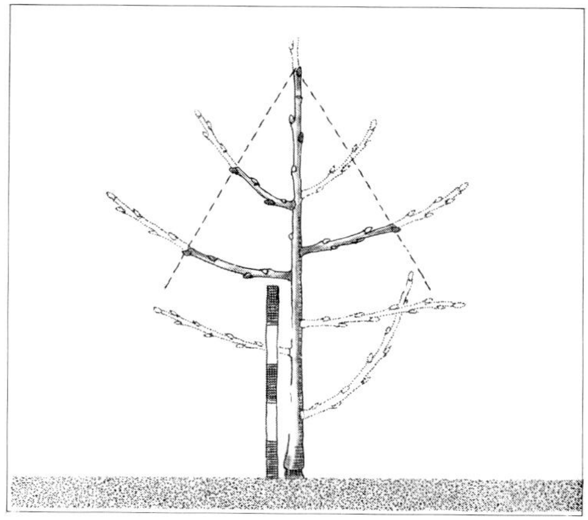

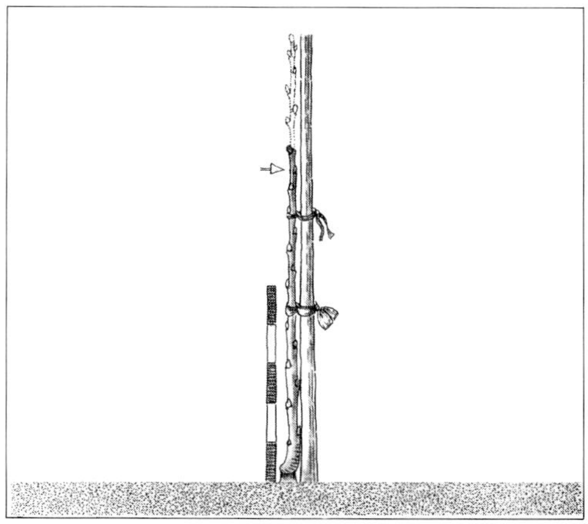

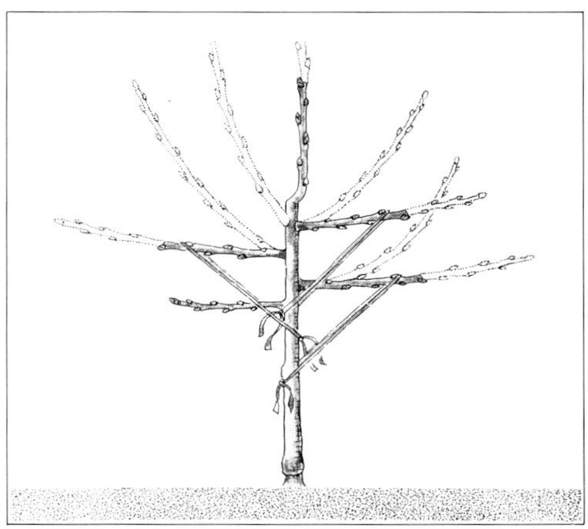

Abb. 76. Bereits beim Pflanzschnitt wird die künftige Kronenform des Spindelbusches deutlich: ein spitzer bis stumpfer Kegel.
Abb. 77. Bei einjährigen Veredlungen ohne vorzeitige Triebe müssen für die Spindelbuscherziehung 50 cm für die Stammhöhe abgemessen und darüber sieben Knospen abgezählt werden. Die sechste Knospe knipst man aus.
Abb. 78. Bei zweijähriger Pflanzware werden drei bis vier Kronentriebe annähernd waagrecht gebunden.

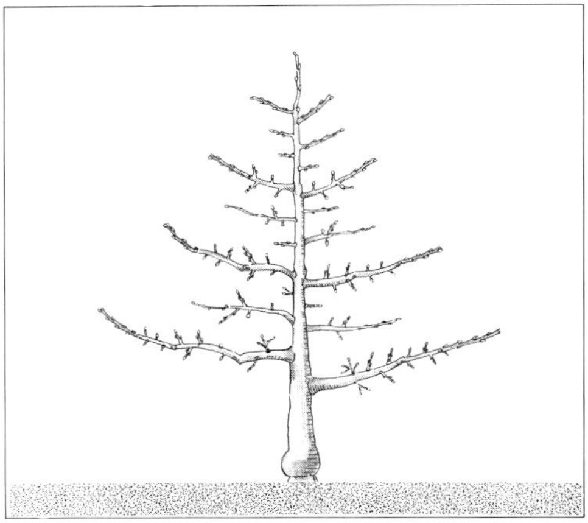

Abb. 79. Wenn Fruchtholzträger beim Spindelbusch direkt übereinander stehen, so sollten sie einen vertikalen Abstand von 50–60 cm haben.

Fruchtholzträger müssen, falls erforderlich, waagrecht gebunden werden. Diese Anordnung der Seitenachsen gilt auch für die folgenden Jahre.
Für den Rückschnitt während der Erziehungsphase wird empfohlen: Die jeweilige Verlängerung der Mittelachse muß jährlich so weit zurückgeschnitten werden, daß sie in ausreichender Zahl kräftige Seitentriebe als neue Fruchtholzträger und daneben schwächere Seitensprosse ausbilden kann, die als kurzes Fruchtholz den verfügbaren Raum zwischen den kräftigeren Seitenachsen füllen sollen. Beim Rückschnitt der Fruchtholzträger ist es erwünscht, daß sie sich seitlich mit kürzerem Fruchtholz gleichmäßig bekleiden. Ausgesprochene Seitenäste aus den Fruchtholzträgern werden nur in Ausnahmefällen (zum Füllen größerer Lücken) geduldet. Die zweckmäßige Länge für den jährlich vorzunehmenden Rückschnitt der Stammverlängerung und der Seitenachsen schwankt von Sorte zu Sorte und von Standort zu Standort. Als mittleres Maß soll einmal etwa ein Drittel bis zur Hälfte der Jahrestrieblänge angegeben werden.

Der Instandhaltungsschnitt

Die Neigung zu früher Fruchtbarkeit kostet Kraft! Nicht nur, daß sich bei früh- und reichtragenden Sorten der jährliche Zuwachs mit zunehmenden Ernten sichtbar abschwächt, auch das Fruchtholz erschöpft sich früh. Es kann darum notwendig werden, daß schon während des Erziehungsschnitts mit einer Fruchtholzverjüngung begonnen werden muß, die sicher aber im Ertragsstadium Schwerpunkt des Instandhaltungsschnitts ist (→ 4.1.5: Die Fruchtholzverjüngung). Neben diesem ständigen Fruchtholzumtrieb wird man während dieser Phase außerdem darauf achten müssen, daß die nach wie vor triebgeförderte Achsenspitze die unteren Seitenachsen nicht überbaut. Dieser ungünstigen Entwicklung kann man dadurch begegnen, daß oben nur ein- und zweijährige Seitenachsen geduldet werden.
Ein Verjüngungsschnitt kann bei diesen sich früh erschöpfenden Pfropfkombinationen eher als sonst üblich notwendig werden. Dabei wird neben dem Fruchtholz die Mittelachse verjüngt.

4.3.2 Abwandlungen der Spindelbuschkrone

Die zuvor beschriebene runderzogene Spindelbuschkrone läßt sich in halbierter Form an einer Hauswand oder einer

Mauer erziehen. Die Abstände der Bäume zueinander sollten dann allerdings etwas größer sein, weil der nun auf einen Halbkreis beschränkten Wuchspotenz Rechnung getragen werden muß. – An Wänden und Mauern lassen sich außerdem an geeigneten Unterstützungsvorrichtungen längsformierte Spindelbüsche mit halbseitiger Ausdehnung oder aber am freien Standort mit beidseitiger Ausdehnung der Krone herstellen. Hierzu eignen sich Birnen besonders gut, weil ihre Seitenachsen von Natur aus der Mittelachse untergeordnet sind.

4.3.3 Die schlanke Spindel

Der Spindelbusch ist nicht nur für den Liebhaber eine interessante Anbauform, sondern er hatte sich gebietsweise auch im Erwerbsobstbau bewährt, wo er allerdings in seiner Anbaubedeutung von stärkerwachsenden Pfropfkombinationen verdrängt wurde. Heute jedoch steht er nach einer sehr gelungenen Modernisierung in Form der schlanken Spindel wieder auf Platz eins im Erwerbsobstbau. Diese schlanke Spindel eignet sich auch hervorragend für den Hausgarten; sie ist dort bei wesentlich geringerem Schnittaufwand ein voller Ersatz für die früheren aufwendigen Spindelformen bei Apfel und Birne geworden. Was aber hat sich nun bei der Fruchtholzbehandlung gegenüber dem Spindelbusch geändert?

Das Schnittkonzept

Der Modernisierung ist das aufwendige Binden weitgehend zum Opfer gefallen: An der schlanken Spindel wird die waagrechte Stellung der Seitenachsen fast ausschließlich durch den Schnitt reguliert. Jeder zu kräftig wachsende und darum zu steil stehende Trieb stört dieses Erziehungskonzept; er muß deshalb weggeschnitten werden. Die entscheidende Veränderung aber ist die, daß an der schlanken Spindel ein rascher Fruchtholzumtrieb vorgenommen wird, der darauf abzielt, die Früchte vorwiegend am zweijährigen Fruchtholz zu erzeugen, weil diese zum ersten Mal fruchtenden Sprosse die meisten und die besten Früchte tragen. Bei Sorten, die am langen Fruchtholz tragen – sie allein ermöglichen diesen raschen Umtrieb – gibt es an der Mittelachse demnach nur drei verschieden alte Sproßarten:

1. den Neutrieb;
2. den zweijährigen Astabschnitt (vorjähriger Trieb), der an seitlichen Kurzsprossen Blütenknospen ausbildet;
3. den fruchtenden, nun dreijährigen Astabschnitt, der im folgenden Winter auf Zapfen zurückgeschnitten wird.

Das ist ein sehr einfaches Konzept, das jedermann leicht erlernen kann.

Unterstützungsvorrichtungen → 9

Das Pflanzmaterial und der Pflanzschnitt

Einjährige Veredlungen sind für die Erziehung von schlanken Spindeln eine ideale Pflanzware, weil die vorzeitigen Triebe in der Regel sehr flach stehen. Wenn zweijährige Ware verwendet wird (z. B. bei 'Boskoop'), dann müssen drei bis vier Kronentriebe waagrecht gebunden werden. Bei einjährigen Veredlungen mit vorzeitigen Trieben werden alle unterhalb von 50 cm Höhe stehenden Seitentriebe weggeschnitten. Bei kräftigen Veredlungen schneidet man dann die Verlängerung auf ca. 90 cm, bei schwächeren auf ca. 80 cm zurück. Von den nun noch vorhandenen Seitentrieben sind in jedem Fall steilerstehende und solche zu entfernen, deren Sproßspitze über die Ebene der angeschnittenen Endknospe hinausragt. Keine der Seitenachsen wird zurückgeschnitten! Die vorgesehenen Fruchtholzträger sollen sich nach Möglichkeit zwischen 60 und 70 cm Höhe befinden.

Bei einjährigen Veredlungen ohne vorzeitige Triebe wird die Verlängerung auf ca. 80 cm zurückgeschnitten. Die sich entwickelten neuen Triebe werden, wenn sie steil stehen, entweder ganz weggeschnitten (der Konkurrenztrieb immer) oder aber waagrecht gebunden.

Abb. 80. Zum Pflanzschnitt bei schlanken Spindeln:
1. **Zur Stammbildung werden alle vorzeitigen Triebe bis zu einer Höhe von 50 cm auf Astring entfernt.**
2. **Die Verlängerungen kräftig entwickelter einjähriger Veredlungen mit vorzeitigen Trieben werden auf 90 cm Höhe zurückgeschnitten (links); schwächerwachsende einjährige Okulate (mit und ohne vorzeitige Triebe) schneidet man auf 80 cm Höhe zurück (Mitte und rechts).**
3. **In jedem Fall müssen steilstehende und solche Triebe entfernt werden, die über die Ebene der Endknospe des zurückgeschnittenen Mitteltriebs hinausragen.**

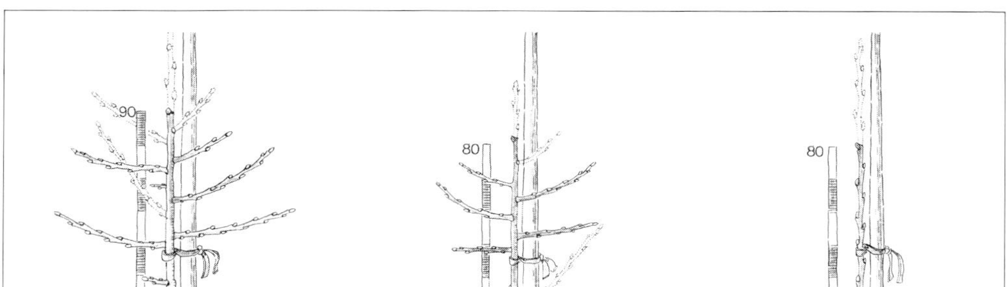

Die Schnittpraxis

Beim Schnitt im folgenden Winter wird wiederum nur ein einziger Rückschnitt ausgeführt: Die Stammverlängerung ist noch einmal leicht zurückzuschneiden. Bei Sorten, die weniger stabile Mittelachsen bilden (z.B. 'Jonathan'), empfiehlt es sich, die Verlängerungstriebe der Mittelachse auch weiterhin leicht zurückzuschneiden. Starke und steilstehende Triebe werden auf etwa 5–6 cm lange Zapfen zurückgeschnitten; aus ihnen sollen sich neue Fruchttriebe entwickeln. In seiner konsequentesten Form führt man den Fruchtholzschnitt an den verschieden alten Seitensprossen folgendermaßen aus:

1. Die einjährigen waagrecht stehenden Triebe bleiben unbehandelt.
2. An zweijährigen, mit Blütenknospen besetzten Sproßabschnitten wird beim Winterschnitt die einjährige Sproßver-

längerung am Astring zum zweijährigen Holz oder an der obersten Blütenknospe im zweijährigen Sproßabschnitt abgeschnitten. Das trifft vor allem für die Fruchthölzer im oberen und mittleren Kronenbereich zu, die ja möglichst dicht am Stamm plaziert sein sollen (spitzkegelige Anordnung).

3. Rückschnitt der dreijährigen Seitenachsen auf Zapfen.

Die unteren drei bis vier Fruchtholzträger, an denen das seitlich stehende Fruchtholz in der beschriebenen Weise ebenfalls laufend erneuert wird, können sich zunächst einmal bis zur Grenzzone gegen den Nachbarbaum entwickeln. Erst dann werden ihre Verlängerungen durch Ableiten auf näher an der Basis stehende Jungtriebe verjüngt (sog. Holzsockelbildung).

Bei Sorten, die auch an mehrjährigen Kurztrieben Früchte tragen (z.B. 'Boskoop'), wird nicht in der konsequenten Weise vorgegangen; bei ihnen wird eher ein mäßiges Verjüngen im dreijährigen Turnus ausgeführt.

Nach etwa vier bis fünf Jahren hat die schlanke Spindel ihre endgültige Höhe zwischen 2 und 2,5 m erreicht. Damit sich

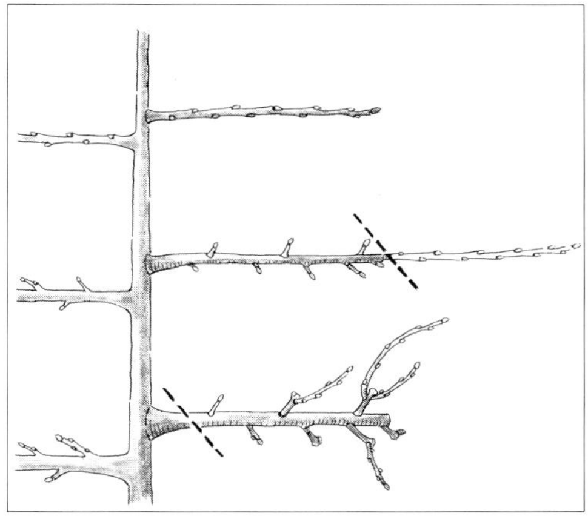

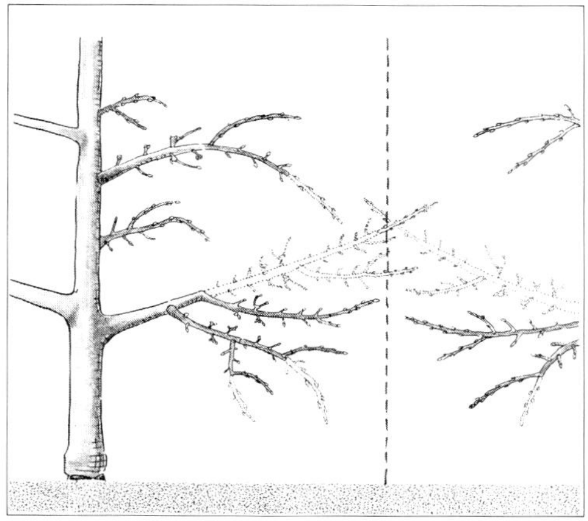

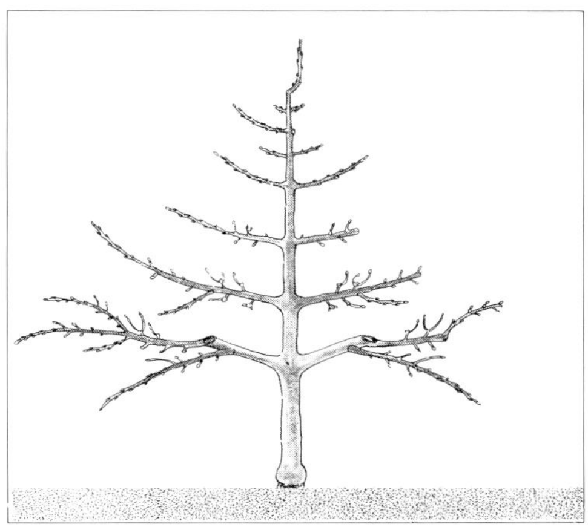

Abb. 81. Zum Fruchtholzschnitt bei schlanken Spindeln: Der einjährige Trieb (oben) bleibt unbeschnitten; die einjährige Sproßverlängerung am zweijährigen Astabschnitt wird auf Astring zurückgeschnitten (Mitte); der dreijährige Astabschnitt sollte auf einen 5–6 cm langen Zapfen zurückgeschnitten werden (unten).
Abb. 82. Die unteren Seitenachsen können sich zunächst bis zur Grenze zum Nachbarbaum hin entwickeln. Erst dann werden sie auf Sockel zurückgesetzt.
Abb. 83. Sorten, die auch am mehrjährigen kurzen Fruchtholz tragen, werden in mehrjährigen Abständen leicht verjüngt (rechte Kronenseite).

die Achse nicht weiter verlängert, wird sie in diesem Höhenbereich auf einen zweijährigen, waagrecht stehenden Seitenast oder auf einen an der Verlängerung befindlichen tieferstehenden Trieb abgeleitet. Die Verlängerung kann aber auch waagrecht gebunden werden.

So einfach der Schnitt der schlanken Spindel auch ist, eines muß ständig beachtet werden: Zwischen Triebleistung und Fruchtertrag soll ein ausgewogenes Verhältnis bestehen bleiben. Dieses kann bei reichtragenden Pfropfkombinationen sehr schnell gestört werden. Trägt ein Baum aber zuviel Früchte, und läßt dadurch der Zuwachs zu wünschen übrig, so muß einfach mehr Fruchtholz entfernt werden. – Außerdem ist fortwährend zu überwachen, daß es infolge der natürlichen Spitzenförderung zu keiner Überbauung kommt. Das aber kann nie geschehen, wenn die Seitensprosse (vor allem im oberen Bereich) wie beschrieben behandelt werden. Der konsequente Fruchtholzumtrieb macht eine Verjüngung nicht nötig!

5 Anpassungen des Schnitts an die Besonderheiten der Baumobstarten

Die Grundsätze für den Obstbaumschnitt sind zwar eine brauchbare Richtschnur, doch lassen sie sich nicht als starres Schema anwenden. Dazu ist die erblich bedingte Konstitution der Arten und Sorten zu unterschiedlich.

Die in wesentlichen Punkten dargestellten Grundsätze für den Obstbaumschnitt sollen im folgenden durch einige spezielle Hinweise ergänzt werden.

5.1 Kernobst

5.1.1 Apfel

Die Kronenerziehungsmethoden und die während der verschiedenen Altersabschnitte anzuwendenden Schnittkonzepte sind seither weitgehend am Beispiel des Apfels erläutert worden. Darum bedarf es bei dieser Obstart keiner zusätzlichen Hinweise.

5.1.2 Birne

Wer Birnen anbaut, braucht im Hinblick auf den Ertragsbeginn oft mehr Geduld als beim Apfel, denn die Umwandlung in tragfähiges Fruchtholz dauert häufig etwas länger. Bei vielen Birnensorten ist die Hauptachse ein Leben lang triebgefördert, d.h., die Seitenachsen sind deutlich untergeordnet. Bei der Erziehung von Pyramiden- und Längskronen ist deshalb darauf zu achten, daß die Mittelachse nicht zusätzlich gefördert wird. Eine Schwächung läßt sich am ehesten dadurch erreichen, daß die Stammverlängerung betont kurz gehalten (evtl. bis zur Saftwaage) und außerdem die Zahl der stoffproduzierenden Seitenachsen beschränkt wird. Der natürliche Wuchs der Birne kommt darum einachsigen Baumformen sehr entgegen.

5.1.3 Quitte

Diese Obstart erfüllt in den Hausgärten oft zwei Funktionen: Sie ist halb Ziergehölz und halb Obstgehölz. Das aber heißt, daß sie auch von Fachleuten nicht streng erzogen wird, obwohl eine Pyramiden- oder Hohlkrone gut aufgebaut werden kann. Im allgemeinen jedoch wird nur einmal ein Pflanzschnitt ausgeführt und im weiteren Verlauf immer wieder ein Überwachungsschnitt vorgenommen, da von Zeit zu Zeit das Fruchtholz verjüngt werden muß (→ 4.1.5 Die Fruchtholzverjüngung). Wenn aber ältere Quittenbäume trotz des Überwachungsschnitts aus dem physiologischen Gleichgewicht geraten, dann wird empfohlen, in Abständen an den Gerüst- und Fruchtästen einen Verjüngungsschnitt vorzunehmen.

5.2 Steinobst

5.2.1 Süßkirsche

Der Anbau von Süßkirschen auf schwachwachsenden Unterlagen steckt noch in den Kinderschuhen. Die meisten Besitzer jüngerer Kirschbäume müssen sich auch weiterhin mit einer starkwachsenden Kombination befassen. In der Vergangenheit sind Süßkirschen in der Jugend zu kräftig und außerdem zeitlich zu lang, dagegen im Ertragsstadium zu wenig geschnitten worden. Das sollte sich umkehren lassen! Denn es ist durchaus möglich, bei nicht zu starkwachsenden Sorten nur einen Pflanzschnitt vorzunehmen und in den folgenden Jahren die Krone lediglich zu überwachen. Dabei reicht es, wenn jährlich die Quirle an den Gerüstastverlängerungen etwas ausgelichtet werden. Wenn dadurch zunächst einmal kahle Astabschnitte entstehen, so kann man bei den meisten Sorten gewiß sein, daß sie sich nach der Höhenbeschränkung im vierten bis sechsten Standjahr nachträglich bekleiden. Im Ertragsstadium sollte ein jährlicher Instandhaltungsschnitt erfolgen, bei dem vor allem auch eine Fruchtholzverjüngung zweckmäßig ist. Es empfiehlt sich, zu hochstrebende Sorten alle vier bis sechs Jahre zu verjüngen (→ 4.1.6 Ableitungsschnitt). Auslichtungs- und Verjüngungsschnitt sollten aber im Sommer unmittelbar nach der Ernte erfolgen.

5.2.2 Sauerkirsche

Die wichtigsten Sauerkirschensorten bilden am einjährigen Langtrieb den Hauptertrag aus. Neben einem fünf- bis sechsjährigen Erziehungsschnitt zum Aufbau des Astgerüsts (Pyramiden-, Hohl- oder Längskrone), ist darum schon frühzeitig und jährlich auf eine ständige Verjüngung des Fruchtholzes Wert zu legen. Das trifft ganz besonders für ‘Schattenmorelle’ zu, die nach dem Ertrag blatt- und nahezu trieblose „Peitenschentriebe“ hinterläßt. Die Sauerkirsche verträgt diesen Schnitt ausgezeichnet, auch in Form eines Instandhaltungsschnitts mit kräftiger Fruchtholzverjüngung oder aber als Verjüngungsschnitt, der während des Ertragsstadiums im Abstand von drei bis vier Jahren durchgeführt werden sollte. Bei steilwachsenden Sorten (z.B. ‘Rexelle’) empfiehlt es sich, fünf bis sechs Jahre lang eine Pyramidenkrone zu erziehen und dann die Stammverlängerung herauszusägen.

5.2.3 Pflaume, Zwetsche, Mirabelle, Reneklode

Bei den verschiedenen Formen dieser Obstart – sie alle werden der Sammelart Hauspflaume zugeordnet – entwickeln sich Blütenknospen ebenfalls bevorzugt an Kurztrieben der zwei- und mehrjährigen Astabschnitte. Die häufigste Baumform ist die Pyramidenkrone mit drei bis vier Leitästen; bei steilwachsenden Formen sind außerdem Hohlkronen mit drei Leitästen möglich. Ohne weiteres können auch Längskronen aufgebaut werden. Bei der Erziehung – sie dauert etwa vier bis fünf Jahre – ist darauf zu achten, daß keine Schlitzäste geduldet werden, da sie bei diesen Formen sehr bruchgefährdet sind. Beim Instandhaltungsschnitt müssen die häufig senkrechten, auf den Astoberseiten wachsenden Triebe und solche, die sich im Kronenzentrum am Stamm gebildet haben, weggeschnitten werden. Sehr wichtig ist auch der Fruchtholzschnitt, bei dem dürres und abgetragenes Fruchtholz ebenso zu entfernen ist wie zu dicht stehendes. Da die Kronen leicht zu hoch geraten, ist es nicht zu umgehen, von Zeit zu Zeit zu verjüngen, und zwar durch Ableiten auf tieferstehende Seitenachsen.

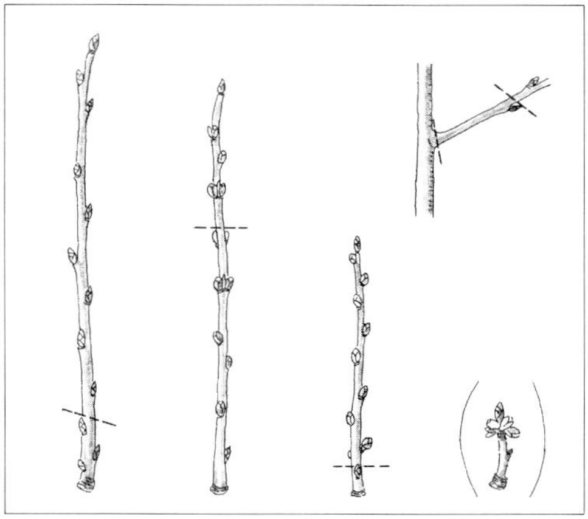

Abb. 84. Die verschiedenen Triebarten des Pfirsichs und ihre Schnittbehandlung (von links nach rechts): Soweit Holztriebe nicht für den Kronenaufbau benötigt werden, schneidet man sie entweder ganz weg oder auf zwei bis drei Knospen zurück; wertvolle Fruchttriebe werden auf 20–40 cm zurückgeschnitten, dabei sollten etwa vier bis sechs gemischte Knospen stehenbleiben; wertlose Fruchttriebe werden auf eine grundständige Blattknospe eingekürzt; Bukett-Triebe (rechts unten) bleiben in jedem Fall ungeschnitten, während vorzeitige Triebe entweder auf Astring oder auf ein bis zwei Knospen zurückgeschnitten werden müssen (rechts oben).

5.2.4 Pfirsich

Da der Pfirsich hauptsächlich seitlich an Langtrieben fruchtet, ist dafür zu sorgen, daß die Kronen jährlich kräftige Langtriebe bilden. Das wird durch einen ständigen Rückschnitt nicht nur der Leitäste, sondern auch der Seitenachsen erreicht. Pfirsiche werden als Pyramiden- und Hohlkronen oder als längsformierte Kronen (z.B. an Hauswänden) erzogen. Der Pflanzschnitt für diese Kronenformen wurde bereits beschrieben. Falls zweijährige Bäume gepflanzt worden sind, schneidet man die Kronentriebe beim Pflanzschnitt auf die Hälfte bis ein Drittel ihrer Länge zurück. Der kräftige Trieb der jungen Bäume gestattet es, die Leitäste zügig aufzubauen und an ihnen schon bald erste Fruchthölzer zu belassen. Dem aufmerksamen Beobachter wird es auffallen, daß in der Krone verschiedene Triebarten vorkommen. Sie müssen beim Schnitt unterschiedlich behandelt werden:

▷ Holztriebe, die vorwiegend mit Blattknospen besetzt sind, findet man vor allem in jungen Kronen. Soweit sie nicht für den Kronenaufbau gebraucht werden, sind sie entweder ganz oder auf zwei bis drei grundständige Blattknospen zurückzuschneiden.

▷ Wertvolle (wahre) Fruchttriebe dagegen tragen häufig auf der gesamten Länge, mindestens aber im mittleren und oberen Triebbereich sogenannte gemischte Knospen. Das sind in der Regel zwei Blütenknospen, zwischen denen eine Blattknospe plaziert ist. Es können sogar drei oder vier Blütenknospen (aus Beiknospen) ausgebildet sein. Diese Triebart wird auf vier bis sechs gemischte Knospen (auf ca. 20–40 cm) zurückgeschnitten.

- ▷ Wertlose (falsche) Fruchttriebe sind eindeutig schwächere Sprosse, die auf der ganzen Länge mit Blütenknospen versehen sind. Als Blattknospe ist nur die Endknospe und meistens eine Basisknospe ausgebildet. Da diese Triebe konstitutionell aber zu schwach sind, um Früchte auszutragen, müssen sie entweder ganz oder aber auf die grundständige Blattknospe zurückgeschnitten werden.
- ▷ Bukett-Triebe bleiben ungeschnitten.
- ▷ Vorzeitige Triebe sind an kräftigen Langtrieben häufig vorhanden. In der Regel werden sie auf Astring oder auf ein bis zwei Knospen zurückgeschnitten.

Alle durch den Schnitt entstandenen Wunden müssen bei dieser empfindlichen Obstart verstrichen und gegebenenfalls nachbehandelt werden. Nicht zu spät reifende Sorten lichtet man bereits nach der Ernte aus; dagegen werden späterreifende erst im Frühjahr behandelt. Verjüngungen werden zweckmäßigerweise im September vorgenommen.

5.2.5 Aprikose

Die Aprikose fruchtet am einjährigen Langtrieb und außerdem an Kurzsprossen der älteren Astabschnitte. Eine Triebererneuerung ist darum durch Entfernen des alten Fruchtholzes und durch Gerüstverjüngungen empfehlenswert. Es werden meist niederstämmige Pyramiden- oder Hohlkronen erzogen. Die Längskrone dagegen eignet sich für Hauswände oder höhere Mauern. Das Auslichten nach der Ernte hat sich bewährt. Auch Verjüngungen, die bei den meist langlebigen Bäumen unerläßlich sind, lassen sich nach der Ernte durchführen. Wie bei allen Steinobstarten ist dabei auf tieferstehende Seitenachsen abzuleiten. Wunden bedürfen einer sorgfältigen Behandlung!

6 Der Sommerschnitt

Frühere Erfahrungen aus dem Formobstbau und die insgesamt positiven Resultate aus den in jüngster Zeit durchgeführten Versuchen sprechen dafür, dem Sommerschnitt auch bei den heute üblichen Anbausystemen des Baum- und Beerenobstes wieder mehr Beachtung zu schenken.

6.1 Baumobst

Was Sommerschnittbehandlungen zu bewirken in der Lage sind, wird erst richtig deutlich, wenn man sich an die komplizierten Kunstformen des früher so bedeutsamen Formobstbaues erinnert. Ohne mehrmaligen jährlichen Sommerschnitt hätte sich dieser Spalierobstbau schlichtweg nicht entwickeln können. An diese hervorragende Regulierungsmöglichkeit durch den Sommerschnitt hat man sich neuerdings im Erwerbsobstbau erinnert. Es wurden Versuche angestellt, die alte Erfahrungen bestätigen und die zu neuen Erkenntnissen geführt haben: Hinsichtlich des vegetativen Wachstums kann durch frühen Wegschnitt nicht verwertbarer Triebe in jungen Baumkronen die Vergeudung wertvoller Baustoffe vermieden werden; außerdem führt die Reduzierung des Triebwuchses zu einer Wurzeldepression, und die wiederum schwächt das Stamm- und Kronenwachstum ab. Diese „Wuchsbremse" aber ist in zu dicht gewordenen Pflanzungen oder bei zu starkwachsenden jüngeren Bäumen sehr erwünscht. In älteren, meist an der Kronenperipherie verdichteten Obstbaumkronen kann mit dem Sommerschnitt Licht ins Kronenzentrum gebracht werden, so daß sich auch dort wieder eine Fruchtzone ausbilden kann. Hinsichtlich der Wirkung auf Frucht und Ertrag gilt es als sicher, daß die Fruchtgröße und Fruchtausfärbung verbessert werden können. Beim Ertragsverhalten weisen die Sorten sehr spezifische Ergebnisse auf; insgesamt ist die Tendenz positiv. Schließlich soll noch erwähnt werden, daß von verschiedenen Seiten von einer Minderung der Stippigkeit nach Anwendung des Sommerschnitts berichtet wurde. Demzufolge lohnt es sich auch für den Liebhaberobstanbauer, dem Sommerschnitt in Zukunft viel mehr Beachtung zu schenken.

6.1.1 In jungen Kronen

Neugepflanzte Bäume bedürfen in der Regel der Schonung aller Blätter, damit der Verpflanzungsschock möglichst schnell überwunden wird; also dürfen im Pflanzjahr möglichst keine Triebe entfernt werden. Trotzdem kann man aber gewisse Regulierungen vornehmen, denn es ist absolut unerwünscht, daß sich beispielsweise Konkurrenztriebe kräftiger als die Leittriebverlängerungen entwickeln. Das läßt sich leicht verhindern, wenn die Triebspitzen der Konkurrenztriebe und nach innen wachsender Triebe mit den Nägeln von Daumen und Zeigefinger ausgeknipst werden, sobald sie ca. 20 cm lang geworden sind. Dadurch werden diese Triebe in ihrem Wachstum gestoppt.

Erfahrungsgemäß haben die Wurzeln bis zum Herbst des Pflanzjahres Fuß gefaßt, so daß bereits im ersten Standjahr, spätestens aber im zweiten mit kräftigem Zuwachs zu rechnen ist. Ab dieser Entwicklungsphase muß darum beim Sommerschnitt mehr gewagt werden: Alle dem Erziehungskonzept zuwiderlaufenden Triebentwicklungen gehören hierbei schon unterbunden. Dazu zählen alle Eingriffe, die man ohne Sommerbehandlungen beim Winterschnitt durchzuführen gezwungen ist, wie das Wegschneiden von Konkurrenztrieben und nach innen wachsender Sprosse. Bei abgeneigten Fruchthölzern ist darauf zu achten, daß Neutriebe auf den Scheitelpunkten für die Fruchtholzverjüngung geschont werden. Selbstverständlich zählt dazu auch das Entfernen der zu dicht stehenden oder von Mehltau befallenen Triebe. In der Regel wird der Sommerschnitt nach dem Abklingen der ersten Wachstumsperiode um „Johanni", also etwa ab Ende Juni bis etwa Mitte Juli ausgeführt. Perfekt ist eine Sommerbehandlung aber erst dann, wenn für den Kronenaufbau nicht benötigte Triebe bereits um diese Zeit waagrecht gebunden werden. Wurde der Sommer-

85

86

Abb. 85. Die Konkurrenztriebe werden bereits beim Sommerschnitt weggeschnitten.
Abb. 86. Zur Sommerbehandlung gehört außerdem das Entfernen der oberseits und nach innen wachsenden Triebe.
Abb. 87. In pflanzenhygienischer Hinsicht sehr vorteilhaft ist der Rück- und Wegschnitt mehltaubefallener Organe.
Abb. 88. Der Sommerschnitt ist erst dann beendet, wenn ein Teil der Triebe waagrecht gebunden ist.
Abb. 89. Beim Schnitt auf „Rosette" wird der Kranz grundständiger Blätter geschont.
Abb. 90. Beim „Stummelschnitt" bleiben zusätzlich ein bis zwei Blätter über der Rosette erhalten.
Abb. 91. Sommerschnittmaßnahmen bremsen am ehesten die kräftige Jugendentwicklung bei Süßkirschen.
Abb. 92. Bei Sauerkirschen hat sich der Nachernteschnitt schon seit Jahren sehr bewährt.

87

90

88

91

89

92

schnitt richtig ausgeführt, so muß im Winter lediglich der Rückschnitt vorgenommen werden.

6.1.2 In älteren Kronen

Bei stärkerwachsenden Pfropfpartnern entwickeln sich häufig aus dem Stamm und den älteren Astpartien beim Austrieb senkrechtwachsende Wasserschosse. Sie sind unerwünscht, weil dadurch das Kronenzentrum zu dicht wird. Diese Triebe reißt man darum bereits im Juni, wenn sie 20–30 cm lang geworden sind, einfach mit der Hand aus der Rinde aus, und zwar alle vom Boden aus erreichbaren Astpartien nieder- und mittelstämmiger Baumformen. Diese Vorwegmaßnahme zum eigentlichen Sommerschnitt wird als Sommerriß bezeichnet. Vorsichtshalber sollte dieser Sommerriß bei den empfindlicheren Süßkirschen (evtl. auch bei den Pfirsichen) durch ein Abschneiden der Triebe mit einem Messer ersetzt werden.

Wenn durch den Sommerriß Anfang bis Mitte Juni der Kroneninnenbereich ausgelichtet worden ist, so muß beim Sommerschnitt im Juli darauf Wert gelegt werden, die triebgeförderten Spitzenbereiche von Gerüst- und Fruchtästen, die oft genug zu einer verdichteten Kronenperipherie führen, auszulichten. Das heißt, daß beim Sommerschnitt alle steilwachsenden, die Verlängerungstriebe konkurrierenden Seitentriebe, und alle nach innen gerichteten und zu dicht stehenden Holztriebe entweder ganz weggeschnitten oder aber auf Rosette oder Stummel geschnitten werden müssen. Beim Schnitt auf Rosette bleibt der Kranz grundständiger Blätter erhalten; beim Stummelschnitt verbleiben zusätzlich ein bis zwei Blätter. Rosetten und Stummel treiben meistens wieder aus; sie werden in der Regel beim Winterschnitt auf einen schwachen Seitentrieb abgeleitet, der zu Fruchtholz werden kann. Wenn sich aus dem Stummel oder der Rosette nur kräftige Holztriebe entwickelt haben, so müssen sie auf Astring weggeschnitten werden. Diese Behandlungsart ist recht erfolgreich bei Zwetschen, sie ist auch zweckmäßig bei den Kernobstarten. Bei Süßkirschen jedoch empfiehlt es sich, immer auf Astring zu schneiden, weil Rosetten oder Stummel in vielen Fällen vertrocknen und zu Gummifluß führen können. Bei der astweise konsequent vorgenommenen Behandlung sollte man sich davon leiten lassen, daß dieser Sommerschnitt als „vorweggenommener Winterschnitt" zu bewerten ist. Es wird lediglich tragendes Fruchtholz ausgespart, das dann beim winterlichen Nacharbeiten zu schneiden übrigbleibt.

Neben allen anderen Vorzügen des Sommerschnitts wird gerade der Hobbyobstbauer einen weiteren großen Vorteil kennen und schätzen lernen: Die belaubten Triebe gestatten es, das Maß notwendiger Eingriffe sehr viel präziser zu bestimmen, als ihm dies im Winter im unbelaubten Zustand der Bäume möglich ist. Natürlich kann man beim Sommerschnitt nicht einfach schematisch vorgehen. Der Umfang des Eingriffs muß sich an der Triebstärke des Baumes, der Verzweigungswilligkeit der Sorte und natürlich auch an der Behangdichte ausrichten, denn zur Ernährung der Früchte müssen ausreichend viele Blätter vorhanden sein. Je kräftiger eine Krone austreibt und je weniger Früchte zu ernähren sind, um so stärker sollte eingegriffen werden. Je reicher aber ein Baum fruchtet und je schwächer sein Triebzuwachs ist, um so behutsamer muß man verfahren.

6.1.3 In umgepfropften Kronen

In Kapitel 7.3 ist die Erziehung umgepfropfter Bäume beschrieben. Die ersten, im Abschnitt 7.3.1 empfohlenen Arbeiten – das Freischneiden der Pfropfköpfe und das Auslichten der Unterlage – sollten bei Bäumen, die mit kräftigem Neuwuchs reagieren, bereits im Sommer vorgenommen werden, und zwar etwa zu der Zeit, zu der man den Veredlungsverband mit der Hippe lösen muß. Bei kräftiger Triebentwicklung können außerdem die Konkurrenztriebe an den Edelreisern weggeschnitten und, wo notwendig, die Verlängerungstriebe formiert werden.

6.1.4 Besondere Hinweise für verschiedene Baumobstarten

Nachdem das Grundsätzliche zum Sommerschnitt beim Kernobst (für Pyramidenkronen) bereits dargestellt wurde, sollen im folgenden noch einige spezielle Hinweise für andere Baumobstarten gegeben werden.

Süßkirsche

Bei schwächerwachsenden Unterlagen wird ein Sommerschnitt nicht nötig sein. Dagegen ist diese Maßnahme zusammen mit dem Waagrechtbinden bei starkwachsenden Unterlagen-Sorten-Kombinationen eine gute Möglichkeit, die artbedingt starke Jugendentwicklung etwas abzubremsen. Davon sollte der Liebhaberobstbauer jährlich Gebrauch machen. Im Hinblick auf Holz- und Rindenkrankheiten sollten Schnitteingriffe an Bäumen aller Altersstufen viel eher während der Sommermonate (unmittelbar nach der Ernte) vorgenommen werden als im Verlauf des Winters oder zeitigen Frühjahrs.

Sauerkirsche

Auch bei jungen Sauerkirschenbäumen ist ein Sommerschnitt lohnend, vor allem bei Sorten, die zahlreiche vorzeitige Triebe bilden und dadurch die Krone sehr verdichten. Bei Ertragsbäumen wird im erwerbsmäßigen Anbau seit Jahren mit gutem Erfolg unmittelbar nach der Ernte ausgelichtet. Bei der Sorte 'Schattenmorelle' muß besonders erwähnt werden, daß die langen, nur noch an den Spitzen beblätterten „Peitschentriebe“ wo immer möglich weggeschnitten oder auf Jungtriebe in der Nähe der Astbasis abgeleitet gehören. Schließlich muß noch darauf hingewiesen werden, daß beim Auftreten der Zweigmonilia die absterbenden Äste bereits nach der Blüte weggeschnitten und anschließend verbrannt werden sollten.

Pfirsich

Bei dieser außerordentlich lichtbedürftigen Obstart ist es in unseren Breiten von großem Vorteil, wenn bereits die jungen Kronen jährlich im Sommer geschnitten werden. Das fördert nicht nur die Ausbildung kräftiger Blütenknospen, sondern auch die beim Steinobst so überaus wichtige Holzausreife. Es ist darum zweckmäßig, bereits Ende Mai zu dicht stehende und nach innen wachsende Triebe wegzuschneiden. Anfang Juli wird eine zweite Schnittbehandlung durchzuführen empfohlen, bei der kräftige Wasserschosse, nach innen gewachsene Triebe (auch vorzeitige) zu entfernen sind. Abschließend werden zu dicht gewordene Partien ausgelichtet.

6.2 Strauchbeerenobst

6.2.1 Sträucher

Bei Sträuchern der roten und schwarzen Johannisbeere und der Stachelbeere wird durch das Auslichten unmittelbar nach der Ernte die Assimilationsleistung der Blätter an den verbliebenen Fruchtsprossen gesteigert. Das hat ohne Zweifel einen positiven Einfluß auf die Knospen, die für den nächstjährigen Ertrag entscheidend sind. Auch dieser Auslichtungsschnitt ist als vorweggenommener Winterschnitt aufzufassen, bei dem genauso wie im Winter überzählige oder zu verjüngende Leitäste weggeschnitten oder weggesägt werden müssen. Durch die Belaubung läßt sich leicht ein zu dichter Stand sowohl bei den Leitästen als auch beim Fruchtholz ermitteln, der durch zusätzliches Auslichten korrigiert werden kann. Mit diesem sommerlichen Auslichten werden außerdem nach innen wachsende Triebe ebenso beseitigt wie nicht benötigte Bodentriebe.
Für den Schnitt im Spätwinter bleibt bei den roten Johannisbeeren und den Stachelbeeren eines zu tun übrig: Sie müssen noch zurückgeschnitten werden. Dagegen sind die schwarzen Johannisbeeren nach dem Sommerschnitt fertig behandelt.
Auch zu hoch gewachsene Sträucher können bereits nach der Ernte durch Ableiten auf tieferstehende Jungtriebe mit gutem Erfolg verjüngt werden. Sorten mit überhängendem Wuchs lassen sich besser stabilisieren, wenn die abgeneigten Leitastverlängerungen an kräftigen, aufrechtstehenden „Ständertrieben“ abgeschnitten werden.
Für den Sommerschnitt bei den Beerenobststräuchern sind für gröbere Auslichtungseingriffe Astscheren besonders gut geeignet; für feinere Schnittmaßnahmen ist dagegen die Baumschere stets das richtige Werkzeug.

6.2.2 Stämme

Bei Stachelbeerstämmen bilden sich sehr oft zahlreiche Neutriebe auf den Astoberseiten der Leit- und Fruchtäste, so daß schwierig abzuerntende Kronen entstehen. Es lohnt sich deshalb, wenigstens diese Ständertriebe etwa drei Wochen vor der Ernte mit der Baumschere teils ganz wegzuschneiden (stärkere Holztriebe), teils auf ein bis zwei Blätter zurückzuschneiden (schwächere Triebe). Selbstverständlich wird man bei dieser Sommerbehandlung auch alle Stock- und Stammausschläge entfernen.
Bei den weniger verzweigungswilligen Stammkronen der roten und schwarzen Johannisbeere braucht man um so weniger einen Sommerschnitt auszuführen, je höher die Stämme sind. Denn der durch die Veredlung ohnehin gebremste Wuchs würde durch diesen Eingriff zusätzlich abgeschwächt. Das aber ist unerwünscht. Allenfalls können einmal Konkurrenztriebe weggeschnitten werden.

7 Sonstige Kronenpflegemaßnahmen

7.1 Die Schnittbehandlung an unbehandelten oder falsch erzogenen Kronen

Es wird demjenigen Hobbyobstbauer, der einen schon vorhandenen Obstbaumbestand ordnungsgemäß pflegen will, nicht erspart werden können, die verschiedenen Kapitel über die Erziehung von Obstbaumkronen durchzulesen. Denn auch für das Auslichten älterer Baumkronen sind grundlegende Kenntnisse, vor allem auch in technischer Hinsicht notwendig; für das Schneiden jüngerer ungepflegter oder falsch erzogener Kronen aber ist diese Vorbedingung unerläßlich.

Bevor mit Eingriffen irgendwelcher Art an den Bäumen begonnen wird, sollten sie daraufhin überprüft werden, ob sich Aufwendungen überhaupt noch lohnen. Altersschwache, von Baumschwämmen befallene und innen bereits verrottete Exemplare gehören gerodet. Aber auch an jungen Bäumen können irreparable Schäden, z.B. durch Krebs, Kragenfäule, Gummifluß oder Wurzelfraß entstanden sein, die keinen weiteren Aufwand rechtfertigen. Erst wenn nach einer sorgfältigen Kontrolle feststeht, daß der Gesundheitszustand der Obstbäume ausreichend ist, kann man sich mit den Schnittmaßnahmen befassen.

7.1.1 Bei jüngeren Bäumen

Bei Kronen, die sich noch im Jugendstadium und nicht bereits mitten in der Ertragsphase befinden, lohnt es sich, auf eine zweckmäßige, bewährte Kronenerziehungsmethode umzustellen. Ähnlich wie bei der Kronenerziehung junger Bäume überhaupt, läßt sich auch hier ein Konzept erstellen, für das im folgenden einige Anleitungen gegeben werden.

1. Austriebe aus dem Wurzelstock und am Stamm entfernen. Auf ungepflegten Baumwiesen, auf denen seither auch keine ordnungsgemäße Bodenpflege ausgeführt worden ist, findet man recht häufig an den Bäumen Austriebe an dem Wurzelstock (und aus dem Wurzelkörper). Außerdem können sich Stammaustriebe gebildet haben, die teilweise in die Kronen hineingewachsen sind. Diese, z.T. mehrjährigen Sprosse müssen zuallererst entfernt werden: die Stockausschläge (und die Wurzelausschläge) tief am Boden mit der Astschere oder der Baumsäge; die Stammausschläge mit der Baumsäge bis auf den Astring.
2. Überprüfung der Stammverlängerung; anschließend Entscheidung für eine Kronenerziehungsmethode. In der nun freigestellten Krone wird überprüft, ob eine gerade und intakte

Stammverlängerung vorhanden ist. Stark geschädigte oder unterentwikkelte Verlängerungen werden zweckmäßig weggesägt. Damit aber ist die Entscheidung gefallen, daß eine Hohlkrone erzogen werden muß. Bei intakter Stammverlängerung steht dagegen der Erziehung als Pyramidenkrone nichts im Wege.

3. Auswahl der Leitäste und erforderlichenfalls Formieren. Bei freiwachsenden Kronen bilden sich in den allermeisten Fällen in verschiedenen Astetagen jeweils zahlreiche gleichwertige Leitäste aus. Für den Kronenaufbau kommen aber nur drei bis vier, vorwiegend der ersten Etage zugehörige Leitäste in Frage, wenn sie einigermaßen gleichmäßig verteilt stehen. Die überzähligen Äste der ersten Etage werden mit der Säge auf Astring weggeschnitten. Falls erforderlich, formiert man anschließend die ausgewählten Leitäste, wozu z.T. kräftige Spreizhölzer zugeschnitten werden müssen (→ 3.5.1). Es gibt aber auch Sorten, deren Äste sich ohne Erziehungsschnitt schon in jungen Jahren bogenförmig nach außen neigen. Lassen sich diese Äste nicht mehr hochbinden, so kann man eine neue Krone mit den Trieben aufbauen, die sich an oder besser noch vor den Scheitelpunkten gebildet haben. Sie müssen in

Abb. 93. Stammaustriebe werden am besten mit der Säge glatt am Stamm entfernt.
Abb. 94. Junger Zwetschenbaum mit zu vielen gleichwertigen Leitästen. Ohne Eingriffe wird die Krone zu dicht.
Abb. 95. Für den weiteren Kronenaufbau wurden lediglich vier Leitäste der ersten Etage belassen.

jedem Fall einige Jahre lang zurückgeschnitten werden, damit sie sich stabilisieren. Stehen sie jedoch zu senkrecht, so bindet man sie mit einem Bindfaden in einen Winkel von 45 ° zur Stammverlängerung. Nicht gerade gewachsene Hauptachsen sind mit Stabhölzern zu versehen oder aber an eingebundenen Stangen gerade zu richten.

4. Behandlung der Seitenachsen an den Gerüstästen einschließlich Waagrechtbinden. Als nächstes müssen nun die Seitenachsen an den Gerüstästen behandelt werden. Ohne weitere Überlegungen können alle astoberseits stehenden und nach innen wachsenden stärkeren Triebe und Äste weggeschnitten werden. Dann beginnt man an der Astspitze eines Gerüstastes mit dem Entfernen des Konkurrenztriebs und weiterer, die Verlängerung konkurrierende Triebe. Astabwärts lichtet man zu dicht stehendes Seitenholz aus, wobei das jüngere und waagrecht stehende Holz geschont und mehrjährige, überalterte Äste weggeschnitten werden. Das Fruchtholz an den Leitästen und der Stammverlängerung soll eine möglichst waagrechte Stellung einnehmen. Das bedeutet, daß Triebe und Äste (z. B. die zweite und dritte Astetage an der Hauptachse) waagrecht gebunden werden müssen. In Einzelfällen kann dabei auch ein Ableitungsschnitt auf einen waagrechten Seitentrieb hilfreich sein. Bei bislang falsch geschnittenen Kronen – es handelt sich in vielen Fällen dabei um den jährlichen Rückschnitt aller Triebe – muß beachtet werden, daß durch Wegschnitt von Vergabelungen durchgehende Gerüstachsen hergestellt werden.
5. Eventueller Rückschnitt (Verjüngung) zur Stabilisierung des Gerüsts bzw. zur Anregung des Neutriebs. An derart formierten und ausgelichteten Kronen läßt es sich abschätzen, ob ein Rückschnitt ins zwei-, drei- oder gar vierjährige Holz zur Stabilisierung des Gerüsts erforderlich wird. Diese mäßige Verjüngung empfiehlt sich auch, wenn bei nur schwacher Triebleistung ein kräftiger Neutrieb erreicht werden soll. Dabei müssen die Leitäste der Stammverlängerung im Winkel von jeweils 60 ° untergeordnet und erforderlichenfalls auch die Seitenäste an den Leitästen zurückgesetzt werden. Bei Kronen, die sich einseitig entwickelt haben, kann es genügen, wenn nur der besonders kräftig entwickelte Ast zurückgeschnitten wird (Ausgleichsschnitt).

In den folgenden Jahren wird an den umgestellten Kronen jährlich der Instandhaltungsschnitt ausgeführt. Es wird in vielen Fällen sicher einige Jahre dauern, bis die Fehler behoben sind.

7.1.2 Bei älteren Bäumen

Ältere Bäume haben ihr Gerüst bereits aufgebaut. Eine Umstellung auf irgendein Kronenerziehungsschema wäre gleichbedeutend mit jahrelangen Ertragsausfällen; sie ließe sich auch aus anderen Gründen nicht erfolgversprechend vornehmen und ist darum nicht diskutabel. Was ge-

Fortsetzung Seite 110

Abb. 96. Apfel (Längskrone), 3jährig. Beurteilung: An dieser jungen, sehr kräftig wachsenden längsformierten Krone sind bislang keine entscheidenden Fehler bei der Erziehung gemacht worden. Was aber stört und darum nicht zu übersehen ist, sind die zu tiefstehenden Seitenachsen unterhalb der beiden in Längsrichtung stehenden Leitäste. Diese beiden Leitäste stehen zu steil; sie behindern dadurch mindestens teilweise die Fruchtholzentwicklung an der Stammverlängerung. Der vorhandene Drahtrahmen sollte mehr als bisher (und möglichst schon im Sommer) zum Waagrechtbinden von Langtrieben benutzt werden, um früh tragfähiges Fruchtholz herzustellen.

Maßnahmen: Um die bei Buschbäumen übliche Stammhöhe von 40 – 60 cm zu erhalten, müssen die tiefstehenden Seitenachsen direkt am Stamm weggesägt werden. Dann formiert man die beiden Leitäste jeweils in einen Winkel von wenigstens 45°; das kann durch Spreizhölzer oder durch Festbinden an die Spanndrähte geschehen, an die außerdem Äste und Triebe waagrecht gebunden werden. Dann lichtet man die Krone aus: Konkurrenztriebe, steilwachsende stärkere und nach innen wachsende Triebe werden auf Astring weggeschnitten. Bei der insgesamt guten Verzweigungen der Sorte ist ein Rückschnitt jetzt schon nicht mehr erforderlich.

Abb. 97. Apfel, 7jährig. Beurteilung: Die Krone des jungen Baumes weist vorzeitige Vergreisungssymptome auf; es werden kaum mehr Langtriebe gebildet, so daß der weitere Kronenaufbau bereits beendet ist; beim Fruchtholz überwiegen mehrjährige Fruchtsprosse und Quirlhölzer. Das instabile Kronengerüst droht bei zunehmenden Erträgen auseinanderzubrechen. Die nur noch schwache vegetative Entwicklung kann durch eine insgesamt schlechte allgemeine Pflege bedingt sein; es ist aber auch möglich, daß die Wurzeln durch Feld- oder Wühlmäuse geschädigt worden sind, was durch vorsichtiges Aufgraben mit einer Grabgabel leicht festzustellen ist. Bei starkem Wurzelschaden sollte der Baum ersetzt werden.

Maßnahmen: Die Krone muß durch eine Verjüngung zu neuem Triebwachstum angeregt werden. Das bedeutet, daß man die Gerüstäste (drei Leitäste und die Stammverlängerung) mit Hilfe der klassischen Verjüngungsmethode um ein Drittel ihrer Länge verkürzt. In demselben Umfang müssen die Fruchtäste längenmäßig verjüngt werden. An ihnen ist außerdem das ältere Quirlholz, insbesondere auf den Astunterseiten, auszulichten. Auf diesen durch den Schnitt erzeugten Triebreiz wird die Krone aber nur dann in dem erwünschten Maß positiv reagieren, wenn dem Baum eine bessere allgemeine Pflege (vor allem Düngung und Bodenbearbeitung) zuteil wird.

Abb. 98. Apfel, 10jährig. Beurteilung: Die anfänglich zurückgeschnittene Krone ist später sich selbst überlassen worden. Dadurch konnten sich auf den Astoberseiten Triebe entwickeln, die nun steil aufrecht oder nach innen gerichtet sind; sie verdichten zunehmend den Kroneninnenraum. Die Stammverlängerung ist an der Spitze vergabelt; sie wird außerdem in ihrer Entwicklung durch einen darunter wachsenden Kranz kräftiger Seitenachsen beeinträchtigt. Die erste Astetage wird von zwei Leitästen gebildet; ein dritter Leitast muß aus der zweiten Astgruppe ausgewählt werden. Die Gerüstäste sind insgesamt zu schwach; bei zunehmenden Erträgen drohen sie sich abzuneigen.

Maßnahmen: Zunächst sollte der dritte Leitast aus der zweiten Astgruppe bestimmt werden. Erst dann lichtet man aus. Dabei werden die auf den Astoberseiten aufrecht und nach innen gewachsenen Sprosse weggeschnitten, ohne daß ein Kahlschnitt entsteht; das bedeutet, daß schwächeres Fruchtholz stehenbleiben muß. An der Stammverlängerung werden die stärkeren Seitenachsen einschließlich der oberen Vergabelung ebenfalls entfernt, damit die im Kroneninnenbereich stehenden waagrechten Fruchthölzer besser belichtet werden. Zur Stabilisierung des Gerüsts empfiehlt sich eine Verjüngung der Gerüstäste bis ins drei- bis vierjährige Holz zurück (nach der klassischen Methode).

Abb. 99. Apfel, ca. 15jährig. Beurteilung: Unter der Last der ersten Erträge haben sich sämtliche Gerüstäste bogenförmig abgeneigt. Das deutet darauf hin, daß der Erziehungsschnitt zu früh beendet worden ist. Als Folge dieser Fruchtbogenbildung haben sich auf den Astoberseiten zahlreiche Triebe entwickelt, die an den Scheitelpunkten besonders kräftig gewachsen sind. Vereinzelt wurden solche Ständeräste bereits wieder zu Fruchtbogen; die meisten stehen jedoch noch senkrecht dicht beieinander, so daß das Kroneninnere während der Vegetation völlig unzureichend belichtet ist. Bei der noch jungen Krone wird vorgeschlagen, mit Ständerästen in der Nähe der Scheitelpunkte ein stabileres Ersatzgerüst aufzubauen.

Maßnahmen: Die abgeneigten Teile der Leitäste sollten im Bereich der Scheitelpunkte so abgesägt werden, daß jeweils ein schräg nach oben gerichteter Ständerast die ursprüngliche Achsenverlängerung wiederherstellt. Alle anderen Ständeräste und -triebe schneidet man weg. Außerdem muß das Fruchtholz an den Leitästen ausgelichtet bzw. verjüngt werden. Die abgeneigte Stammverlängerung erhält durch einen Ableitschnitt auf eine senkrecht stehende Seitenachse ihre ehemals senkrechte Stellung zurück. Die an der Stammverlängerung abwärts gewachsenen stärkeren Seitenachsen (insbesondere die zweite Astetage) werden zweckmäßig ganz entfernt. Die neuen Gerüstastverlängerungen verjüngt man ins zweijährige Holz; in den Folgejahren sollten sie jährlich zurückgeschnitten werden.

Abb. 100. Apfel, ca. 25–30jährig. Beurteilung: Die Apfelbaumkrone hat sich sowohl in der Höhe als auch in der Breite mächtig ausgedehnt. Eine Reduzierung der Gerüstachsen auf die mit verfügbaren Leitern erreichbare Höhe ist dringend nötig. Eine auffällige Disharmonie im Kronengerüst wird vor allem durch zwei Leitäste der zweiten Astgruppe verursacht, die sich außerordentlich kräftig entwickelt haben und von denen einer sogar für die Stammverlängerung zur Konkurrenzachse geworden ist. Diese zweite Astgruppe drängt außerdem durch Lichtentzug die unteren Leitäste zunehmend in die Waagrechte ab. Das hat zur Folge, daß das Fruchtholz an diesen Ästen zurückgenommen werden muß, damit ein bearbeitbarer Raum unter der Krone erhalten bleibt.

Maßnahmen: Die auffälligste Störung geht von der zweiten Astgruppe aus; hier muß zuerst abgeholfen werden. Die starken Seitenachsen werden entweder ganz weggesägt oder auf waagrechte schwächere Seitenhölzer „entschärft", sofern diese nicht direkt über einem unteren Leitast stehen. Dann verkürzt man die Stammverlängerung und die Leitäste um ca. zwei bis drei Meter (Ableiten auf Seitenachsen oder Quirle). Alle stärkeren Seitenäste, die unterhalb der Verjüngungsschnittstellen stehen, sind ebenfalls zu entfernen. Auf dem rechten unteren Leitast kann ein Ständertrieb für den Fall erzogen werden, daß sich dieser Ast noch weiter absenkt. Mit einem sorgfältigen Fruchtholzschnitt wird die Kronenbehandlung beendet.

Abb. 101. Birne, 8jährig. Beurteilung: Der bislang unbehandelte Birnbaum macht einen sehr ungepflegten Eindruck. Am Stamm haben sich als Folge einer Verwundung Stammaustriebe gebildet. In der Krone sind lediglich zwei Äste der ersten Astgruppe so kräftig entwickelt, daß sie auch weiterhin mit der triebgeförderten Stammverlängerung im Wachstum Schritt halten können. Die jüngeren, höherstehenden Seitenachsen wachsen steil aufrecht; sie sind eine bedrohliche Konkurrenz für die Verlängerung der Hauptachse. Der weitere vegetative Kronenaufbau ist nicht mehr in allen Teilen gewährleistet, denn es fehlen z. T. Langtriebe an den Leitastverlängerungen. Der Fruchtholzbereich ist im wesentlichen durch mehrjährige Kurzsprosse (Quirlhölzer) gekennzeichnet.

Maßnahmen: Als erstes müssen die Stammaustriebe mit der Säge entfernt werden. Dann wendet man sich der Auswahl von drei Leitästen zu (zwei aus der unteren Astgruppe und einer aus dem mittleren Seitenachsenbereich). Diese Leitäste formiert man. Die übrigen Seitenachsen werden entweder weggeschnitten (alle steilstehenden) oder aber waagrecht gebunden bzw. auf waagrechte Hölzer abgeleitet. Um den Neutrieb anzureizen und um gleichzeitig das Gerüst zu stabilisieren, sollten die Gerüstäste und zu lange Fruchtäste um etwa ein Viertel bis ein Drittel ihrer Länge verkürzt werden. Neben der Achsenverjüngung ist eine Fruchtholzverjüngung unumgänglich. Auch in diesem Fall wird empfohlen, den Schnitteingriff durch bessere Pflegemaßnahmen zu unterstützen.

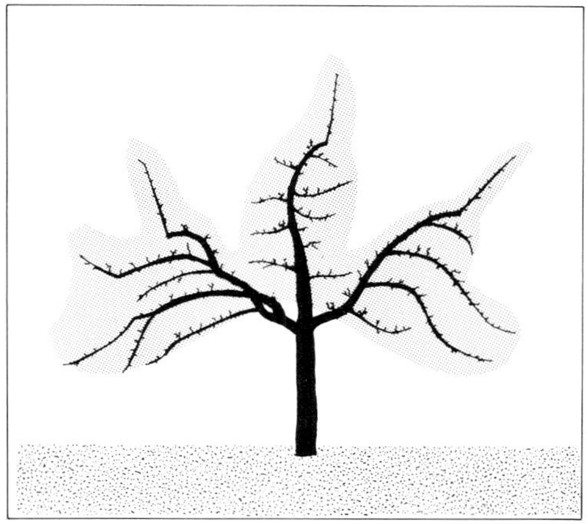

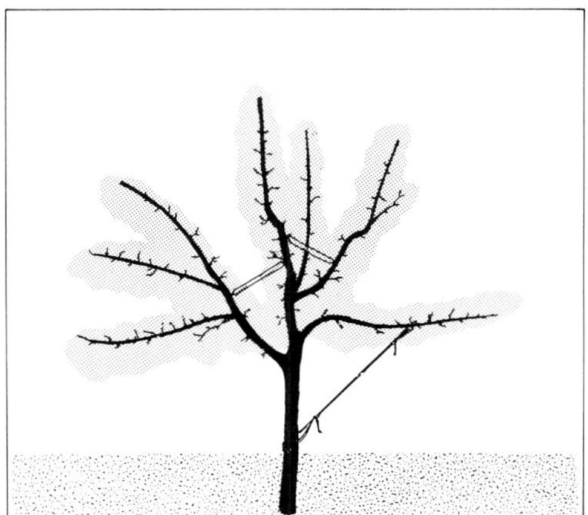

Abb. 102. Birne, ca. 20jährig. Beurteilung: Durch eine betonte Spitzenförderung kommt es bei Birnen nicht selten zu dieser typischen Gerüstausbildung. An einer einseitig stark entwickelten Hauptachse wachsen nur schwache Seitenachsen, die spindel- oder quirlartig angeordnet sind. Bei der abgebildeten Krone muß anfänglich wohl ein Erziehungsschnitt durchgeführt worden sein, denn die unteren Leitäste sind noch relativ kräftig ausgebildet; sie weisen außerdem spitze Astabgangswinkel auf. Dann allerdings muß die Krone sich selbst überlassen worden sein, so daß sich die bisher „gezügelte" Stammverlängerung ungehindert und auf Kosten der Leitäste ausleben konnte. Erst in jüngster Zeit hat der Baumbesitzer die Spitze zwar etwas, tatsächlich aber viel zu wenig reduziert.

Maßnahmen: Die Stammverlängerung muß erheblich verkürzt werden, und zwar nicht allein wegen ihres gestörten Verhältnisses zu den Leitästen, sondern vor allem aus Sicherheitsgründen. Die Ernte dort oben wäre schlichtweg lebensgefährlich! Beim Verkürzen wird entweder auf eine mehrjährige Seitenachse oder aber auf einen Quirl abgeleitet. Von den achsenabwärts gewachsenen Seitenästen werden stärkere ganz entfernt, schwächere dagegen verschont. Durch Rückschnitt wird eine konische Ausdehnung des Fruchtholzes erreicht. Auf den Fruchtbogen der Leitäste sollten Ständeräste als neue Leitastverlängerungen stehen bleiben. Sie werden leicht verjüngt und in den folgenden Jahren zurückgeschnitten. Außerdem ist das Fruchtholz an den Leitästen auszulichten und zu verjüngen.

Abb. 103. Birne, ca. 30–35jährig. Beurteilung: Diese Birnbaumkrone hat sich aus aufrechtwachsenden Ständertrieben aufgebaut, die sich schon früh auf den Fruchtbogen der abgeneigten Leitäste bilden. Häufig ist der Fruchtbogen bereits auf den Ständerast abgeleitet worden. Es fällt auf, daß alle Ständeräste spitzengefördert sind, d. h., die Seitenachsen sind triebmäßig eindeutig untergeordnet. Diese Spitzenförderung der senkrechten Achsen hat zwangsläufig zu einer hohen Krone geführt, die nun verjüngt werden muß. Im oberen Drittel der Stammverlängerung ist ein Konkurrenzast gewachsen, der nicht mehr geduldet werden kann. Außerdem sollte das zu dicht gewordene Kronenzentrum durch Wegsägen von ein bis zwei weiteren Ständerästen aufgelockert werden.

Maßnahmen: Die zuletzt genannten Mängel – Konkurrenzast an der Stammverlängerung und zu dicht stehende Ständeräste im Kronenzentrum – werden am besten zuerst beseitigt. Dann können bereits die Gerüstachsen auf etwa die Hälfte ihrer Länge verjüngt werden, wobei entweder auf vorhandene Seitenachsen abzuleiten oder auf Astquirle zurückzusägen empfohlen wird. Sind die Seitenachsen an den Verjüngungsschnittstellen zu lang, so werden auch sie verjüngt. Das trifft übrigens auch für die achsenabwärts stehenden Seitenhölzer zu, die im weiteren Verlauf der Arbeit ausgelichtet und teilweise abgeleitet werden müssen. Zum Auslichtungsschnitt zählt selbstverständlich auch das Verjüngen von älterem Fruchtholz.

Abb. 104. Süßkirsche, 8 Jahre alte Veredlung. Beurteilung: Die im Alter von etwa 10 Jahren umgepfropfte Krone hat sich „natürlich" aufgebaut, d. h., an ihr ist jeglicher Erziehungsschnitt unterblieben. Als Folge dieser ungelenkten Entwicklung ist der Kroneninnenraum durch kreuz und quer wachsende Hölzer zu dicht geworden, was sich in mancherlei Hinsicht (nicht zuletzt bei der Obsternte) als Nachteil erweist. Außerdem ist die Krone bereits zu hoch gewachsen, so daß eine Höhenbeschränkung der Gerüstäste geboten ist. Eine mäßige Verjüngung wird überdies dazu beitragen, daß das Gerüst die zum Anlegen von Leitern notwendige Stabilität bekommt.

Maßnahmen: Mit dem ersten Arbeitsabschnitt, dem Auslichten, beginnt man an einem der drei Leitäste. Dabei müssen konkurrenzartig entwickelte und querwachsende Seitenachsen entfernt und die Astquirle aufgelockert werden. Alle nach innen gerichteten stärkeren Seitenachsen sägt man weg, dagegen sollten die schwächeren erhalten bleiben. Älteres, oft schon durch Fruchtbogen überbautes Fruchtholz gehört ebenfalls entfernt. In der beschriebenen Art muß Leitast um Leitast und natürlich auch die Stammverlängerung nacheinander behandelt werden. Im zweiten Arbeitsabschnitt werden dann die Gerüstäste mäßig verjüngt, indem man sie auf tieferstehende Seitenachsen ableitet oder auf Quirle zurücknimmt.

Abb. 105. Süßkirsche, ca. 25jährig. Beurteilung: Die seither ungeschnittene Krone ist im Lauf der Jahre aus dem Gleichgewicht geraten. In der linken Kronenhälfte haben sich drei starke Seitenachsen entwickelt, in der rechten Hälfte dagegen nur eine. Außerdem stören die kräftigen Ständeräste, die sich auf dem rechten und auf einem linken Leitast gebildet haben. Die auch heute noch gute Trieb- und Verzweigungsleistung der Sorte hat zu einem dichten Fruchtholzbesatz im Kronenraum geführt. Das Kroneninnere ist darum längst nicht mehr ausreichend belichtet. Ein Auslichtungs- und Verjüngungsschnitt des Fruchtholzes ist deshalb besonders notwendig.

Maßnahmen: Um das Kronengerüst wieder ins Gleichgewicht zu bringen, sind einige entscheidende größere Eingriffe vonnöten. Der obere der drei Leitäste in der linken Kronenhälfte muß ganz entfernt werden; am mittleren Leitast wird der Ständerast weggesägt und außerdem die abgeneigte, überbauende Spitze reduziert; den unteren Leitast leitet man auf die waagrechte Achse ab, so daß er fortan als Fruchtast untergeordnet ist. In der rechten Kronenhälfte ist lediglich der Ständerast auf dem Leitast zu entfernen und die abgeneigte Astspitze auf einen jungen, mehr aufrecht wachsenden Trieb zurückzunehmen. Auf diese Grobkorrektur muß ein konsequenter Auslichtungs- und Verjüngungsschnitt in allen Fruchtholzpartien folgen.

Abb. 106. Zwetsche (Ausläufer) mit 5jähriger Krone. Beurteilung: Der etwa sieben- bis achtjährige Baum mit seiner fünf Jahre alten Krone hat sich aus einem Ausläufer entwickelt. Darauf deutet die noch starke Bedornung der Sprosse hin. Die Stammverlängerung ist schief gewachsen und oben vergabelt. Die Seitenachsen der ersten Astetage sind unterschiedlich stark entwickelt; sie wurden z. T. durch kräftige Seitenäste der zweiten Astetage überbaut, d. h., daß sie in eine waagrechte Stellung abgedrängt und dadurch in ihrer weiteren Entwicklung behindert worden sind. Damit wird aber eine disharmonische Kronenentwicklung eingeleitet. Außerdem verhindern zu viele gleichrangige Seitenachsen die Bildung einzelner stabiler Leitäste.

Maßnahmen: Als erstes wird die Stammverlängerung mit Hilfe einer Stange geradegebunden. Zuvor sollte der konkurrierende Gabeltrieb weggeschnitten werden. Dann müssen drei Leitäste, möglichst aus der ersten Astetage, ausgewählt und formiert werden. Falls erforderlich, ordnet man an ihnen die Seitenhölzer durch Waagrechtbinden oder durch Ableitschnitte unter. Die an der Stammverlängerung darüber befindlichen stärkeren Seitenäste werden entfernt, die schwächeren, meist waagrechten bleiben dagegen als Fruchtholz stehen. Zur Stabilisierung sollten die Gerüstastverlängerungen wenigstens bis ins zweijährige Holz zurückgeschnitten werden. Die an den Schnittstellen nach außen gerichteten Dorne (und die folgenden drei bis vier) sind auf Astring zu schneiden.

Abb. 107. Zwetsche, ca. 15jährig. Beurteilung: Von den drei, sehr tief plazierten Leitästen der ersten Astgruppe hat nur der rechte eine aufrechte Achsenstellung beibehalten können; die beiden anderen sind durch höherstehende Seitenachsen in die Waagrechte abgedrängt worden, so daß ein Kronengerüst entstanden ist, das viel eher einer Spindel- als einer üblichen Pyramidenkrone gleicht. Dennoch gibt diese gewachsene Form die Richtung an, in der Schnitteingriffe vorzunehmen sind. Der noch beachtliche Jahrestriebzuwachs ließe es zwar zu, mit Ständern auf den Scheitelpunkten der abgeneigten Leitäste neue Verlängerungen aufzubauen, doch müßten dafür Ertragsverluste in Kauf genommen werden. Auffällig ist außerdem das sehr dicht stehende Fruchtholz.

Maßnahmen: Wenn der vorwiegend spindelartige Aufbau des Kronengerüsts erhalten und weiterhin genutzt werden soll, muß der rechte Leitast durch Ableiten auf einen tiefstehenden waagrechten Seitenast diesem Schema angepaßt werden. Damit aber das Fruchtholz auch im unteren Kronenteil weiterhin funktionsfähig bleibt, ist es notwendig, stärkere Äste im oberen Bereich wegzusägen, damit eine zunehmende Überbauung verhindert wird. Da an der Stammverlängerung schwächeres Fruchtholz in ausreichendem Maße vorhanden ist, wird dieser Eingriff ohne spürbare Folgen auf den Ertrag bleiben. Der abgeneigten und vergabelten Stammverlängerung sollte man eine neue Fortsetzung geben. In der gesamten Krone muß das Fruchtholz verjüngt werden.

rüstmäßig vorhanden ist, muß im Grundsatz akzeptiert werden, doch können Korrekturen am Gerüst und vor allem am Fruchtholz die z.T. recht ungünstigen Verhältnisse wesentlich verbessern.
Auch beim älteren Obstbaum ist noch ein Gleichgewicht in der Krone anzustreben, wie es z.B. bei der Pyramidenkrone verwirklicht ist. Das erfordert oft besonderen Mut und kostet zudem Schweiß. Denn beispielsweise gehört eine zweite Stammverlängerung, wie sie nicht selten bei Birnen oder Süßkirschen ausgebildet ist, auch noch beim 30jährigen Baum herausgesägt. Bei Birnen entwickeln sich außerdem gerne aus Ständertrieben auf den Scheiteln abgeneigter Leit- und Fruchtäste starke, senkrecht stehende Äste, so daß die Krone völlig verdichtet ist. Derart größere Eingriffe, durch die oft mit einem Sägeschnitt Entscheidendes für die lichtere Gestaltung der Krone erreicht werden kann, müssen den Auslichtungsschnitt einleiten. Erst dann sollte man zu weiteren Maßnahmen übergehen, wie dem Ableiten einseitig stark entwickelter Leitäste, dem Entfernen oberseits und nach innen wachsender Äste und Zweige oder zu tief auf den Boden hängender Fruchtäste. Besonders vorteilhaft aber wirkt sich das Auslichten und Verjüngen des Fruchtholzes aus, über das man sich im Abschnitt „Die Fruchtholzverjüngung" (→ 4.1.5) orientieren kann.
Bei hochwachsenden Arten und Sorten muß der Auslichtungsschnitt durch einen Verjüngungsschnitt ergänzt werden. Dafür kommt weniger die „klassische Verjüngung" in Frage, als vielmehr die gemäßigte Form: das Ableiten auf tieferstehende Seitenachsen (→ 4.1.6 Das Verjüngen gepflegter Kronen).
Weil aber theoretische Ausführungen vom Laien erfahrungsgemäß nur mit Schwierigkeiten in die Praxis umgesetzt werden können, sollen die optischen Darstellungen die 12 Beispiele auf den Seiten 102–109 dazu beitragen, diesbezüglich Probleme zu bewältigen.

7.2 Das Abwerfen von Obstbaumkronen für das Umpfropfen

Sortenkorrekturen am Standort sind durch Umpfropfungen möglich. Erfolgreich verläuft dieser Umstellungsprozeß nur dann, wenn die umzupfropfenden Kronen vorher fachmännisch abgeworfen werden.

Es ist nicht schwierig, bisher gepflegte Kronen für das Umpfropfen vorzubereiten, denn beim Abwerfen bleibt das ursprüngliche Gerüst erhalten, es muß nur mehr oder minder stark reduziert werden. Damit stellt sich bereits die Frage nach der richtigen Abwurfhöhe.
Es leuchtet ein, daß die neue Krone in ihren wesentlichen Teilen auch von der neuen Sorte gebildet werden soll; das bedeutet, daß vom seitherigen Gerüst nicht allzuviel übrig bleiben darf. Folglich wäre es das einfachste, die Gerüstäste auf kurze Stummel zurückzusägen. Das ist bei jüngeren Bäumen grundsätzlich möglich, denn sie verfügen noch über so viel Triebkraft, daß sie in wenigen Jahren eine neue Krone aufgebaut haben. Allerdings ist mit dem kurzen Abwerfen ein höheres Risiko verbunden, weil in den allermeisten Fällen überhaupt keine sogenannten Zugäste

erhalten bleiben. Darunter versteht man Seitenachsen im unteren Bereich der Gerüstäste, die es bei längerem Abwerfen übernehmen, den sehr geschwächten Baum so lange zu ernähren, bis die neue Sorte selbst zu einer entsprechenden Stoffproduktion imstande ist. Es wird darum auch bei jüngeren Kronen ein etwas längeres Abwerfen empfohlen, durch das wenigstens einige Zugäste erhalten werden können.

In älteren Kronen verbietet sich ein zu kurzes Abwerfen aus verschiedenen Gründen: Nicht nur die Wiederherstellung einer kompletten Krone steht hier in Frage, sondern es ist auch nicht sicher, ob sich an den großen Pfropfköpfen ein rascher und lückenloser Wundverschluß entwickelt. Deshalb sind ältere Kronen länger abzuwerfen, auch wenn damit ein größerer Arbeitsaufwand verbunden ist.

In der Regel wird das Abwerfen im Spätwinter durchgeführt. Nur Steinobstbäume können außerdem unmittelbar vor dem Umpfropfen (im Frühjahr oder Sommer) vorbereitet werden. Beim winterlichen Abwerfen bleiben über allen späteren Pfropfköpfen Sicherungszylinder, beim Kernobst von 20 cm Länge und beim Steinobst von 30 cm Länge, gegen das Vertrocknen des Holzes stehen. Alle Sei-

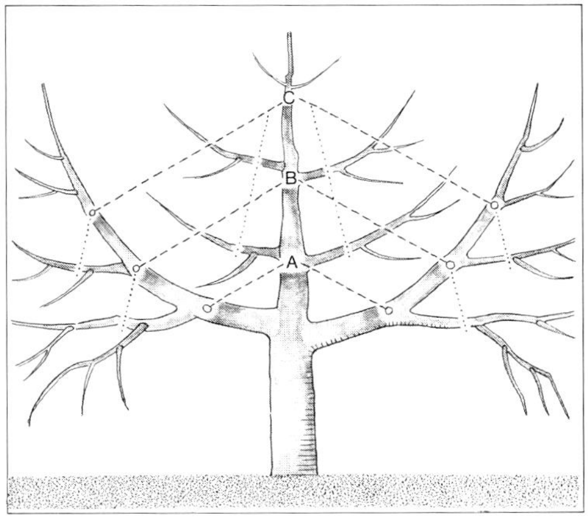

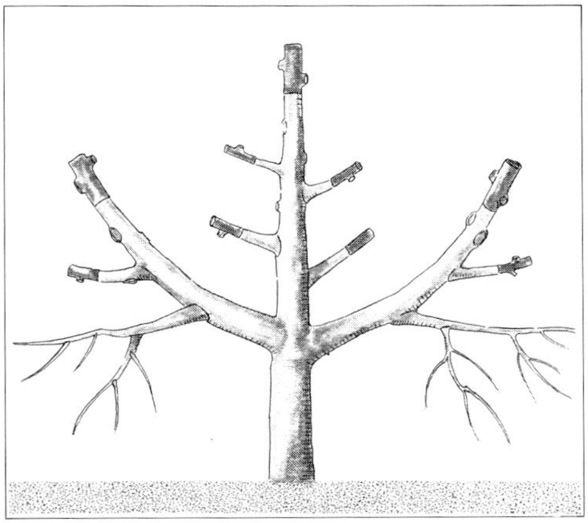

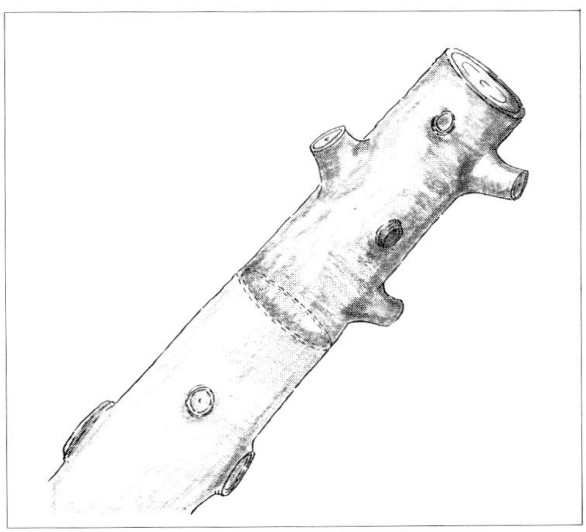

Abb. 108. Bei zu kurzem Abwerfen (A) bleiben keine Zugäste erhalten; bei zu langem Abwerfen (C) wird der Arbeitsaufwand beim Pfropfen zu groß; die richtige Abwurfhöhe liegt dazwischen (B).
Abb. 109. Beim Abwerfen im Winter sollen 20 – 30 cm lange Sicherungszylinder die späteren Pfropfstellen vor dem Austrocknen bewahren.
Abb. 110. Von den Seitenhölzern im Bereich der Sicherungszylinder läßt man kurze, etwa 3 – 4 cm lange Stummel stehen; unterhalb der vorgesehenen Pfropfstellen sind sie dagegen auf Astring zu entfernen; dort sollten die Wunden verstrichen werden.

tenhölzer an den Sicherungszylindern werden auf kurze Stummel (3–4 cm) zurückgeschnitten. Weil aber diese Sicherungsteilstücke schon bald weggesägt werden müssen, entfällt eine Wundbehandlung. Um jede unmittelbare Konkurrenz für die Edelreiser an den späteren Pfropfstellen auszuschließen, müssen alle Seitentriebe und -äste, die auf einer Länge von 20–30 cm unterhalb der künftigen Pfropfkopfebene stehen, auf Astring weggeschnitten und anschließend verstrichen werden. Während die Gerüstäste genauso wie beim Verjüngen im Winkel von 120 ° zurückzusägen sind, nimmt man die Fruchtholzträger an den Leitästen und der Stammverlängerung relativ kurz und spitzwinklig (von unten nach oben konisch zulaufend) zurück. Im unteren Bereich eines jeden Leitastes sollte ein Zugast stehen bleiben.

7.3 Die Kronenerziehung umgepfropfter Bäume

Das Umpfropfen von Obstbäumen bleibt nur eine halbe Maßnahme, wenn es in der Folge nicht durch einen sorgfältigen Erziehungsschnitt ergänzt wird.

Ist ein Obstbaum umgepfropft worden, so ergeben sich beim Wiederaufbau der Krone keine besonderen Probleme, wenn die Krone zweckmäßig erzogen war und beim Abwerfen keine Fehler gemacht worden sind. Die hinter die Rinde gepfropften Reiser verlängern beim Neuwuchs die ursprünglichen Achsen der Stammverlängerung sowie der Leit- und Fruchtäste. Dafür werden in der Regel die auf den Astoberseiten eingesetzten Reiser benutzt, gleichgültig, ob der Pfropfkopf mit nur einem Reis oder aber mit mehreren Reisern versehen wurde.

7.3.1 Die Behandlung der Unterlage

Durch das Abwerfen – ohne Zweifel ein schwerer Eingriff in das Baumsystem – wird ein „großes Regenerationsprogramm" ausgelöst. Das bedeutet, daß neben den noch verbliebenen austriebsfähigen einjährigen Sprossen nun Sproßreserven in Form von schlafenden Knospen und Adventivknospen aktiviert werden. Der Neuaustrieb kann so kräftig sein (die Wurzelkrone hat von ihrer Leistungskraft nichts eingebüßt!), daß darunter die Entwicklung der Edeltriebe leidet. Als erste praktische Maßnahme werden darum beim Winterschnitt alle Triebe an der Unterlage, die sich in unmittelbarer Nähe der Pfropfköpfe gebildet haben, entfernt (ab

Abb. 111. Spätestens im Winter müssen die Konkurrenztriebe beseitigt werden: 20 – 30 cm von der Pfropfkopfebene abwärts schneidet man alle Unterlagentriebe weg.

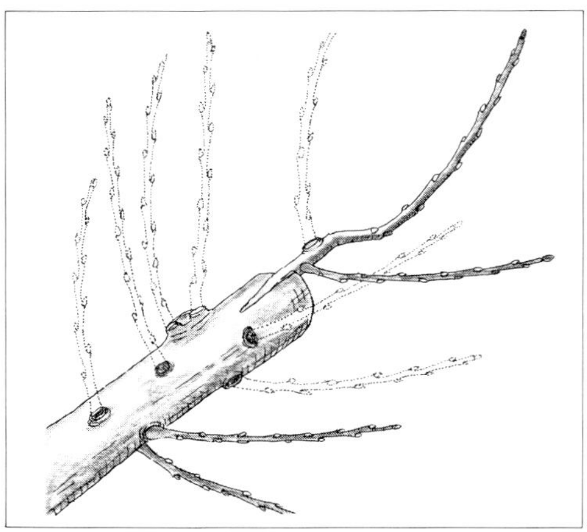

Pfropfkopfebene 20–30 cm abwärts). Dann lichtet man auf den Astoberseiten die besonders kräftigen Ständertriebe aus, während schwächere und nach den Seiten oder nach unten wachsende Sprosse belassen und auf etwa 20 cm Abstand vereinzelt werden müssen. Es wäre falsch, die Unterlage kahlzuschneiden, das würde zu einer Schwächung des Baums führen: Was nicht mit der Veredlung konkurriert, hilft mit, sie zu ernähren! Unter diesem Aspekt ist auch die Behandlung der Zugäste vorzunehmen. Sie können am Ende des ersten Entwicklungsjahres zwar reduziert werden; doch wäre es unklug, sie allesamt wegzusägen. Eine allmähliche Verminderung in den folgenden zwei bis drei Jahren ist zu empfehlen. Der beschriebene Winterschnitt kann bereits im Juli als Sommerschnitt an den umgepfropften Kronen vorgenommen werden.

7.3.2 Die Behandlung eintriebiger Pfropfköpfe

Bei jungen umgepfropften Kronen sind die Astquerschnitte meist so klein, daß die Pfropfköpfe mit nur einem Reis auf den Astoberseiten versehen werden können. Nachdem die Unterlage ausgelichtet worden ist sollten als erstes die (Bast-)Bindungen an den Pfropfköpfen entfernt werden. Dabei kann es sein, daß einzelne, die Rinde einschnürende Fäden, mit einem Messer herausgelöst werden müssen. Das kommt bei der Verwendung von Kunststoffüberzügen häufiger vor als bei Veredlungswachsen. Erst danach kann man sich den Edelreisern zuwenden, an denen zunächst einmal die Konkurrenztriebe wegzuschneiden sind (bei ungünstigen Achsenverlängerungen kann ausnahmsweise der Konkurrenztrieb zur Verlängerung werden). Vor dem Rückschnitt ist die Stellung der Leitäste zu überprüfen. Stehen sie zu steil oder zu flach oder ist die Mitte nicht gerade gewachsen, so muß zunächst einmal formiert werden (→ 3.5). Außerdem können, soweit vorhanden, einzelne Seitentriebe an den Leitastverlängerungen bzw. an der Stammverlängerung waagrecht gebunden werden. Erst wenn die Verlängerungen derart vorbereitet sind, wird zurückgeschnitten. Grundsätzlich trifft dasselbe zu wie beim Rückschnitt des Jungbaums, allerdings mit der Tendenz, daß im Hinblick auf die leistungsfähige Wurzelkrone ein deutlich längerer Rückschnitt zu empfehlen ist. Abschließend verstreicht man alle Wunden (an der Unterlage, den Pfropfköpfen und den Edelreisern) mit einem Wundverschlußmittel.

Die weitere Behandlung dieser Krone in

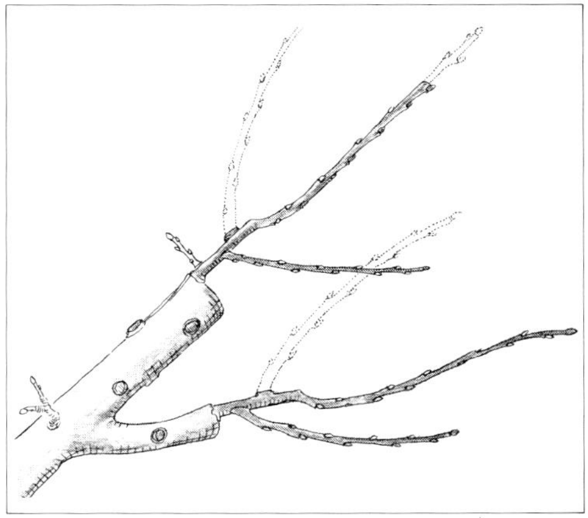

Abb. 112. Langtriebe aus Pfropfungen können beim Rückschnitt in der Regel länger angeschnitten werden als bei Jungbäumen.

den folgenden Jahren hat nach den beim zweiten und dritten Rückschnitt (→ 4.1.2) beschriebenen Grundsätzen zu erfolgen.

7.3.3 Die Behandlung mehrtriebiger Pfropfköpfe

Werden ältere Obstbaumkronen umgepfropft, so entstehen größere Pfropfköp-

Abb. 113. Zusätzliche Veredlungen werden heutzutage zur Ertragsverfrühung waagrecht gebunden.
Abb. 114. Doch sollten die für den Kronenaufbau nicht benötigten Veredlungen nicht allzulange erhalten bleiben, weil sonst beim Wegsägen zu große Wunden entstehen.

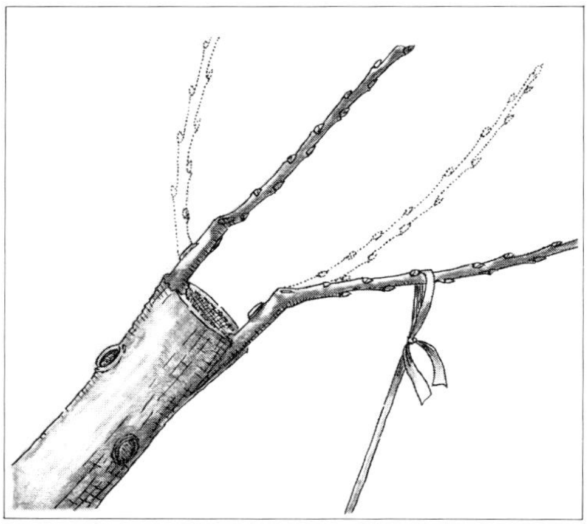

fe, in die zwei oder mehr Reiser veredelt werden. Jeweils das auf der Astoberseite eingesetzte Edelreis wird als neue Achsenverlängerung erzogen. Die zusätzlich gepfropften Reiser können Ersatz leisten, falls die eigentliche Verlängerung ausfällt; in erster Linie sollen sie jedoch mithelfen, die Pfropfkopfwunde zu überwachsen. In früheren Jahren sind diese Zusatzveredlungen bereits beim ersten Rückschnitt auf kurze Stummel zurückgeschnitten worden; heute ist es dagegen üblich, sie waagrecht zu binden, um daran die ersten Erträge zu ernten. In jedem Fall sollten sie nicht zu lange belassen werden, damit beim Entfernen keine zu großen Wunden entstehen. Bei kleineren Pfropfköpfen werden sie meist früher als bei größeren weggesägt.

Hinsichtlich des Rückschnitts gelten die im vorherigen Abschnitt dargestellten Maßnahmen. Man wird bei diesen älteren Bäumen unter Berücksichtigung der größeren Wurzelkrone eher noch länger anschneiden können, um damit die Krone möglichst schnell wieder ins „physiologische Gleichgewicht" zu bringen.

7.4 Die Behandlung und die Pflege von Wunden nach dem Schnitt

Durch den Schnitt werden den Obstbäumen Verletzungen zugefügt. Um zu verhindern, daß bedrohliche Folgeschäden für den Baum daraus entstehen, sollten größere Wunden schon bald nach ihrem Entstehen mit geeigneten Wundverschlußmitteln versehen werden.

Die durch die Schere und Säge an Trieben und Ästen verursachten Wunden versucht der Baum mit einem speziellen Wundgewebe wieder zu verschließen, das sich durch Zellteilungen aus dem Kambium bildet. Dieser Überwallungsprozeß kann bei größeren Wunden Jahre dauern. Das aber bedeutet, daß der noch nicht überwallte Teil des Holzkörpers der Gefahr ausgesetzt ist, von holzzerstörenden Pilzen oder Schädlingen befallen zu werden, es sei denn, ein wirksamer Schutzüberzug verhindert dies. Wunden gehören demnach behandelt und gepflegt.

Ein zweckmäßig und sorgfältig ausgeführter Schnitt ist die beste Voraussetzung für eine rasche Wundverheilung! Nicht ohne Grund ist beim Wegschnitt immer wieder darauf hingewiesen worden, daß Äste auf Astring geschnitten werden müssen. Bleiben dagegen Aststümpfe stehen, so erschweren sie nicht nur die Wundverwachsung, sondern sie können sie auch ganz verhindern. Gesunde Bäume sind zwar in der Lage, kleinere Wunden in kurzer Zeit zu verschließen; größere Wundstellen jedoch bedeuten immer ein Risiko in bezug auf mögliche Folgeschäden. Dieses Risiko läßt sich aber durch eine altbewährte, einfache Behandlung ganz erheblich vermindern.

In einschlägigen Fachgeschäften gibt es zur Behandlung und Pflege von Baumwunden Wundverschlußmittel in Form von Baumwachsen, Wachsteeren und von Präparaten auf Kunststoffbasis. Während Wachsteere ausschließlich zur Imprägnierung des Holzkörpers bei großen Wunden verwendet werden, eignen sich Wund- und Baumwachse, aber auch Verschlußmittel aus Kunststoff sehr gut für alle kleineren Wunden (oder aber für die Wundränder an großen Wunden). Sie können entweder mit einem Pinsel auf der Wundfläche verstrichen werden, oder man trägt sie mittels eines aus einem Stab gefertigten Spachtels auf. Gleichgültig, welches Mittel auch immer angewendet wird, es ist besonders wichtig, daß auch der Wundrand (nicht nur der Holzkörper) lückenlos bedeckt wird.

Bei jungen Bäumen ist es durchaus empfehlenswert – insbesondere bei den empfindlicheren Aprikosen, Pfirsichen oder Süßkirschen – überhaupt alle beim Winterschnitt entstandenen Wunden zu verstreichen (beim Sommerschnitt ist das weniger notwendig, weil die Wundverheilung augenblicklich einsetzt). An älteren Bäumen wäre der Aufwand für eine lückenlose Wundbehandlung unverhältnismäßig hoch. Er ist im übrigen auch gar nicht erforderlich; denn ältere, gesunde Bäume verfügen über so viel Baustoffe, daß kleine Wunden rasch geschlossen werden. Es genügt deshalb, Wundstellen mit mehr als 3 cm Durchmesser im Anschluß an den Winterschnitt zu verstreichen.

An größeren Wunden sollte jährlich einmal der Wundverschluß kontrolliert und wenn nötig ausgebessert werden. Falls es im Anfangsstadium der Wundverwachsung zu partiellen Rücktrocknungen der Rinde kommt, was nicht selten bei Kopfwunden von Steinobstbäumen der Fall ist, so müssen diese Partien bis auf gesundes Gewebe nachgesägt und erneut verstrichen werden. Diese Nachbehandlung kann u. U. nochmals notwendig werden.

115

116

117

118

Abb. 115. Ein möglichst am Astring plan verlaufender Schnitt ist die beste Gewähr für eine rasche und saubere Wundverheilung.
Abb. 116. Beim Wundverschluß ist es wichtig, daß auch der Wundrand lückenlos bedeckt wird.
Abb. 117. Beim Winterschnitt fallen die durch den Obstbaumkrebs infizierten Rinden- und Holzpartien besonders auf.
Abb. 118. Durch zwei keilförmig verlaufende Sägeschnitte kann das kranke Gewebe an stärkeren Ästen entfernt werden.

In derselben Weise müssen außerdem Wunden verstrichen werden, die bei der Behandlung von Krebswucherungen (vor allem an Apfelbäumen) entstanden sind. Es gehört mit zum Winterschnitt, diese Infektionsstellen zu beseitigen! Umfangreiche Wucherungen sollten, wo immer möglich, durch Zurücksägen ganz beseitigt werden. Ist dagegen noch genügend gesundes Gewebe vorhanden, so schneidet man die Befallstellen aus, während das kranke Gewebe an stärkeren Ästen durch zwei keilförmig verlaufende Sägeschnitte sauber entfernt wird.

8 Das Beerenobst

8.1 Rote Johannisbeeren

Johannisbeeren werden im Hausgarten vor allem wegen ihrer frühen und regelmäßigen Erträge neben ihrer vielseitigen Verwendbarkeit geschätzt. Da sie zudem keine großen Raumansprüche haben, können sie auch im kleinen Garten angebaut werden.

8.1.1 Sträucher

Pflanzware und Pflanzschnitt

Beim Einkauf der Sträucher kann der Kunde in der Baumschule zwischen Pflanzen mit 3/4, 5/7 und 8/12 Trieben auswählen. Es wird empfohlen, Sträucher der mittleren Sortierungsgruppe einzukaufen, weil im Pflanzjahr nicht mehr als vier bis fünf Triebe benötigt werden. Denn würde man dem Strauch mehr Triebe belassen, so wäre ein kräftiger Neutrieb nicht sicher. Es ist außerdem im Hinblick auf eine später notwendig werdende Verjüngung sinnvoll, die Leitäste etappenweise (im Verlauf der nächsten beiden Jahre) zu vervollständigen.

Der Strauch wird etwa 5–10 cm tiefer gepflanzt, als er bislang im Boden gestanden hat. Danach wählt man die kräftigsten vier bis fünf Triebe aus, die ausreichende Abstände zueinander haben. Alle überzähligen Triebe werden an der Bodenoberfläche weggeschnitten. Die Leittriebe kürzt man mit der Schere um die Hälfte ihrer Länge auf eine jeweils nach außen gerichtete Knospe ein, ohne daß über der Knospe ein Zapfen stehen bleibt. Hat einer dieser Leittriebe eine zentrale Stellung, so kann er als Mitteltrieb um zwei bis drei Knospen höher angeschnitten werden; denn auch bei dieser Straucherziehung wird eine kleine pyramidale Kronenform angestrebt.

Der Erziehungsschnitt

Bei den roten Johannisbeeren entwickeln sich aus den Knospen der Lang- und Kurztriebe Blüten- bzw. Fruchtstände. Als besonders fruchtbar gelten die Kurz-

Abb. 119. Pflanzschnitt eines Johannisbeerstrauchs: Es werden vier bis fünf kräftige und ordentlich verteilte Triebe belassen.

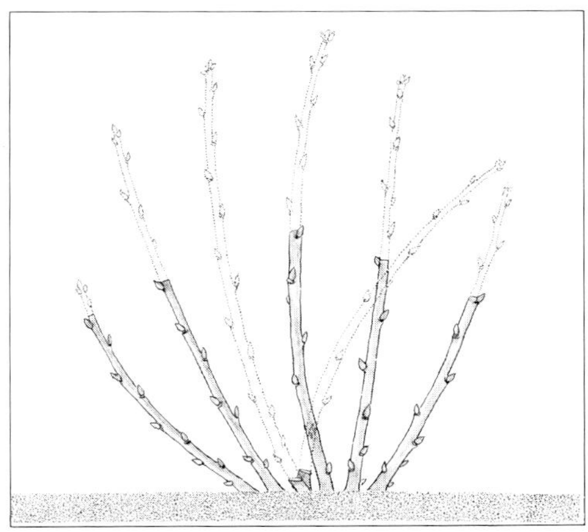

triebe am mehrjährigen Holz. Älteres Fruchtholz zeigt meist eindeutige Erschöpfungssymptome: Die Trauben und Beeren bleiben klein.

Mit dem Erziehungsschnitt in den folgenden drei bis vier Jahren bezweckt man folgendes: Die Leitäste sollen durch den jährlichen Rückschnitt zu ausreichend stabilen Trägerachsen werden und gleichzeitig genügend seitliches Fruchtholz entwickeln, das ebenfalls durch Rückschnitt angeregt zur Vervielfachung von Fruchtsprossen beitragen soll. Außerdem wird durch den Rückschnitt die Bildung von Bodentrieben angeregt, von denen einzelne zur Komplettierung der Leitäste benötigt werden. Weil sich aber die Sorten auch bei dieser Obstart in ihren Wuchseigenschaften und in ihrer Ertragsstruktur voneinander unterscheiden, muß ihre Individualität beim Schnitt berücksichtigt werden. Schwachwachsende und sich wenig verzweigende Sorten, wie z. B. 'Heros' und 'Red Lake', bei denen die Sträucher zudem unter der Ertragslast auseinanderzufallen drohen, müssen jährlich kräftig zurückgeschnitten werden: Die Verlängerungstriebe an den Leitästen kürzt man wenigstens auf die Hälfte ihrer Länge ein, während an den Seitenachsen erster Ordnung etwa drei bis vier und an den sich daraus entwickelnden Seitenhölzern zwei bis drei Knospen erhalten werden sollten.

Bei den stärkerwachsenden Sorten 'Jonkheer van Tets' und 'Rondom' muß der Rückschnitt der Leit- und Fruchtastverlängerungen zwischen einem Drittel und der Hälfte ihrer Länge betragen, denn diese beiden Sorten können im Ertragsalter ebenfalls auseinanderfallen. Dagegen

Abb. 120. Erziehungsschnitt bei schwachwachsenden Sorten: Verlängerungstriebe um die Hälfte verkürzen; Seitenachsen erster Ordnung auf drei bis vier, Seitenachsen zweiter Ordnung auf zwei bis drei Knospen zurückschneiden.

genügt eine Verkürzung der Verlängerungstriebe um nur ein Drittel bei der stark-, aber aufrechtwachsenden Sorte 'Rote Vierländer'. Bei allen stärkerwachsenden Sorten können die seitlichen Verzweigungen an den Leit- und Fruchtästen auf etwa fünf bis sechs Knospen zurückgeschnitten werden.

Bei der zu Windbruch neigenden Sorte 'Heinemanns Rote Spätlese' ist es zweckmäßig, die Leitastverlängerungen anfänglich nur um wenige Knospen bzw. überhaupt nicht zurückzuschneiden oder aber einzelne, den übrigen Strauch überragende Leittriebe auf die durchschnittliche Höhe auszugleichen.

Bei jedem Rückschnitt muß versucht werden, den Sträuchern eine pyramidale Form zu geben.

Die beim Erziehungsschnitt bislang behandelten ursprünglichen vier bis fünf Leitäste machen noch keinen kompletten

Strauch aus. Darum müssen zur Vervollständigung jährlich ein bis zwei weitere Leitäste aus Bodentrieben erzogen werden, so daß schließlich ein bis zwei Jahre nach der Pflanzung ein Strauch mit sechs, sieben oder acht Leitästen entstanden ist. Dazu werden aus den sich anfänglich recht zahlreichen Jungtrieben aus dem Wurzelstock Ergänzungstriebe an solchen Stellen ausgewählt, wo optisch noch Lücken in dem endgültig rund zu erziehenden Strauch auffallen. Die Erziehung eines solchen Ergänzungstriebs erfolgt genauso wie die eines Leitastes; allerdings braucht der kräftige einjährige Bodentrieb beim ersten Rückschnitt nur etwa um ein Drittel seiner Länge eingekürzt zu werden. Diese Ergänzungstriebe können demnach ein oder zwei, vielleicht auch einmal drei Jahre jünger sein, als die von Anfang an vorhandenen Leitäste. Diese unterschiedlich alten Fruchtträger garantieren über Jahre hinweg quantitativ und qualitativ gute Ernten.
Alle nicht zur Ergänzung des Strauches benötigten Bodentriebe müssen jährlich unmittelbar über der Bodenoberfläche weggeschnitten werden.

Der Instandhaltungsschnitt

Sind die Sträucher ins Ertragsstadium gekommen, so ändert sich bei den schwächerwachsenden Sorten beim Rückschnitt nichts: Die Verlängerungen werden auf die Hälfte der Jahrestrieblänge eingekürzt; an den Fruchthölzern schneidet man die Triebendknospen samt den nächsten dichtstehenden Seitenknospen weg. Bei den stärkerwachsenden Sorten werden die Leitastverlängerungen nun nicht mehr zurückgeschnitten, jedoch sollte das Fruchtholz ebenso behandelt werden wie bei den schwächerwachsenden Sorten. Weniger stabile, meist an der Strauchperipherie im Schutz der Leitäste gewachsene zusätzliche Äste müssen ebenfalls weggeschnitten werden.

Der Verjüngungsschnitt

Etwa ab dem vierten bis fünften Standjahr ist es empfehlenswert, bei allen Sorten jährlich einen oder zwei der ältesten Leitäste ganz wegzuschneiden oder aber auf einen Jungtrieb im Basisbereich abzuleiten. Bei schwächerwachsenden Sorten (z.B. 'Heros') muß dieser Wegschnitt erschöpfter Äste eher schon im vierten Standjahr erfolgen, während bei stärkerwachsenden Sorten dieses Verjüngen erst ein Jahr später – und dann möglichst durch Ableitungsschnitt – vorgenommen zu werden braucht. Beim totalen Wegschnitt ist wiederum ein Ergänzungstrieb nachzuziehen.
Sträucher, die bislang nur gelegentlich oder aber überhaupt noch nie geschnitten wurden, sind in den meisten Fällen zu hoch. Das wird besonders deutlich in Anlagen mit zu geringen Pflanzabständen. Eine kräftige Verjüngung durch Ableiten der seitherigen Achsen auf tieferstehende junge Seitentriebe wäre darum angebracht. Weil aber als Folge von Lichtmangel in derart hohen Sträuchern sowohl Verjüngungstriebe an der Basis der Leitäste als auch Bodentriebe fehlen, ist es notwendig, die zu dichten Strauchkronen zuerst einmal durch entsprechende Eingriffe zu öffnen, denn erst dann reagiert die nun belichtete Strauchbasis mit neuem

Austrieb. Dazu lichtet man die Sträucher als erstes kräftig aus: Es sollten allenfalls vier bis fünf Äste stehen bleiben, die jeweils auf die am tiefsten stehende, nach außen gerichtete Seitenachse abgeleitet werden. Aus den neuen Bodentrieben wählt man fünf, sechs oder auch sieben kräftige aus und schneidet sie um ein Viertel bis ein Drittel ihrer Länge jeweils auf eine nach außen stehende Knospe zurück. Falls die verjüngten älteren Leitäste die Entwicklung der neuen Bodentriebe beeinträchtigen, werden sie bereits im Sommer weggeschnitten, andernfalls entfernt man sie beim Winterschnitt. Für den weiteren Strauchaufbau gelten die Empfehlungen aus dem Abschnitt „Der Erziehungsschnitt" (siehe oben).

Ein starker Winterfrost kann Äste und Triebe eines Strauches so stark schädigen, daß sie im Frühjahr nicht mehr austreiben. Wenn der Wurzelstock gesund geblieben ist, kann sich der Strauch durch Bodentriebe regenerieren. Das geht um so schneller vonstatten, je früher die abgestorbenen Strauchteile entfernt werden.

8.1.2 Die Heckenerziehung am Drahtrahmen

Johannisbeeren lassen sich sehr gut an einem Drahtrahmen heckenartig erziehen (→ 9). Dieses längsgerichtete, schmale Pflanzsystem bietet sich für den Hausgarten zur Abschirmung oder als Raumteiler geradezu an. Zwar werden bei engeren Pflanzabständen (1–1,2 m in der Reihe) mehr Pflanzen benötigt, doch gleichen sich die höheren Anlagekosten durch frühe und hohe Erträge rasch aus.

Als Pflanzmaterial sind Sträucher der Sortierung 5/7 Triebe geeignet. Sie werden so gepflanzt, daß die kräftigsten Sprosse parallel zum Drahtrahmen stehen. Die stärksten drei bis vier Leittriebe werden dann am untersten Spanndraht fächerartig so verteilt und angebunden, daß noch

Abb. 121. Heckenerziehung von Johannisbeeren am Drahtrahmen: Es werden drei bis vier kräftige Leittriebe am untersten Spanndraht festgebunden und zurückgeschnitten; je Strauch zieht man ein bis zwei Ergänzungstriebe nach; etwa ab dem vierten bis fünften Standjahr sollte mit dem Verjüngen begonnen werden.

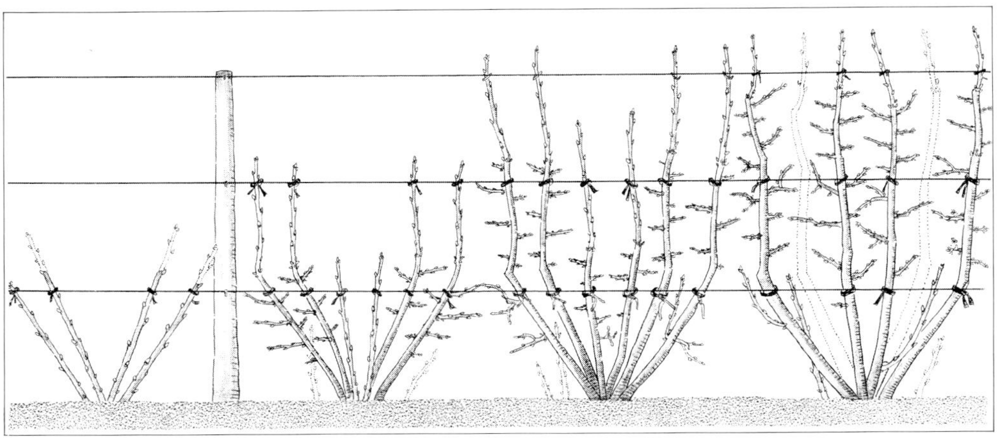

Platz bleibt für zwei bis drei Ergänzungstriebe, die im ersten bzw. zweiten Standjahr aus entsprechenden Bodentrieben ausgewählt werden. Dieser unterschiedliche Altersaufbau ist im Hinblick auf eine später vorzunehmende Verjüngung erwünscht. Weil aber der Drahtrahmen den Leittrieben und später den Leitästen eine ausreichende Unterstützung bietet, können die Leittriebe beim Pflanzschnitt lang bleiben: Entweder man schneidet sie nur um etwa ein Viertel ihrer Länge zurück, oder es wird bei gut bewurzelten Sträuchern überhaupt ganz auf den Rückschnitt verzichtet. Die Leitastverlängerungen sollen auch in den folgenden zwei bis drei Jahren nur wenig zurückgeschnitten werden, so daß sie sehr schnell ihre endgültige Höhe erreichen. Ein kürzerer Rückschnitt ist nur dann angebracht, wenn sich zu wenig Seitentriebe bilden. Sobald die Leitastverlängerungen in den folgenden Jahren über den obersten Spanndraht hinauswachsen, müssen sie immer wieder auf tieferstehende Seitentriebe abgeleitet werden. – Bei der Schnittbehandlung des Seitenholzes ist wie bei der Strauchererziehung beschrieben zu verfahren (→ 8.1.1 Der Erziehungsschnitt). An den äußeren schräg gestellten Leitästen können sich als Folge der Oberseitenförderung astoberseits kräftige „Ständertriebe“ entwickeln. Sie müssen beim Winterschnitt weggeschnitten werden, denn es wird ein flacher stehendes Fruchtholz bevorzugt. Während der Aufbauphase sind jährlich alle Bodentriebe zu entfernen.

Die Verjüngung der Leitäste läßt sich ab dem vierten bis fünften Standjahr durch Ableiten auf einen Jungtrieb an der Basis des abgetragenen Astes oder aber durch einen Bodentrieb ermöglichen.

8.1.3 Hoch- und Niederstämme

Das Erziehungskonzept

Wird der Entwicklung von Stammkronen beim Strauchbeerenobst keine Beachtung geschenkt, kann sie sehr schnell disharmonisch verlaufen. Ohne ein Schnittkonzept geht es auch hier nicht. Was sich beim Baumobst bewährt hat, kann auch bei diesen kleinen Stammkronen angewendet werden. Dabei hat sich die Miniatur-Pyramidenkrone mit einer Stammverlängerung und vier bis fünf Leitästen als sehr brauchbar erwiesen. Die Idealvorstellung für eine Beerenobst-Stammkrone sieht demnach so aus, daß sich um eine senkrechte Hauptachse vier bis fünf Leitäste im Winkelbereich von 45–90° gruppieren. An diesem Gerüst wird das Fruchtholz erzogen. Bei der praktischen Anwendung dieses Konzepts ist es einfach, die Hauptachse gerade zu stellen; dazu bedarf es nur eines genügend langen Unterstützungspfahls, der in die Krone hineinragt und an dem dann die Stammverlängerung angebunden werden kann. Es wäre aber des Guten zuviel getan, wollte man die Leittriebe durch Formieren (z. B. durch Abspreizen oder Hochbinden) in die erwünschte Winkelstellung bringen: Was durch Rückschnitt auf günstig plazierte Knospen an den Achsen nicht regulierbar ist, muß einfach hingenommen werden. Für den Erziehungsschnitt bei Stammkronen gilt also, durch überlegtes Schneiden zu versuchen, eine möglichst ideale Krone zu erziehen.

Pflanzware und Pflanzschnitt

Johannisbeerstämme werden in den Stammhöhen für Hochstämme 80–90 cm und für Niederstämme 40–50 cm angeboten. Die Kronen entsprechen bereits den Gütebestimmungen für Baumschulpflanzen, wenn sie drei gut entwickelte kräftige Triebe haben. Zur Wahl stehen aber zwei Sortierungen: mit drei bis vier Trieben und mit fünf und mehr Trieben. Es wird empfohlen, Kronen mit höherer Triebzahl einzukaufen.

Vor dem Pflanzschnitt sollten die Stämme an den zuvor in den Boden geschlagenen stabilen Pfählen (→ 9) angebunden werden, und zwar jeweils an der Veredlungsstelle und etwa in der Mitte des Stammes (letzteres entfällt bei Niederstämmen). Dann bindet man den Mitteltrieb gerade. Danach wird zurückgeschnitten: die Stammverlängerung auf ca. 20–25 cm, die vier bis fünf Leittriebe jeweils im Winkel von 60° auf eine nach außen gerichtete Knospe. Überzählige Triebe schneidet man ganz weg.

Der Erziehungs- und Instandhaltungsschnitt

Beim zweiten Rückschnitt sollte zunächst einmal überprüft werden, ob die Zahl der Leittriebe ergänzt werden muß oder ob durch Auswahl eines neuen, günstigeren Triebes eine Korrektur vorzunehmen ist (z. B. ein steilstehender Trieb wird durch einen flacherwachsenden ersetzt). Anschließend ist auszulichten: Konkurrenztriebe, nach innen wachsende und zu dicht stehende Triebe müssen weggeschnitten werden. Zuletzt nimmt man den Rückschnitt vor. Zum Maß dieses Rückschnitts, über den man sich bezüglich der Sortenbehandlung grundsätzlich informieren muß (→ 8.1.1 Der Erziehungsschnitt), ist folgendes zu bemerken: Da die Wuchskraft der durch Veredlung hergestellten Stammkronen ganz eindeutig schwächer als die der Sträucher ist, muß in jedem Fall kürzer geschnitten werden. Wenn bei der Straucherziehung beispielsweise angegeben ist, die Leitastverlängerungen auf die Hälfte ihrer Trieblänge zurückzuschneiden, dann ist es bei der Stammkrone besser, eher noch etwas stärker zurückzuschneiden. Dasselbe trifft auch für den Rückschnitt der Seitenachsen zu. Stärkerwachsende Sorten können zwar etwas länger angeschnitten werden, doch ist es zweckmäßig, die Leitastverlängerungen – und in jedem Fall das Fruchtholz – auch nach dem Aufbau der Krone jährlich zurückzuschneiden. Eines ist klar: Zur Sicherung eines ausreichenden jährlichen Zuwachses und zur Abwendung frühzeitiger Erschöpfung muß ein ständiger Triebreiz durch jährlichen Rückschnitt gegeben werden!

Der Verjüngungsschnitt

Bei der Verjüngung der Krone, die etwa ab dem vierten Standjahr an einzelnen Ästen auszuführen empfohlen wird, ist man immer nur auf Jungtriebe angewiesen, die sich in der Nähe des Kronenzentrums aus Leitästen entwickelt haben. Auf sie muß abgeleitet werden. Der Verjüngungstrieb wird genauso aufgebaut wie der einjährige Leittrieb in der jungen Krone. Mit Bodentrieben oder Stammtrieben kann keine Verjüngung vorgenommen werden, denn sie stammen aus der unveredelten Unterlage und gehören darum weggeschnitten.

8.2 Schwarze Johannisbeeren

8.2.1 Sträucher

Pflanzware und Pflanzschnitt

Über die Gütebestimmungen für Sträucher → 1.3. Für die Strauchererziehung reicht es, die mittlere Sortierung (5/7 Triebe) einzukaufen. Beim Pflanzschnitt ändert sich gegenüber den roten Sorten nichts: Es sollten vier bis fünf kräftige Triebe belassen werden, die auf etwa die Hälfte ihrer Länge (auf ca. 20–30 cm) zurückzuschneiden sind. Ein zentral stehender Trieb kann etwas höher angeschnitten werden. Die Leitäste schneidet man auf nach außen gerichtete Knospen zurück, ohne daß Zapfen über den Knospen stehen bleiben.

Der Erziehungsschnitt

Da die schwarzen Johannisbeersorten ausreichend Kurztriebe zum Fruchten bilden, genügt es, wenn ihre Leitastverlängerungen nur einmal, höchstens zweimal zurückgeschnitten werden und zwar um ein Drittel ihrer Länge. Der Erziehungsschnitt ist deshalb schon nach kurzer Zeit beendet. Das fördert einen frühen Ertragsbeginn, denn diese Beerenobstart fruchtet vor allem an den einjährigen Langtrieben. Weil die schwarze Johannisbeere aber vorwiegend kürzere Seitensprosse treibt, kann der Strauch aus mehr Leittrieben, nämlich aus acht bis neun (bei schwächerwachsenden Sorten können es auch ein bis zwei Leitäste weniger sein) bestehen. Das bedeutet, daß der gepflanzte Strauch in den beiden folgenden Jahren mit jährlich zwei Ergänzungstrieben vervollständigt wird. Diese brauchen, da der Strauch zu dem Zeitpunkt bereits kräftig treibt, lediglich um ein Drittel ihrer Länge zurückgeschnitten werden.

Der Instandhaltungsschnitt

Während der Hauptertragszeit ist darauf zu achten, daß die mit Fruchtholz garnierten Gerüstäste einen ausreichenden Abstand zueinander haben, damit sie gut belichtet sind. Sollten einzelne Partien zu dicht geworden sein, so muß der eine oder andere Leitast entfernt werden. Dasselbe trifft auch für den Fruchtholzbereich zu. Es sollten aber nicht nur zu dicht stehende Fruchthölzer ausgelichtet, sondern außerdem nach innen wachsende und die Leittriebverlängerungen konkurrierende Triebe jährlich weggeschnitten werden. Nicht zum Verjüngen benötigte Bodentriebe sind ebenso überflüssig wie zu schwache Leitäste, die sich auf den Boden abgeneigt haben.

Der Verjüngungsschnitt

Der Zeitpunkt für eine Verjüngung zeigt sich an, wenn an den Leitastverlängerungen nur noch ein sehr geringer Triebzuwachs zustande kommt. Um diesem Stadium abnehmender Qualität und Quantität rechtzeitig und wirksam begegnen zu können, wird empfohlen, etwa ab dem dritten bis vierten Standjahr mit der Teilverjüngung des Strauches zu beginnen. Bei schwarzen Johannisbeeren hat es sich bewährt, die alten Achsen auf bodennahe

Abb. 122. Beim Instandhaltungsschnitt ist darauf zu achten, daß die Leitäste einen ausreichenden Abstand zueinander haben.

junge Triebe abzuleiten. Falls an den Leitästen diese Verjüngungsmöglichkeit nicht besteht, müssen sie an der Bodenoberfläche, ohne daß ein Stummel stehen bleibt, mit einer Astschere weggeschnitten oder mit einer Bügelsäge weggesägt werden. Selbstverständlich sollte man Leitäste nach Möglichkeit nur dort entfernen, wo bereits ein neuer Bodentrieb die Lücke zu schließen in der Lage ist. Damit sich dieser Verjüngungstrieb aber ausreichend verzweigt, sollte er ungefähr um ein Drittel seiner Länge verkürzt werden.

Das Verjüngen zu hoch gewachsener Sträucher, die bisher kaum oder gar nicht geschnitten worden sind, ist bereits bei den roten Johannisbeeren beschrieben worden. Außerdem kann man dort auch über erforderliche Maßnahmen nach Holzfrostschäden nachlesen.

Einen ähnlich starken Eingriff wie nach schweren Frostschäden kann bei schwarzen Johannisbeeren der Befall durch Gallmilben erfordern, die bei massivem Auftreten den Austrieb ganzer Sträucher verhindern. Wirksame chemische Bekämpfungsmöglichkeiten sind z.Z. nicht gegeben, so daß eben nur ein sehr strenger Rückschnitt zur Beseitigung des Mißstandes übrigbleibt. Gallmilbenschäden können bereits im Spätwinter (beim Winterschnitt) ausgemacht werden: Die Knospen sind rund und stark verdickt. Werden zu diesem Zeitpunkt nur einzelne befallene Knospen festgestellt, so können sie mit den Fingern ausgebrochen und in einem Eimer zum anschließenden Verbrennen gesammelt werden. Ist jedoch der gesamte Strauch mehr oder minder stark verseucht, dann müssen alle befallenen Triebe so weit zurückgeschnitten werden, daß an den verbliebenen Teilen nur gesunde Knospen sitzen. Das kann in solchen Fällen zur Folge haben, daß von einzelnen Sträuchern wenig oder nichts mehr übrigbleibt.

Abb. 123. Zu hoch gewachsene Sträucher werden durch Ableiten auf tieferstehende Seitentriebe verkürzt.

8.2.2 Die Heckenerziehung am Drahtrahmen

Auch schwarze Johannisbeeren sind für eine heckenartige Erziehung gut geeignet. Grundsätzliches dazu ist bereits bei der Heckenerziehung der roten Johannisbeeren ausgesagt worden (→ 8.1.2). Die Sträucher der schwarzen Johannisbeeren werden auch bei der Heckenerziehung nur ein- bis zweimal zurückgeschnitten; außerdem können ein oder auch zwei Leitäste mehr als bei den roten Johannisbeeren am Gerüst hochgezogen werden.

8.2.3 Hoch- und Niederstämme

Für Stämme der schwarzen Johannisbeere gelten dieselben Stammhöhen und Sortierungsgruppen wie bei den roten Johannisbeeren (→ 1.3). Bei der Erziehung der Kronen und beim Instandhaltungsschnitt ist es zweckmäßig, die Gerüstäste schon früh und dann fortlaufend durch Ableiten immer wieder zu verjüngen, um damit einen ausreichenden Neutrieb zu sichern. Ansonsten wird die Krone mit einer Mittelachse und vier bis fünf Leitästen aufgebaut.

8.3 Stachelbeeren

Obwohl auch für Stachelbeeren zutrifft, daß Sträucher höhere Erträge bringen als Stammformen und daß sie durch Bodentriebe leichter zu verjüngen sind und darum älter werden, haben sich die Stammkronen im Liebhaberanbau stärker durchgesetzt als bei den Johannisbeeren. Das steht mit Sicherheit im Zusammenhang mit den Unannehmlichkeiten, die sich beim Schneiden und Ernten dieser stacheligen Obstart ergeben. Beide Anbauformen können aber die Erwartungen der Liebhaberobstbauer erfüllen, wenn bei der Erziehung und Instandhaltung bestimmte Erfahrungen beachtet werden.

8.3.1 Sträucher

Pflanzware und Pflanzschnitt

Für den Liebhaberobstbauer sind zwei- bis dreijährige Sträucher mit mindestens fünf bis sieben Trieben zum Pflanzen geeignet. Beim Pflanzschnitt werden vier bis fünf Triebe als künftige Leitäste belassen und auf 20–30 cm Länge, und zwar jeweils auf eine nach außen gerichtete Knospe, zurückgeschnitten. Ein in der Strauchmitte stehender Trieb kann als Mitteltrieb um zwei bis drei Knospen länger angeschnitten werden, denn auch bei diesen Sträuchern wird eine zwar kleine, doch eine pyramidal geformte Krone angestrebt.

Der Erziehungsschnitt

In den folgenden drei bis vier Jahren werden die Verlängerungen der Leitäste jährlich um etwa ein Drittel ihrer Länge zurückgeschnitten (im Spätwinter). Bei kräftigem Durchtrieb im ersten Jahr kann man beim zweiten Rückschnitt eher etwas länger schneiden, damit sich die Sträucher nicht von Anfang an im Strauchzentrum zu sehr verdichten. Die Seitenhölzer schneidet man beim Winterschnitt auf sechs bis acht Knospen und die sich aus diesen zurückgeschnittenen Trieben dann entwickelten Seitentriebe auf zwei bis drei

Knospen zurück. Von den jährlich meist zahlreich gebildeten Bodentrieben werden zunächst jedes Jahr allenfalls zwei zur Vervollständigung des mit sechs bis acht Leitästen als komplett geltenden Strauches benötigt; alle anderen Bodentriebe werden unmittelbar über der Bodenoberfläche weggeschnitten. Etwa im dritten bis vierten Jahr ist der Aufbau des Stachelbeerstrauches beendet.

Der Instandhaltungsschnitt

Ordentlich gepflegte Stachelbeersträucher treiben jährlich kräftig. Das ist trotz aller Schnittprobleme, die dem Hobbyobstbauer dadurch entstehen können, gut so, denn Stachelbeeren blühen an jungen grünen Kurztrieben, die sich aus den Seitenknospen von Langtrieben entwikkeln. Nicht selten bilden sich vorzeitige Triebe, die im folgenden Jahr fruchten können. Es wäre demnach falsch, diese absolut nicht nach Ertragshölzern aussehenden einjährigen Triebe beim Winterschnitt wegzuschneiden. Es ist schon sehr viel fachmännischer, beim Winterschnitt zunächst einmal mit der Grobarbeit zu beginnen und beispielsweise alle auf dem Boden aufliegenden Frucht- und Leitäste (besonders bei den Sorten mit hängendem Wuchs) mit der Astschere oder der Baumschere wegzuschneiden. An diesen ersten Eingriff, der bereits eine bessere Übersicht verschafft, sollte sich das Auslichten überzähliger und zu dicht stehender Leitäste anschließen, so daß etwa sechs bis sieben, höchstens acht Leitäste stehen bleiben. Von diesen Leitästen werden ab dem dritten Standjahr jährlich zwei, und zwar jeweils die am stärksten erschöpften bzw. ältesten im Rahmen der bei Ertragssträuchern üblichen jährlichen Teilverjüngung ersetzt. Das bedeutet, daß von den Bodentrieben immer einer dort stehen bleiben muß, wo ein abgetragener Leitast nach dem Entfernen eine Lücke hinterläßt. Dieser Ersatztrieb wird möglichst wenig zurückgeschnitten, damit er sich hoch genug vom Boden entfernt verzweigt. Alle übrigen Bodentriebe sind konsequent zu entfernen.

Dem Grobauslichten folgt dann der Rückschnitt der einjährigen Triebe bei gleichzeitigem Auslichten zu dicht stehender Sprosse. Dieser Rückschnitt ist eigentlich in den allermeisten Gärten angebracht, weil er bei sorgfältiger Durchführung den nahezu allgegenwärtigen amerikanischen Stachelbeermehltau ausschaltet, der an den deutlich braun verfärbten Triebspitzen überwintert. Er infiziert im folgenden Sommer vornehmlich die Spitzen der Neutriebe und die noch unreifen Früchte. Vor dem Rückschnitt ist es deshalb wichtig, Flachsteigen oder flache Körbe unter den Strauch zu schieben, in denen die Triebspitzen gesammelt und zum Verbrennen abtransportiert werden können. Mehltaubefallene Triebspitzen machen es aber in keinem Fall erforderlich, daß die einjährigen Triebe ohne Ausnahme auf kurze Stummel zurückgeschnitten werden, wie das häufig festzustellen ist. Damit würde wertvolles Fruchtholz beseitigt! Es sollte eher versucht werden, auch längere einjährige Triebteilstücke zu erhalten. Das läßt sich an den Achsen der Leit- und Fruchtäste dadurch verwirklichen, daß wenigstens die in Basisnähe entwickelten einjährigen

Triebe lang angeschnitten werden, während die zur Spitze hin stehenden kürzer zu schneiden sind, so daß eine konische Anordnung des Fruchtholzes zustandekommt. Kurze mehltaufreie Bukett-Triebe bedürfen keines Rückschnitts. Zum Glück ist dieser Pilzbefall aber nicht die Regel. Bei gesunden, nicht braun gefärbten Triebspitzen ist es empfehlenswert, nur auszulichten und nicht zurückzuschneiden, damit auch der Spitzenbereich der Triebe fruchten kann.

Auf eine Besonderheit beim Schnitt bestimmter Stachelbeersorten muß noch hingewiesen werden: Verschiedene Sorten wachsen bogenförmig überhängend. Beim Rückschnitt dieser Sorten empfiehlt es sich, die Einzeltriebe auf astoberseits plazierte Knospen zu kürzen.

Der Verjüngungsschnitt

Werden Stachelbeersträucher längere Zeit nicht geschnitten, dann altern sie sehr rasch, so daß sich folgendes Bild ergibt:

▷ Das Strauchinnere ist völlig kahl geworden;
▷ was sich an schwachem Neuwuchs jährlich noch tut, hat sich in die Kronenperipherie verlagert;
▷ ein regenerierender Austrieb aus dem Wurzelstock findet nicht mehr statt;
▷ mengenmäßig können sich zwar noch ausreichende Erträge bilden, doch ist die Fruchtgröße alles andere als befriedigend.

Ob Schnitteingriffe immer den gewünschten Erfolg bringen, ist nicht in jedem Fall sicher, doch sollte beim Verjüngen im Winter zunächst einmal die Anzahl der seitherigen Leitäste verringert werden. Es ist wichtig, daß der Strauchgrund wieder gut belichtet wird, denn von dort aus soll die Strauchverjüngung mit neuen Bodentrieben erfolgen. Falls noch einzelne Bodentriebe vorhanden sein sollten, können sie für den Wiederaufbau des Strauches leicht zurückgeschnitten werden.

8.3.2 Die Heckenerziehung am Drahtrahmen

Stachelbeeren lassen sich ebenso gut wie rote und schwarze Johannisbeeren an einem Drahtrahmen als Hecke erziehen. Die an dem zuvor errichteten Spaliergerüst (→ 9) im Abstand von 1–1,2 m gepflanzten Sträucher werden meist viertriebig erzogen. Schon beim Pflanzen ist darauf zu achten, daß die vier kräftigsten Triebe möglichst parallel zum Spanndraht zu stehen kommen.

Beim Pflanzschnitt schneidet man jeden Trieb auf 20–30 cm Länge zurück, und zwar jeweils auf eine nach außen gerichtete Knospe. Um einen genügenden Abstand zu den beiden inneren Leitästen herzustellen, werden die beiden äußeren Leittriebe zunächst einmal in die Breite und dann erst in die Höhe gezogen. Weil sich aber die seitlich gerichteten Triebe in der Regel schwächer entwickeln, dürfen die beiden innenstehenden beim zweiten Rückschnitt nicht zu lang gelassen werden, weil sonst eine disharmonische Entwicklung der Leitäste eingeleitet wird.

In den folgenden Jahren müssen die vier Leitäste in ihren Verlängerungen in dem Maße zurückgeschnitten werden, daß sie seitlich ausreichendes Fruchtholz entwickeln. Damit dieses Fruchtholz auch in den unteren Partien intakt bleibt, ist eine

spitzkegelige Form durch entsprechenden Schnitt zu erhalten. Der Fruchtholzschnitt wird im übrigen wie bei den Sträuchern ausgeführt.
Die Verjüngung dieser Heckenform sollte, wo immer möglich, durch Ableiten auf Seitenachsen geschehen, die sich an der Basis der Leitäste gebildet haben. Nur so kann die erzogene Form erhalten werden.

8.3.3 Hoch- und Niederstämme

Obwohl die Kronen der Stachelbeere sehr stabil sind, bleiben die schwachen Unterlagen-Stämme und die Veredlungsstellen ein Leben lang bruchgefährdet, wenn sie nicht an einen stabilen Pfahl angebunden werden (→ 9).

Pflanzware und Pflanzschnitt

Stachelbeer-Stämme werden als Hochstämme mit 80–90 cm und als Niederstämme mit 40–50 cm Stammhöhe gehandelt. Die einjährigen Kronen müssen mindestens vier gut entwickelte kräftige Triebe haben. Es gibt zwei Sortierungsgruppen: Mit vier bis sechs und mit sieben und mehr Trieben.
Vor dem Pflanzschnitt bindet man zunächst einmal einen zentral stehenden Trieb als zukünftige Stammverlängerung mit einer oder zwei Bindungen an den Unterstützungspfahl an; dann schneidet man ihn auf etwa die Hälfte seiner Länge zurück. Von den übrigen Leittrieben beläßt man vier, höchstens fünf gleichmäßig verteilte stehen und schneidet die überzähligen weg. Von der zurückgeschnittenen Mitte aus werden die nach außen gerichteten Knospen angepeilt (in einem Winkel von jeweils 60 °), an denen der Rückschnitt vorzunehmen ist. Bei Sorten mit hängendem Wuchs wählt man dazu trieboberseits stehende Knospen aus.

Der Erziehungsschnitt

Die gegenüber Sträuchern eindeutig schwächerwachsenden Stamm-Kronen müssen kürzer geschnitten werden, um sie laufend zu kräftigem Neutrieb anzuregen. Dieser stete Wachstumsreiz ist notwendig, damit ein frühzeitiges Altern der Gerüstäste verhindert wird, aus denen sich allein eine dauernde Verjüngung vollziehen kann. Mit Boden- und Stammaustrieben der unveredelten Unterlage kann nicht verjüngt werden.
Beim zweiten Rückschnitt ist zu überprüfen, ob die ursprünglich ausgewählten Leitäste, weitererzogen werden können oder ob nicht der eine oder andere durch einen günstiger stehenden Ergänzungstrieb ersetzt werden kann. Ist die Wahl der künftigen Leitäste getroffen worden, so kann anschließend mit dem Auslichten begonnen werden. Dabei schneidet man Konkurrenztriebe, nach innen wachsende und zu dicht beieinanderstehende Triebe ebenso weg, wie starke steilwachsende und nach unten gerichtet. Dem Wegschnitt folgt schließlich der Rückschnitt, wenn die Triebspitzen vom Mehltaupilz befallen wurden. Sind die Triebe einer Krone dagegen insgesamt gesund, so kann man auf den Rückschnitt verzichten und auch den Spitzenbereich fruchten lassen.

Der Instandhaltungsschnitt

An dem bereits dargestellten Schnitt ändert sich auch im Ertragsstadium nichts:

Zunächst wird überprüft, ob alle Gerüstäste noch voll intakt sind; wo dies nicht der Fall ist, ersetzt man den einen oder anderen entweder durch einen Jungtrieb aus der Mitte, oder der Leitast wird auf einen in Basisnähe gewachsenen neuen Trieb abgeleitet. Die Kronen dürfen beim Auslichten nicht kahlgeschoren werden! Es müssen genügend einjährige Triebe geschont bleiben. Es wäre auch falsch, alle einjährigen Triebe grundsätzlich auf Stummel zurückzuschneiden, denn dadurch würde der quantitative Ertrag erheblich geschmälert. Die Stärke des Rückschnitts muß sich am Umfang des letztjährigen Zuwachses und der letztjährigen Verzweigungsstärke orientieren: Bei starkem Wuchs und reicher Verzweigung muß länger angeschnitten werden als bei schwachem Zuwachs. Wie bei den Schnittmaßnahmen zuvor, sind auch hier braungefärbte Triebspitzen sorgfältig zu entfernen und dann zu verbrennen.

Der Verjüngungsschnitt

Die beste Verjüngungsmaßnahme bei Stammkronen ist ein jährlich konsequent durchgeführter Winterschnitt, durch den das Wachstum ständig angeregt wird. Wenn die Kronen dennoch allmählich vergreisen, so ist dies als eine natürlich verlaufende Alterung zu bewerten.

In ungepflegten Anlagen kann man solcherart vergreiste, weil vorzeitig erschöpfte

Abb. 124. Beerenobststämme müssen zeitlebens an einem stabilen Pfahl sicher angebunden sein.
Abb. 125. Konische Anordnung des Fruchtholzes; an einem Leitast einer Stachelbeer-Stammkrone dargestellt.
Abb. 126. Ausgelichtete und zurückgeschnittene jüngere Stachelbeer-Stammkrone.

Stammkronen bereits in einem sehr viel früheren Stadium finden. Wer einen solchen Bestand übernimmt, kann versuchen, die Kronen zu verjüngen. Dabei leitet man die Gerüstäste auf Neutriebe oder jüngere Seitenachsen ab, die im Kronenzentrumsbereich noch vorhanden sind. Die Krone wird also erheblich verjüngt. Ob sie sich in der Folge triebmäßig wieder ausreichend regeneriert, muß abgewartet werden; nicht in jedem Fall ist das gewährleistet.

8.4 Himbeeren

Bei den Himbeeren wird einmal ein Pflanzschnitt und außerdem jährlich ein Auslichtungsschnitt durchzuführen erforderlich; bei Sorten mit sehr langer Rutenbildung kann zudem ein Verkürzungsschnitt zweckmäßig sein.

Unterstützungsgerüst → 9

Pflanzware und Pflanzschnitt

Himbeeren werden als einjährige oder als zweijährige verpflanzte Ruten angeboten. Einjährige Ruten sollten wenigstens 100 cm, zweijährige mindestens 70 cm lang sein. Viel wichtiger aber als die Rutenlänge ist eine gute Bewurzelung mit mindestens einer Wurzelknospe.

Die gepflanzten Ruten sind beim Pflanzschnitt auf 40–50 cm Länge zurückzuschneiden, wobei es überhaupt keine Rolle spielt, wo abgeschnitten wird. Die verkürzte Rute soll mit ihren Blättern allein die Neutriebbildung aus dem Wurzelhals fördern helfen, bevor sie im folgenden August bis September, sobald die jungen Wurzelschosse zu kräftigen Ertragsruten herangewachsen sind, über dem Boden weggeschnitten wird. Man kann demzufolge von den zurückgeschnittenen Pflanzruten keinen Ertrag erwarten.

Der jährliche Auslichtungsschnitt

Im Vergleich zum Schnitt anderer Obstarten ist das Auslichten der Himbeeren eine „Lockerungsübung" für den Hobbyobstbauer; es ist einfach und beinahe automatisch durchführbar, wenn der Ausführende den naturgewollten Zyklus beachtet:

▷ Bei den einmaltragenden Himbeersorten (zu ihnen zählt das Gros der im Handel befindlichen Sorten) bringen die Ruten im Jahr ihres Entstehens keine Früchte; sie tragen erst im Sommer des zweiten Lebensjahres.

▷ Bei den zweimaltragenden Himbeersorten (z.B. 'Lloyd George', 'Zeva 3' und 'Korbfüller') dagegen verteilt sich der Fruchtansatz auf zwei Zeitabschnitte; ein Teil der Blütenanlagen bildet noch im Entstehungsjahr der Ruten – ab Ende August bis in den Oktober hinein – Früchte aus; die Resternte entwickelt sich dann im folgenden Frühsommer.

Aus diesen unterschiedlichen Veranlagungen können sich Konsequenzen für den Schnitt ergeben, die im folgenden erläutert werden.

Bei einmaltragenden Sorten

Nach der Ernte beginnen die zwei Jahre alten Ruten abzusterben. Sie haben ihre Aufgabe erfüllt, und sie sollten aus Gründen der Pflanzenhygiene möglichst schnell dicht über dem Boden abgeschnitten werden, so daß keine Stummel stehen bleiben. Falls erforderlich, müssen sie vom Spanndraht gelöst werden, damit sie aus der Anlage entfernt werden können. Sind die alten, abgetragenen Ertragsruten weggeschnitten, so sollte man sich dem Auslichten der jungen, einjährigen Ruten zuwenden, von denen je lfd. Meter nicht mehr als 10 bis 12 Stück zu belassen sind. Bei diesem Auslichtungsschnitt im Jungrutenstand werden schwache und kranke oder auch außerhalb der Himbeerreihe befindliche Sprosse am Boden weggeschnitten; will man daraus Vermehrungsmaterial gewinnen, so müssen die gesunden Ruten dagegen ausgegraben werden. Die kräftigsten Ruten bleiben als Ertragsruten stehen; man bindet sie gleichmäßig verteilt mit zugeschnittenem Heftdraht an die beiden Spanndrähte.

Bei zweimaltragenden Sorten

Die zweimaltragenden Himbeersorten unterscheiden sich von den einmaltragenden dadurch, daß der Spitzenbereich der Ruten noch im Jahr ihres Entstehens fruchtet, während die darunter befindlichen Fruchtknospen, genauso wie bei den einmaltragenden, erst im Sommer des zweiten Jahres Fruchtstände ausbilden. Der im Ertragsverhalten verfrühte Spitzenbereich verhält sich nach dem Fruchten wie die zweijährige Ertragsrute nach der Ernte: Er stirbt ab. Und deshalb gehört er bis zum gesunden Sproßteil zurückgeschnitten. Ansonsten wird man den beschriebenen Auslichtungsschnitt unmittelbar nach der Ernte anwenden.

Sonderfall: Schnitt der zweimaltragenden Sorten, wenn sie nur im Herbst fruchten sollen. – Manche Beerenobstbauern legen bei den zweimaltragenden Sorten aus kommerziellen Gründen nur Wert auf die Herbsternte; sie schneiden deshalb im Spätwinter überhaupt alle Triebe weg, weil nur die im selben Jahr gewachsenen Sprosse im Herbst fruchten. Eine zusätzliche Behandlung erfolgt nicht, denn es ist erwünscht, daß sich möglichst viele Ruten bilden, weil diese ja lediglich sektorial fruchten. Für den Liebhaberobstbauer kann dieser Trick dann reizvoll sein, wenn er daneben einmaltragende Sorten im Garten kultiviert. Denn eigentlich sind Sorten mit zwei Ernteperioden geradezu geschaffen für den Haus- und Siedlergarten.

Frühjahrsbehandlungen

Sorten mit sehr langer Rutenbildung, wie z.B. ‘Malling Landmark’ oder ‘Schönemanns’, werden in vielen Jahren bis zum Vegetationsende hin mehr als mannshoch, so daß man sich fragen muß, was denn mit diesen überlangen Sprossen zu tun ist. Die einfachste Lösung ist die, daß die Ruten nach den letzten Winterfrösten im Frühjahr auf 160–180 cm Länge zurückgeschnitten werden (mit der Baum- oder Heckenschere). Wer jedoch zusätzliche Arbeit nicht scheut, der kann die über den oberen Spanndraht hinausragenden Rutenspitzen bogenförmig umlegen und am oberen Spanndraht mit Heftdraht befestigen. Wer aber Spaß am Experimentieren hat, der kann beide Verfahren anwenden und dann die Ergebnisse miteinander vergleichen.

Kommt es zu einem Spätfrost im Frühjahr, nachdem die Wurzelschosse aus dem Boden gewachsen sind, so entstehen dadurch an den Jungtrieben verbreitet Holz- und Markschäden, die äußerlich an braun- bis schwarzverfärbter Rinde sichtbar werden. Zwar wachsen diese geschädigten Ruten weiter, doch knicken sie dann später an diesen Schadstellen um. Es kann aber auch vorkommen, daß nur die Sproßspitzen erfrieren. Als Folge treiben dann mehrere der Blattachselknospen durch, so daß mehrtriebige Sprosse entstehen; die aber sind als Ertragsruten unerwünscht. Aus diesen sehr nachteiligen Erfahrungen wird darum empfohlen, alle Jungtriebe nach einem Spätfrost im Frühjahr an der Bodenoberfläche abzuschneiden. Es bilden sich neue Wurzelschosse, die intakt sind.

Wer keine Pflanzware aus dem eigenen Bestand gewinnen will, kann das Auslichten der einjährigen Ruten, das sonst im Zuge der Schnittmaßnahmen nach der Ernte vorgenommen wird, ins Frühjahr vorverlegen, sobald die jungen Sprosse etwa 20 cm lang geworden sind. Dieses so früh im Jahr durchgeführte Vereinzeln, bei dem die Jungtriebe entweder mit der Baumschere an der Bodenoberfläche weggeschnitten oder aber mit der durch einen Lederhandschuh geschützten Hand einfach aus dem Boden gerissen werden,

Abb. 127. Nachdem die abgetragenen Ruten entfernt worden sind, lichtet man aus; je lfd. m bleiben nicht mehr als 10 bis 12 stehen.
Abb. 128. Beim Auslichten der neuen Sprosse ist darauf zu achten, daß kranke, beschädigte und schwache Ruten entfernt werden.
Abb. 129. Es hat sich als vorteilhaft herausgestellt, die Ruten an den Spanndraht zu heften.

fördert ohne Zweifel die Entwicklung der verbleibenden Ruten. Wer will kann drei oder vier weitere Ersatzruten stehen lassen. Nachdem nach der Ernte die besten ausgewählt worden sind, muß auf 10–12 Sprosse je lfd. Meter reduziert werden.

8.5 Brombeeren

Konsequente jährliche Winter- und Sommerschnittbehandlungen können auch die stacheligen rankenden Brombeeren zu umgänglichen Partnern im Obstgarten machen, vollends wenn sie an einem Drahtrahmen erzogen werden. Wer sich dieser Auseinandersetzung dennoch nicht gewachsen fühlt, kann sich für die harmloseren stachellosen rankenden Sorten oder aber für aufrechtwachsende Brombeeren entscheiden.

Unterstützungsgerüst → 9

8.5.1 Pflanzware und Pflanzschnitt

Brombeeren werden verpflanzt und als einjährige Ranken angeboten. Auf welche Weise diese Jungpflanzen gewonnen worden sind, ist für den Gartenliebhaber ohne Bedeutung. Für ihn ist nur eines wichtig: beim Pflanzeneinkauf darauf zu achten, daß die zumindest bleistiftstarke Ranke gut bewurzelt ist und daß an ihrem Wurzelhals wenigstens eine, besser zwei

Abb. 130. Im Frühjahr werden die alten Ranken mit der Astschere in Stücke geschnitten.
Abb. 131. Beim Herausbefördern der Rankenstücke benutzt man die Astschere als Zange.
Abb. 132. Die neuen Ertragsranken werden am Gerüst gleichmäßig verteilt, um die Spanndrähte geschlungen und mit Heftdraht befestigt.

Wurzelknospen vorhanden sind. An den Jungpflanzen der Brombeere unterbleibt nach dem Pflanzen jeglicher Schnitt.

8.5.2 Rankende Sorten rankend erzogen

Der Erziehungsschnitt

Es ist erwünscht, daß sich im Sommer des Pflanzjahres zwei bis drei wenigstens mittellange Ranken aus dem Wurzelstock bilden, die im Laufe der Vegetation an die Spanndrähte fächerartig verteilt hochgebunden werden müssen. Falls sich an diesen Sprossen vorzeitige Triebe aus den Blattachseln entwickeln, schneidet man sie auf zwei bis drei Blätter (= Augen) zurück, sobald sie 30–40 cm lang geworden sind.

Im folgenden ersten Standjahr kann sich an den vorjährigen Ranken ein kleiner Fruchtansatz ausbilden; er ist ohne Bedeutung. Viel entscheidender ist es, daß sich aus dem Wurzelstock vier oder mehr neue kräftige und lange Sprosse entwikkeln, die als nächstjährige Ertragsranken gleichmäßig an der der Gerüstfläche zu verteilen und zu befestigen sind. Dabei braucht man auf die vorjährigen Ruten keine Rücksicht zu nehmen. Eines jedoch sollte beachtet werden: Der untere Spanndraht muß für das Hochbinden neuer Sprosse freibleiben. An den nächstjährigen Ertragsranken müssen außerdem die vorzeitigen Triebe etwa ab Mitte Juni, sobald sie ca. 50 cm lang geworden sind, auf vier bis fünf Blätter zurückgeschnitten werden. Mitte Juli ist diese Sommerbehandlung am bisher nicht behandelten Rankenteil zu wiederholen.

Im zweiten Standjahr müssen vor dem Austrieb alle Ranken dicht über dem Boden weggeschnitten werden, die im Pflanzjahr gewachsen sind; sie sind nun älter als zwei Jahre. Sich neu entwickelnde Ranken werden links und rechts in die Drahthaken (→ 9) am unteren Spanndraht gelegt. Vorzeitige Triebe, die sich aus ihren Blattachselaugen bilden, schneidet man wie beschrieben zurück. Das zweite Standjahr ist zugleich das erste Vollertragsjahr. Der Aufbau der Anlage ist nun abgeschlossen. Ab diesem Zeitpunkt ist für alle Jahre danach das im folgenden Abschnitt beschriebene Programm für den Schnitt und das Formieren gültig.

Der Instandhaltungsschnitt

Die abgetragenen zweijährigen Ranken, die leicht an den vertrockneten Fruchtständen auszumachen sind, sollten schon bald nach der Ernte mit einer Astschere (oder einer Baumschere) dicht über dem Boden abgeschnitten werden. Diese abgeschnittenen Ranken werden jedoch nicht entfernt, denn sie bilden zusammen mit dem vertrocknenden Laub, das nicht abfällt, einen gewissen Winterschutz für die jungen Ranken.

Im Spätwinter oder Frühjahr. Am besten schneidet man im März mit der Astschere die alten, im Spätsommer bereits losgeschnittenen Ranken in Stücke, so daß sie mit der gleichzeitig als Zange zu handhabenden Astschere aus dem Gerüstrahmen gehoben werden können. Die Rankenstücke entfernt man schließlich mit einer Gabel aus der Anlage. Erst danach läßt es sich ungehindert neu formieren: Zunächst werden die neuen Ertragsranken vom unteren Spanndraht gelöst und an den höher verlaufenden Spanndrähten gleichmäßig verteilt und befestigt (entweder werden sie in dort vorhandene Drahthaken eingelegt oder aber um die Spanndrähte geschlungen und angebunden). Jedem Stock können fünf bis sechs Ertragsranken belassen werden. Die an diesen Ertragsranken durch Sommerschnitt eingekürzten Triebe werden von seither vier bis fünf Knospen nun auf ein bis zwei, höchstens drei Knospen zurückgeschnitten. Das reicht für einen guten Ertrag vollkommen aus. Zu lange Ertragsranken oder solche, bei denen die Spitze zurückgetrocknet ist, kürzt man ebenfalls ein.

Der Sommerschnitt. Während der Sommermonate sollten neugebildete Ranken möglichst früh vom Boden weg an den unteren Spanndraht hochgenommen und dort befestigt werden. Das ist eine sehr wirksame pflanzenhygienische Maßnahme. Wenn sich mehr als sechs neue Sprosse entwickeln, so sollte man überzählige schwächere wegschneiden.

Der Sommerschnitt an vorzeitig gebildeten Trieben wurde schon beim Erziehungsschnitt erläutert: Ab Mitte Juni werden die vorzeitigen Seitenachsen am Hauptsproß, die sich bei bestimmten Sorten bis in den August hinein entwickeln, auf vier bis fünf Augen oder Blätter zurückgeschnitten. Diese Sommerbehandlung ist aus verschiedenen Gründen sehr vorteilhaft: Grundsätzlich trägt der Schnitt zu einer sehr viel besseren Übersicht bei. Im einzelnen aber wird durch die Reduktion von Blütenknospen eine gute Qualität und eine befriedigende Fruchtgröße gesichert; die Ernte wird vereinfacht, weil die fruchtenden Teile ohne Schwierigkeiten erreichbar sind; außerdem bremst der Schnitteingriff starken Trieb ab, fördert gleichzeitig aber die Regeneration der Pflanze aus dem Stock.

Lange Zeit war es üblich, die vorzeitigen Triebe bereits beim Sommerschnitt auf ein bis zwei Augen zurückzuschneiden; davon ist man in neuerer Zeit abgekommen, nachdem z.T. erhebliche Ausfälle durch Pilzinfektionen (Gnomonia-Pilz) entstanden sind. Diese Infektionen sind zwar auch bei längerem Schnitt nicht ausgeschlossen, doch reicht der zusätzliche Sicherungs-Sproßteil aus, daß die beiden unteren Knospen gesund erhalten bleiben.

8.5.3 Rankende Sorten aufrecht erzogen

Um eine intensivere Flächennutzung bei dieser Beerenobstart zu erreichen, wird in jüngster Zeit von einer namhaften Obstbau-Versuchsanstalt ein neues Anbausystem empfohlen: aufrecht erzogene Tragruten bei rankenden Sorten.

Unterstützungsgerüst → 9

Das Erziehungskonzept

Der Pflanzabstand in der Reihe beträgt 1,5 m, so daß zwischen zwei Gerüstpfählen zwei Pflanzen stehen. Demnach wird je Fläche bis zur doppelten Anzahl von Pflanzen gesetzt. Eine derart enge Pflanzweise ist aber nur möglich, weil die Ertragsranken zwar etwas aufgefächert, insgesamt jedoch weitgehend aufrecht am

Gerüst eng beieinander stehen. Je Stock können 7–9 Bodentriebe (Ertragsranken) hochgezogen werden, die dann in 180 bis 200 cm Höhe abzuschneiden sind. Es wird darauf hingewiesen, daß bei der Sorte 'Theodor Reimers' meist nicht mehr als fünf brauchbare Bodentriebe vorhanden sind, während bei dornenlosen Sorten die erwünschte Triebzahl meistens erreicht wird.

Für die Erziehung der Ertragsranken treffen die Ausführungen zu, die im Abschnitt 8.5.2 gemacht worden sind. Auch die Behandlung vorzeitiger Triebe unterscheidet sich nicht. Es bleibt lediglich noch hinzuzufügen, daß es vorteilhaft ist, diejenigen Knospen am unteren Teil der Hauptsprosse auszubrechen, die so tief stehen, daß sich daraus entwickelnde Fruchtstände auf den Boden legen und deshalb verschmutzen.

8.5.4 Aufrechtwachsende Sorten

Aus der Sicht des erwerbsmäßigen Anbaues befriedigen die bislang bekannten aufrechtwachsenden Sorten weder von der Beere her, noch von der Ertragsleistung. Für den Liebhaberobstbauer können sie aber deshalb von Interesse sein, weil sie etwa 14 Tage bis drei Wochen früher als die Standardsorte 'Theodor Reimers' reifen.

Der Erziehungsschnitt

Die aus dem Wurzelhals austreibenden jungen Triebe werden bereits im Pflanzjahr an die Spanndrähte hochgebunden. In den dann folgenden Jahren verdichten sich die Reihen einmal durch Neutriebe aus dem Wurzelstock und zum andern durch austreibende Adventivknospen, die sich an stärkeren Wurzeln bilden können.

Der Instandhaltungsschnitt

Im Ertragsstadium müssen jährlich nach der Ernte die abgetragenen zweijährigen Ruten tief am Boden abgeschnitten und anschließend entfernt werden. Je Stock bzw. je lfd. Meter bleiben sechs bis maximal acht junge Ertragsruten stehen. Werden die einjährigen Ranken zu lang, so schneidet man sie im folgenden Frühjahr auf eine gut erreichbare Pflückhöhe zurück (1,6–1,7 m).

9 Unterstützungsvorrichtungen

Abb. 133. Holzpfähle zur Unterstützung von Einzelbäumen. Der Holzpfahl ist nach wie vor als Unterstützungsvorrichtung für nicht standfeste Sorten-Unterlagen-Kombinationen und für hochstämmige Baumformen unübertroffen. In der folgenden Übersicht kann man sich ein Bild davon machen, wie lang und wie stark ein Pfahl für eine bestimmte Baumform nach Möglichkeit sein soll:

Baumformen	Stammhöhen in cm	Pfahllängen in cm	davon im Boden ca. cm	bzw. über dem Boden ca. cm	übliche Zopfstärke in cm
Büsche	40–60	100	50	50	6–7
Niederstämme	80–100	125	50	75	6–7
Halbstämme	100–120	150	50	100	6–7
Hochstämme	160–180	225	60	165	6–7
Spindelbüsche ohne Drahtrahmen	ca. 50	225	55	170	4–5
Schlanke Spindeln ohne Drahtrahmen	60–70	250	70	180	4–5
Beerenobst-					
Hochstämme	80–90	150	30	120	3–4
Niederstämme	40–50	125	30	95	3–4

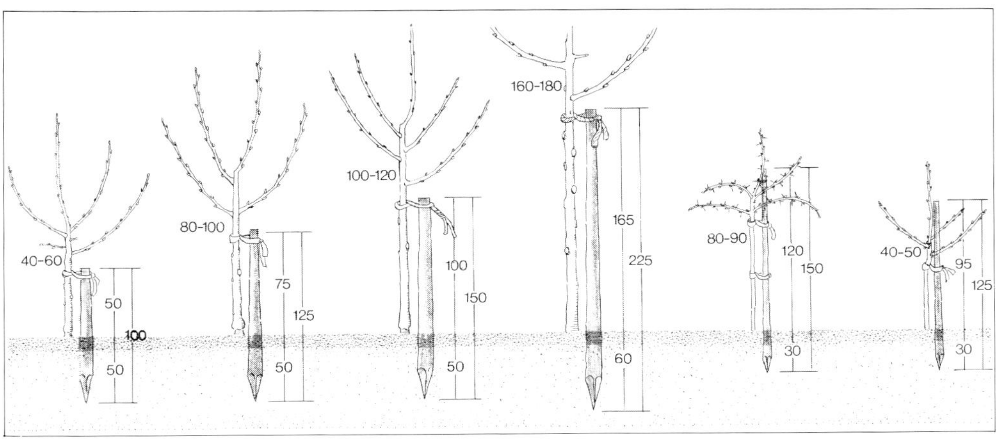

Abb. 134. Drahtrahmen für längsformierte Dreiastkronen. Links eine Krone mit am Draht formierten Fruchtholz; rechts eine längserzogene Birnenspindel mit waagrechter Anordnung der Fruchtäste. Der stabile Drahtrahmen besteht aus imprägnierten 2,5 m langen Holzpfählen, deren Zopf 7 – 8 cm Durchmesser aufweist. (Die schräggestellten Endpfähle sollten eher 2,75 m lang sein und eine Zopfstärke von 8 – 10 oder 10 – 12 cm haben.) Die Pfähle müssen 70 cm tief in den Boden geschlagen werden, so daß die Gerüsthöhe 180 cm beträgt. In der Regel stehen die Gerüstpfähle 10 – 12 m auseinander. Die Eckpfähle müssen in ihrer Schräglage durch Teller- oder Spiral-Schraubenanker fest verankert werden. Dann werden drei Spanndrähte (ca. 3 mm stark) in 60, 120 und 180 cm Höhe durch provisorisch eingeschlagene Krampen gezogen und mit Hilfe von Drahtspannern gespannt. Erst danach können die Krampen fest ins Holz getrieben werden.

Abb. 135. Drahtrahmen für längsformierte Spindelbüsche. An dem oben beschriebenen Unterstützungsgerüst lassen sich außerdem Apfel-Spindelbüsche, die in Längsrichtung formiert werden müssen, kultivieren. Die möglichst waagrecht anzuordnenden Fruchtholzträger können mit Hilfe der Spanndrähte leicht formiert werden. Bei dieser Erziehungsform entstehen sehr schmale Obsthecken, die sich beispielsweise als lockerer Sichtschutz zum Nachbarn hin gut eignen. Für eine Rundkronenerziehung des Spindelbusches ist dagegen der Einzelpfahl zweckmäßiger. Es genügt, wenn man dazu Pfähle von 2,25 m Länge und einer Zopfstärke von 4–5 cm verwendet.

Abb. 136. Drahtrahmen für schlanke Spindeln. Zur Unterstützung der schlanken Spindeln wird derselbe Drahtrahmen erstellt. Allerdings wird nur ein stabiler Spanndraht (mindestens 3 mm stark) in 180 cm Höhe gespannt. Um aber den Bäumchen den notwendigen Halt zu verschaffen, bindet man sie an 2 m lange Pfähle (Zopf 3–4 cm) an, die etwa 15 cm in den Boden gedrückt und oben am Spanndraht mit Stahlklammern oder Drahtschlaufen möglichst unverrückbar befestigt werden. Wenn sich ein Drahtrahmen nicht zu erstellen lohnt, verwendet man zur Unterstützung der Einzelbäume 2,5 m lange, im Zopf 4 – 5 cm starke Pfähle, die 70 cm tief in den Boden gerammt werden müssen.

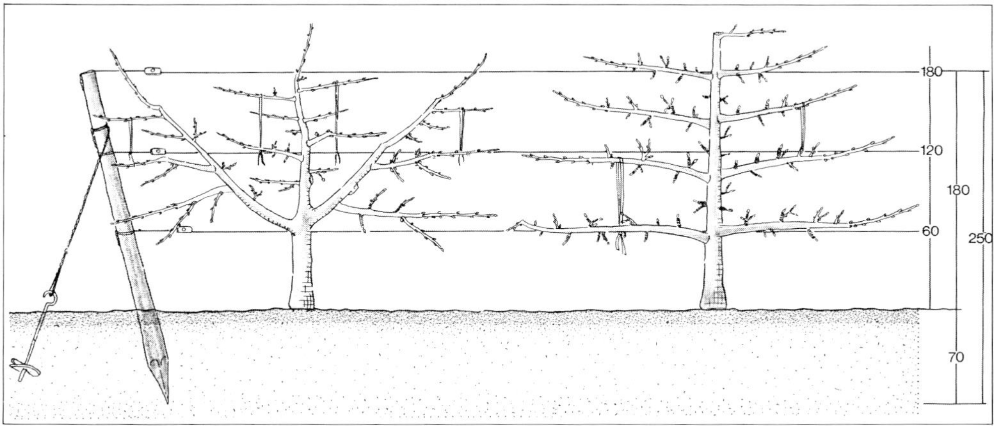
180
120
60
180
250
70

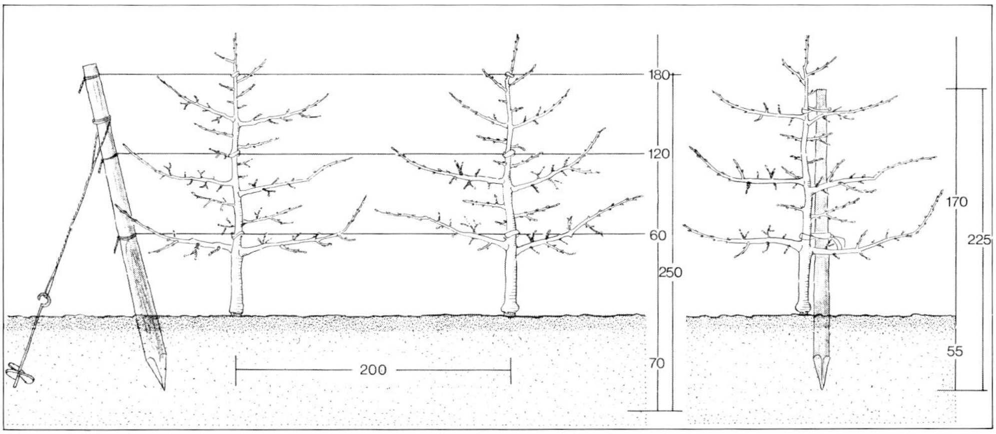
180
120
60
250
70
200
170
225
55

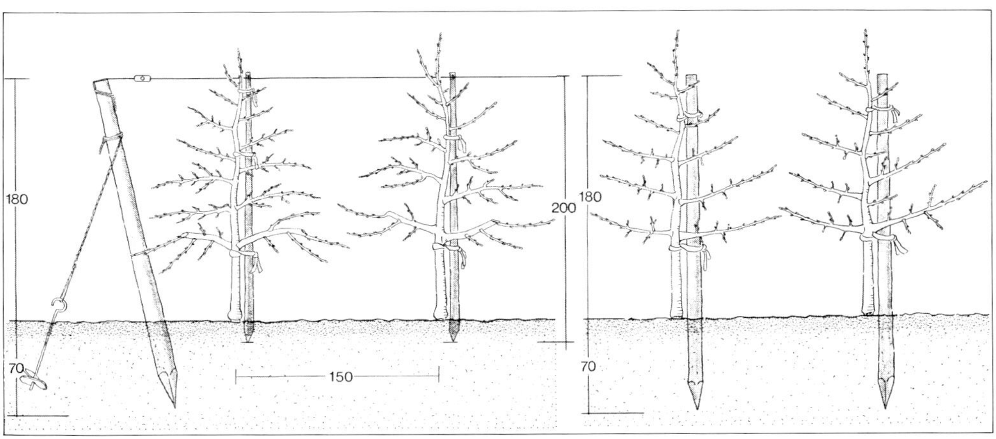
180
70
150
200
180
70

Abb. 137. Drahtrahmen für Beerenobsthecken. Zur heckenartigen Erziehung des Strauchbeerenobstes und für den Himbeeranbau hat sich ein Drahtrahmen aus 2 m langen Holzpfählen (Zopfstärke zwischen 6 und 8 cm) bewährt, die 50 cm tief in den Boden zu schlagen sind. Von Pfahl zu Pfahl wird ein Abstand von 6 – 8 m eingehalten. Wer das Gerüst besonders stabil gestalten will, kann als Endpfähle 2,25 m lange Holzpfähle mit einer Zopfstärke von 8 – 10 cm wählen. Es werden drei Spanndrähte (2,5 mm stark) in 50, 100 und 150 cm Höhe gezogen und mit Drahtspannern gespannt. An ihnen bindet man die Leitäste der Strauchbeerenobstarten fest; die Himbeerruten werden einfach durchgeschlungen. Da ruhig gestellte Ruten ertragsmäßig günstiger abschneiden, zieht man neuerdings nur zwei Drähte (in 80 und 150 cm Höhe) und bindet daran die Ruten fest.

Abb. 138. Drahtrahmen für Brombeeren. Für Brombeerschlingwände werden stabile Pfähle von 2,5 m Länge und einer Zopfstärke von 7 – 8 cm benötigt (Endpfähle evtl. eine Nummer größer: 2,75 m lang, 8 – 10 cm am Zopf). Zwischen den Pfählen werden Abstände von 5–6 m eingehalten. An den oberirdisch 180 cm langen Gerüstpfählen spannt man in 60, 100, 140 und 180 cm Höhe je einen 3 mm starken Spanndraht. In den unteren Spanndraht hängt man selbstgefertigte Drahthaken ein, in die die Jungtriebe eingelegt werden sollten.

Bei der aufrechten Erziehung (Pflanzabstand 1,5 m) sind folgende Veränderungen am Drahtrahmen vorzunehmen: Der Pfahlabstand ermäßigt sich auf 3 m; für die fächerartig aufrechte Erziehung genügen drei Spanndrähte (in 60, 120 und 180 cm Höhe), wobei der untere vor allem zum Hochbinden oder -legen der Jungranken dient.

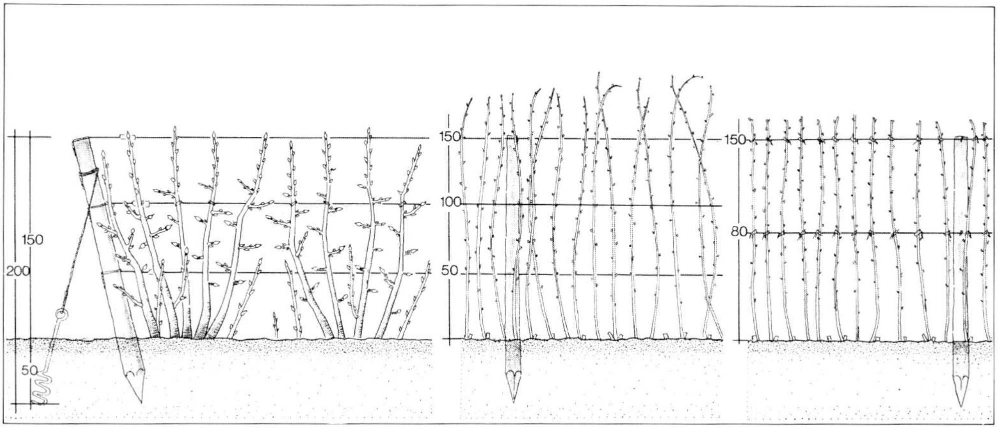
150
200
50
150
100
50
150
80

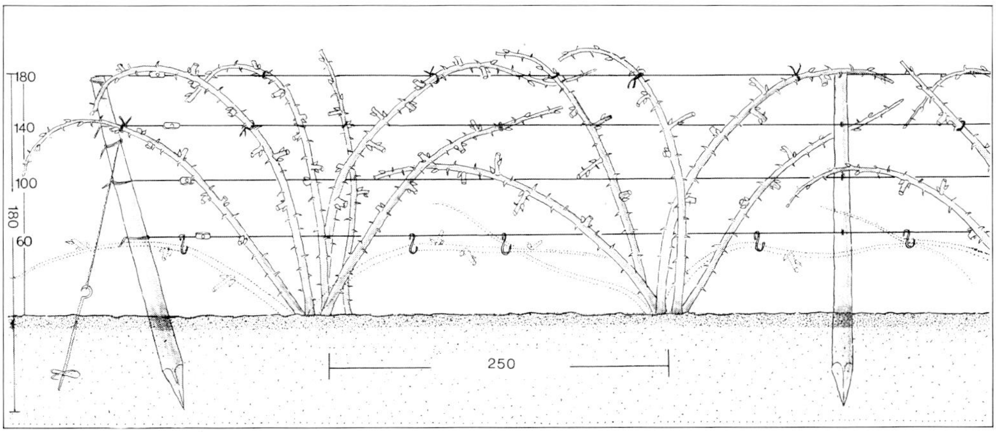
180
140
100
180
60
250

10 Kurzanleitung für die Erziehung der Pyramidenkrone

In Kapitel 4 sind bei der Kronenerziehung und -pflege des Baumobstes die einzelnen Eingriffe und sonstigen Maßnahmen fachlich begründet dargestellt worden. Das ist zum notwendigen Verständnis unumgänglich. Wenn aber der Neuling im Fach manuelle Tätigkeiten am Objekt ausführen soll, so ist dieser Text möglicherweise zu „ballastreich“. Deshalb wurde für die Erziehung der Pyramidenkrone, welche die meisten Hobbyobstbauer verwirklichen wollen, zusätzlich eine Kurzanleitung verfaßt (die ausführlichere Beschreibung wird jeweils durch Seitenhinweise vermerkt):

10.1 Der erste Rückschnitt einjähriger Veredlungen von Aprikose, Pfirsich und Sauerkirsche

10.2 Der erste Rückschnitt mehrjähriger Bäume (mit vorwiegend einjährigen Kronen) bei Apfel, Birne, Quitte, Zwetsche, Pflaume, Mirabelle, Reneklode und Süßkirsche; aber auch bei Aprikose, Pfirsich und Sauerkirsche

10.3 Der zweite Rückschnitt

10.4 Der dritte Rückschnitt und die folgenden

10.5 Wann ist der Erziehungsschnitt beendet?

10.1 Der erste Rückschnitt einjähriger Veredlungen von Aprikose, Pfirsich und Sauerkirsche

(Seiten 58, 61; Weiterbehandlung 146)

1 Stammbildung. Bei diesen Obstarten treiben bereits in der Baumschule die Blattachselknospen zu „vorzeitigen" Trieben aus; es entstehen „einjährige Büsche". Um aber einen Stamm zu erhalten, schneidet man alle vorzeitigen Triebe bis zu einer Höhe von 60–80 cm an ihrer Entstehungsstelle weg.

2 Auswahl der künftigen Leitäste. Von den über dem „aufgeputzten" Stamm vorhandenen vorzeitigen Trieben drei kräftige, möglichst gut verteilte auswählen. Sind weniger Triebe verfügbar, so ist eine Vervollständigung im folgenden Jahr notwendig. Sind zusätzliche Triebe vorhanden, siehe 5.

3 Formieren. Winkel- und Richtungskorrekturen bei vorzeitigen Trieben mit Bindfaden vornehmen, denn Spreizhölzer halten nicht.

4 Rückschnitt. Die für den Kronenaufbau bestimmten Triebe um ein Drittel bis zur Hälfte ihrer Länge zurückschneiden (4a). Ist am Mitteltrieb an der Rückschnittstelle keine Knospe vorhanden, sondern auch ein vorzeitiger Trieb, so wird auf diesen abgeleitet und auf die erste nach oben gerichtete Knospe zurückgeschnitten (4b).

5 Übrige Kronentriebe. Zum Kronenaufbau nicht benötigte Triebe wie folgt behandeln: Über die zurückgeschnittene Mitte hinausragende Triebe entweder entfernen oder waagrechtbinden; kürzere Triebe unbehandelt lassen; nicht mehr als drei dieser Triebe erhalten.

6 Wenn einjährige Büsche am Sproßgrund zahlreiche vorzeitige Triebe gebildet haben, im Bereich der künftigen Krone jedoch keine, ist folgendes zu tun: Zur Kräftigung des Stammes läßt man ein bis zwei schwächere, möglichst waagrecht stehende Triebe einen Sommer lang stehen (6a). Dann mißt man die Stammhöhe ab, zählt 6–7 Knospen nach oben dazu und durchschneidet dort den Sproß (6b).

Abb. 139

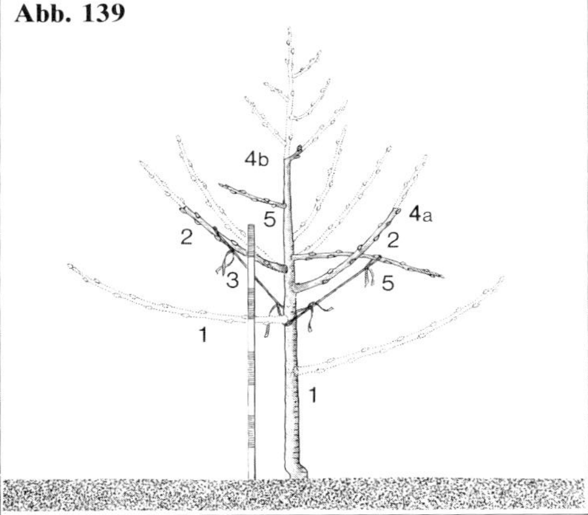

Abb. 140

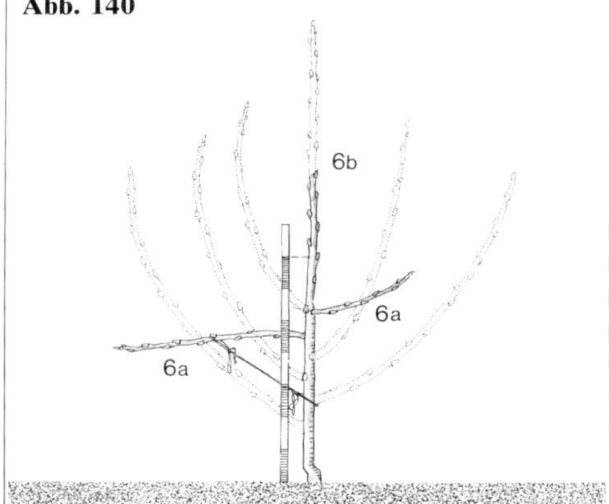

10.2 Der erste Rückschnitt mehrjähriger Bäume (mit vorwiegend einjährigen Kronen) bei Apfel, Birne, Quitte, Zwetsche, Pflaume, Mirabelle, Reneklode und Süßkirsche; aber auch bei Aprikose, Pfirsich und Sauerkirsche (Seite 53)

Der Regelfall

1 Konkurrenztrieb (= Trieb aus der zweitobersten Knospe) wegschneiden. Manchmal ist dieser Trieb bereits in der Baumschule entfernt worden.

2 Schlitzäste. Steht der dem Konkurrenztrieb nach unten folgende Trieb ebenfalls steil, so daß er beim Abspreizen auszubrechen droht, muß auch er entfernt werden.

3 Leitastauswahl. Drei bis vier (u. U. genügen auch zunächst zwei) gut im Raum verteilte Kronentriebe als künftige Leitäste auswählen.

4 Formieren. Ein bis zwei für den Kronenaufbau nicht benötigte Triebe waagrechtbinden (4a); zu steil stehende Triebe abspreizen (4b), Mindestwinkel 45°.

5 Rückschnitt. Bei etwa gleichlangen Trieben zuerst den höhenmäßig mittleren Leittrieb um ein Drittel auf eine nach außen gerichtete Knospe zurückschneiden (es sollen etwa 8–12 gut entwickelte Knospen erhalten bleiben); dann die übrigen Leittriebe in der Waagrechten auf ebenfalls nach außen stehende Knospen verkürzen. Die Stammverlängerung etwa eine Handbreit über der Waagrechten

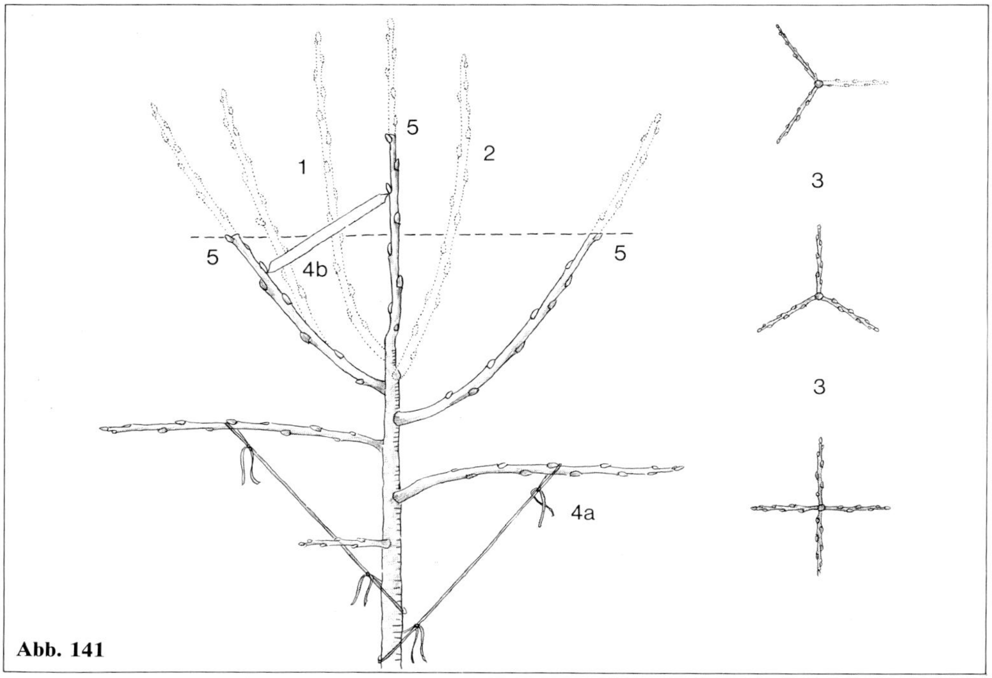

Abb. 141

abschneiden (in der Regel wird dabei auf eine Knospe, die über der letztjährigen Rückschnittstelle steht, zurückgeschnitten; in Windlagen jedoch auf Knospe „gegen den Wind“ schneiden).

Sonderfälle

1 Der Konkurrenztrieb wird nicht entfernt, wenn der Stammverlängerungstrieb gravierende Mängel aufweist (z. B. Transportschäden). In solchen Fällen muß die Verlängerung auf den Konkurrenztrieb abgeleitet werden; dieser wird damit zur neuen Stammverlängerung.

2 Folgerichtig ist der Trieb, der sich aus der nach unten nächstfolgenden Knospe entwickelt hat, neuer Konkurrenztrieb; er muß deshalb weggeschnitten werden.

3 Soll ein schwächerer, meist waagrecht bis leicht schräg stehender Trieb für den Kronenaufbau verwendet werden, so bindet man ihn hoch (mindestens 45°, eher etwas steiler); er wird nicht oder nur wenig zurückgeschnitten.

4 Bei Süßkirschen spielen Kopfveredlungen nach wie vor eine Rolle. Kronen mit drei Trieben entsprechen bereits den Gütebestimmungen für Baumschulpflanzen.

5 Wird bei diesen Kronen der Konkurrenztrieb entfernt (5a), so bleibt an der Stammverlängerung nur ein Seitentrieb (Leittrieb) übrig (5b); bei Kronen mit vier Trieben sind es zwei. Die fehlenden Leitäste werden im folgenden Jahr aus Seitentrieben ergänzt, die sich aus der Stammverlängerung entwickelt haben.

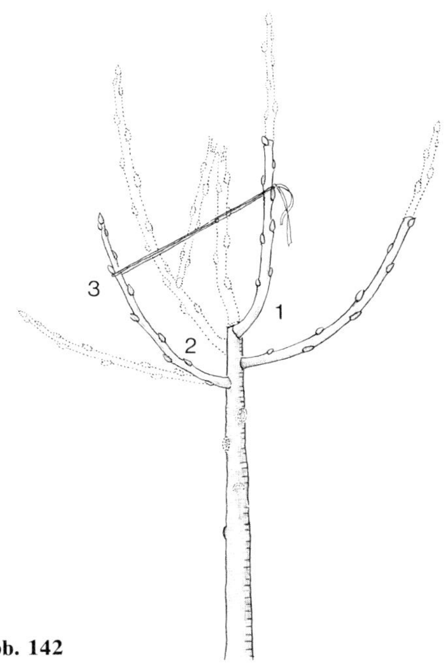

Abb. 142

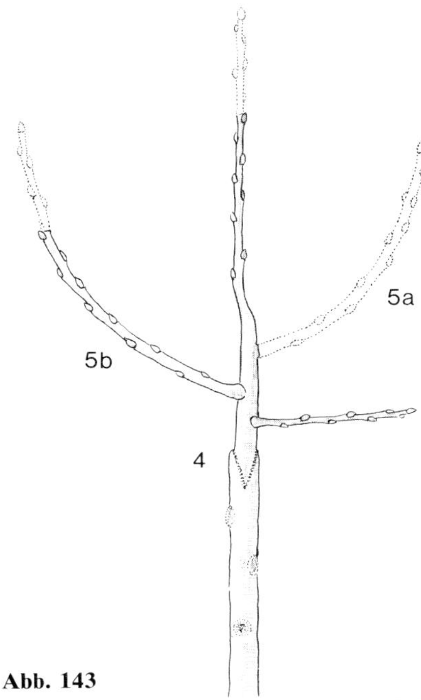

Abb. 143

10.3 Der zweite Rückschnitt
(Seite 62)

Der Regelfall

Zuerst Schnittreaktion beurteilen. Gute Triebleistung: Aus den Endknospen und den folgenden 2–3 Knospen bei den Gerüstästen haben sich 50–60 cm lange Triebe gebildet. Vor dem Schnitt alte Spreizhölzer und Bindungen entfernen.

1 Auslichtungsschnitt. An der Stammverlängerung Konkurrenztrieb und evtl. folgenden steil wachsenden Trieb ganz wegschneiden; an den Leitästen ebenfalls Konkurrenztriebe und astoberseits kräftige Triebe entfernen; bei waagrecht gebundenen Trieben die Ständertriebe wegschneiden.

2 Formieren. Winkelstellung der Leitäste überprüfen und ggf. korrigieren (abspreizen; hochbinden); wo notwendig, auch Wuchsrichtungskorrekturen vornehmen; an den Leitästen und der Stammverlängerung je 1–2 Triebe waagrechtbinden.

3 Rückschnitt. Die ersten, dauerhaft an den Leitästen verbleibenden Fruchtäste müssen einen Mindestabstand zur Mittelachse haben (je nach Art und Sorte 50–100 cm). Um dort Fruchtäste zu erhalten, wird empfohlen, den vorgeschlagenen Abstand auf einem Leitast abzumessen und 3–4 Knospen dazuzurechnen. Von dort aus Rückschnitt der Stammverlängerung und der übrigen Leitäste vornehmen (Winkel: etwa 120°).

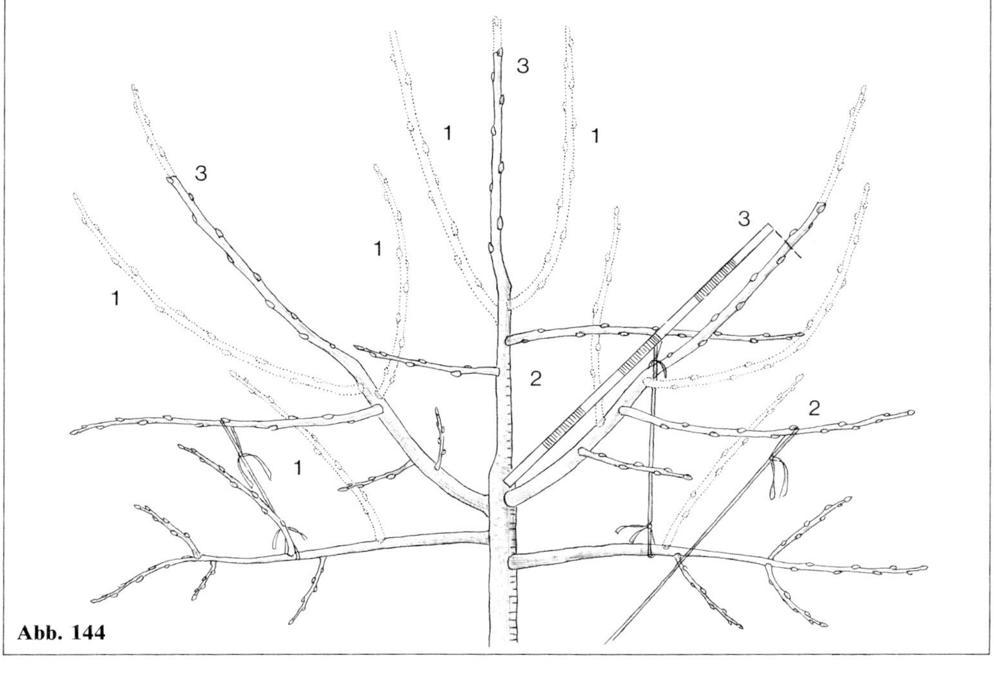

Abb. 144

Sonderfälle

1 Bei zu kurzem Pflanzschnitt treiben aus fast allen Knospen kräftige, meist aufrechtwachsende Sprosse aus; nur wenige sind verwertbar. Beim zweiten Rückschnitt sollte man die Gerüstastverlängerungen unbedingt länger lassen, um nicht erneut überdurchschnittlichen Knospenaustrieb auszulösen.

2 Nicht selten treiben beispielsweise Birnen auf Quittenunterlage während der ersten Vegetationsperiode nur schwach aus (besonders in trockenen Sommern). An diesen Kurztrieben wird in der Regel nichts geschnitten, damit alle verfügbaren Laubknospen für einen kräftigeren Neutrieb erhalten bleiben. (2a). Nur wenn sich endständig Blütenknospen gebildet haben, werden diese spätestens beim Aufblühen weggeschnitten. Falls sich an einem Gerüstast ein längerer Trieb entwickelt hat, wird ein „Ausgleichsschnitt" vorgenommen (2b).

3 Bei Sorten mit „schleuderndem" oder hängendem Wuchs (z.B. 'Alexander Lucas' oder 'Jonathan') können stabile Gerüstäste oft nur dadurch erzielt werden, indem man am Anfang der Erziehung die Verlängerungstriebe der Leitäste und der Stammverlängerung stäbt und hochbindet; dafür entfällt meistens das Waagrechtbinden beim Fruchtholz.

4 Bei nicht kompletten Kronen müssen vor dem zweiten Rückschnitt die Ergänzungstriebe ausgewählt werden (in der Regel bei Kopfveredlungen).

Abb. 145

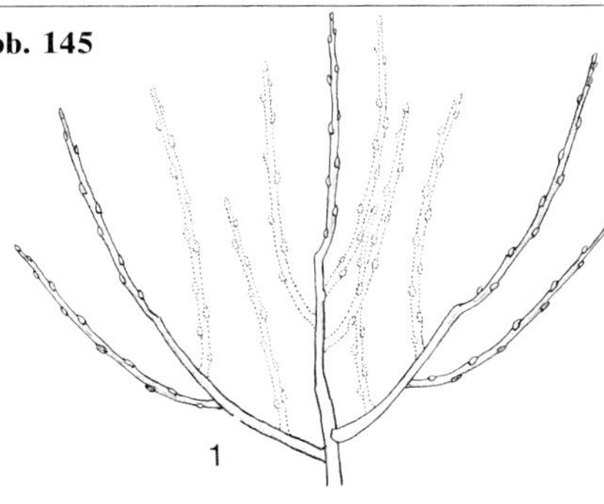

Abb. 147

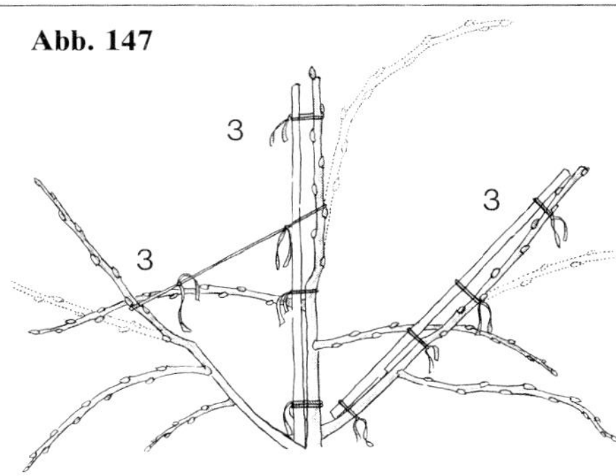

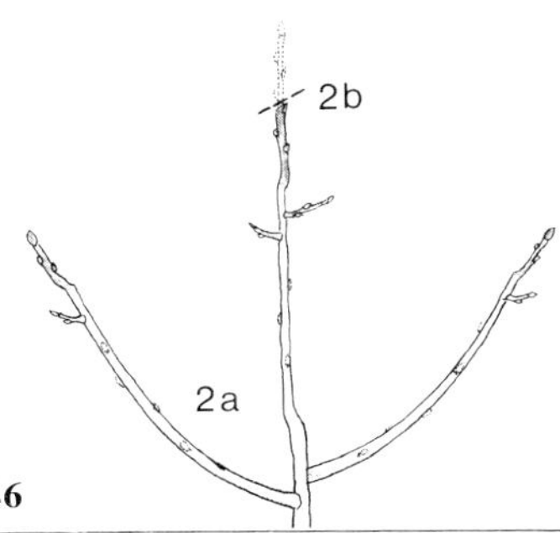

Abb. 146

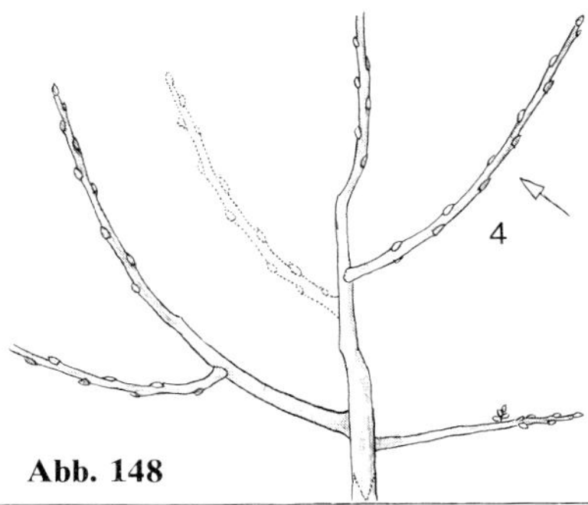

Abb. 148

10.4 Der dritte Rückschnitt und die folgenden (Seite 66)

Bevor überhaupt ein Handgriff getan wird, sollte beurteilt werden, wie die Krone auf den letzten Rückschnitt reagiert hat und welche Konsequenzen sich für die nun folgende Rückschnittlänge ergeben. Bei diesen Betrachtungen wird langsam Sortentypisches erkennbar: die Wuchsleistungseigenschaften einschließlich dem Grad der Verzweigung; die Leitast- und Fruchtaststellung; mit zunehmendem Alter die Orte der Fruchtbildung. Für den dritten Rückschnitt und die folgenden kann man sich folgendes Arbeitsschema einprägen:

1 Wurzelstock und Stamm überprüfen. Falls dort „Ausschläge" (Triebe) vorhanden sind, müssen diese weggeschnitten werden; außerdem Wurzelhals und Stamm auf sonstige Schäden kontrollieren und wenn erforderlich behandeln.

2 Entfernen der alten Formierungen.

3 Auslichtungsschnitt. Konkurrenztriebe, zu steil wachsende, zu dicht stehende und nach innen wachsende Triebe wegschneiden (Ast um Ast bearbeiten).

4 Formieren. Wo notwendig: abspreizen, hochbinden, schienen, verspannen, waagrechtbinden (4a). Nach dem dritten Rückschnitt kann man oft schon auf das Waagrechtbinden verzichten; das bedeutet, daß die steiler stehenden Triebe unterhalb der Gerüstastverlängerungen weggeschnitten werden müssen, während man die nachfolgenden meist flacher plazierten Triebe stehen läßt (4b).

5 Rückschnitt der Gerüstäste. Je nach Obstart sind die ersten Fruchthölzer (Fruchtholzträger) an den Leitästen im Abstand von etwa 50–100 cm zum Stamm erzogen worden. In jeweils dem gleichen Abstand sollte man die Entwicklung neuer kräftiger Fruchtholzträger zulassen (empfohlener Abstand + 3–4 Knospen). Sorten, die aus vielen Knospen neue Triebe bilden, muß man länger lassen; dagegen können Sorten, die sich weniger verzweigen, durch einen kürzeren Rückschnitt in der Austriebswilligkeit gefördert werden.

Abb. 149

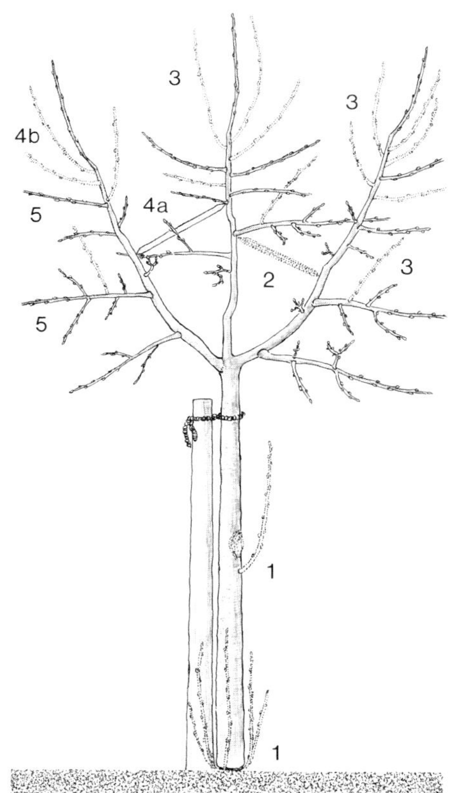

10.5 Wann ist der Erziehungsschnitt beendet? (Seite 67)

1 Ist das Astgerüst durch die seitherigen Rückschnitte so kräftig geworden, daß die einzelnen Gerüstäste durch die zunehmenden Erträge in ihrer Winkelstellung nicht mehr oder nur wenig verändert werden, dann kann man den Erziehungsschnitt beenden. (Das Abkippen ein- bis zweijähriger Astabschnitte an den Gerüstastverlängerungen darf bei ausreichend hohen Kronen nicht als Instabilität gewertet werden). Bei starkwachsenden Arten und Sorten wird man eine ausreichende Stabilität des Kronengerüsts früher erreichen als bei schwächer wachsenden.

2 Wenn sich dagegen einzelne Leitäste oder ein ganzes Kronengerüst unter der Last der ersten Fruchterträge deutlich abneigen, oder wenn sie gar auszubrechen drohen (was nur durch rechtzeitiges Abstützen verhindert werden kann), so sollte der Rückschnitt der Leitäste und der Stammverlängerung noch einige Jahre fortgeführt werden.

3 Viele Praktiker beenden den Erziehungsschnitt bei stark- und hochwachsenden Arten und Sorten damit, daß sie die Kronen in ihrem weiteren Höhenwuchs beschränken. Das kann durch Ableiten der Gerüstäste auf möglichst waagrecht stehende Seitenachsen geschehen (3 a) oder aber wie bei den Süßkirschen durch Wegschneiden der Gerüstastverlängerungen über einem Astquirl (3 b).

Abb. 150

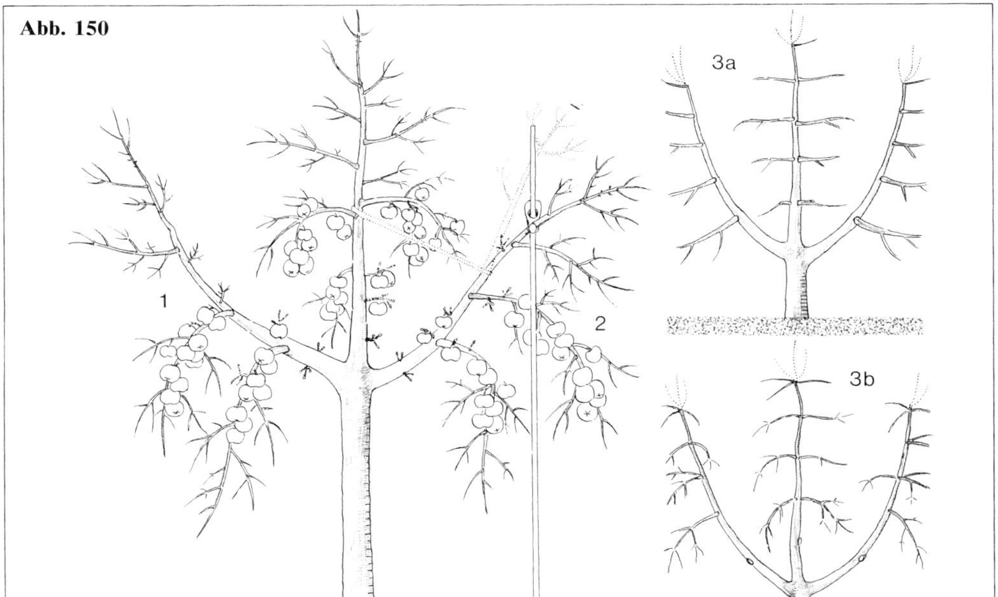

Sachregister

(Halbfett gedruckte Seitenzahlen verweisen auf Wesentliches)